第三帝國興亡史

卷四：末日的開始與第三帝國的覆亡

The Rise and Fall of the Third Reich

Book 5. Beginning of the End
Book 6. The Fall of the Third Reich

威廉・夏伊勒（William L. Shirer） 著

董樂山等　譯

目次

第五篇

末日的開始

第二十七章 新秩序

雖然希特勒從來沒有畫出全面詳盡的藍圖，但從繳獲的文件和實際發生的情況中可以清楚看出，希特勒很明白他所要的是怎樣的一種新秩序：一個由納粹統治的歐洲，它的資源供德國利用，它的人民作爲德意志民族的奴隸，「不受歡迎的分子」必須滅絕——首先是猶太人，其次是東方的斯拉夫族，特別是他們之中的知識分子。

猶太人和斯拉夫人是「劣等民族」（Untermenschen）。在希特勒看來，這些人根本無權活在世上。只有斯拉夫人中的一部分人，給德國主子當奴隸、耕耕地、開開礦，也許還有點用處。東方幾個大城市：莫斯科、列寧格勒和華沙，必須永遠從地球上消滅掉。

早在一九四一年九月十八日，希特勒便明確指示，要把列寧格勒「從地球上消除掉」。在包圍了列寧格勒以後，要用炸彈和炮彈把這座城市「夷爲平地」，全市人民（三百萬）也要隨之消滅。俄國人、波蘭人和其他斯拉夫人的文化也必須毀滅乾淨，也不許這些國家的人民得到正常的教育。他們發達的工業設備要加以拆除，運到德國。這些國家的人民只許從事農業，以便生產糧食供應德國，而留給他們自己的糧食，只夠勉強維持生命就好。納粹首領們認爲，歐洲本身必須成爲「無猶太人」的歐洲。

「一個俄國人或捷克人的遭遇如何，絲毫不能使我感到興趣。」一九四三年十月四日，希姆萊（Heinrich Himmler）在波森對黨衛隊軍官發表一篇機密講話時這樣說。希姆萊這時是黨衛隊和第三帝國整個警察系統的領導人，其地位僅次於希特勒。他掌握人民的生殺予奪大權，不僅對八千萬德國人，也包括兩倍於此數的被征服人民。希姆萊又說：

如果這些民族在改進我們的血型方面有些優點可以利用，則利用之，必要時還可以把他們的兒童擄掠到德國來，由我們撫養成人。這些民族是生活得富裕還是像牲畜一樣餓死，我全都不感興趣；只有在需要他們成爲我們的文化奴隸時，我才對他們感到興趣。我之所以關心一萬名俄國婦女在挖反坦克壕溝時是否累死，不是爲了別的，只不過是想知道她們爲德國建築的反坦克戰壕完成了沒有……[1]。

一九四三年希姆萊在波森發表的這次講話，下文還要談到，因爲它涉及新秩序其他方面的情況。在他發表這次講話以前很久，納粹領導人對於如何奴役東方人民的問題，就已提出一套主張，並擬定了計畫。

一九四〇年十月十五日，希特勒已經決定了捷克人——被他征服的第一個斯拉夫民族——的前途。他們之中的半數將被「同化」，其主要辦法是把他們送到德國去當奴隸和勞工。另一半人，「特別是」知識分子，則乾脆「消滅掉」，有一份祕密報告在談到這個問題時，就是用「消滅掉」這個字眼[2]。

兩個星期以前，十月二日，元首對於他將要征服的第二個斯拉夫民族——波蘭人，也已明確了思想。他的忠實祕書馬丁．鮑曼（Martin Bormann）遺下一份載有納粹計畫的長篇備忘錄。希特勒曾對波蘭總督漢斯．法朗克（Hans Frank）以及其他官員講述這個計畫的要點[3]。希特勒強調說：

> 波蘭人生來就該專門幹下賤的勞動……不需要改善他們的生活。波蘭人的生活必須保持在最低的水平，不得有所提高……波蘭人很懶，必須強迫他們從事勞動……波蘭的總督轄區只是用來取得一般勞動力……德國每年需要的勞工可以從那裡獲得。

至於波蘭的教士：

> 他們應按照我們的要求傳教。若有教士不按我們的要求行事，就除掉他。教士的任務在於使波蘭人安分守己、愚昧無知。

還有另外兩個階層的波蘭人需要對付，這個納粹獨裁者也沒有忘掉談起他們。

> 必須記住，不能讓波蘭紳士階層生存下去；哪裡有這種人，就必須把他們消滅掉，不論聽起來多麼殘忍……。

> 波蘭人只應該有一個主人，就是德國人。同時存在兩個主人，是不可能、也是絕不允許的。因此，必須把波蘭的知識分子、一切代表人物都滅絕。這聽起來雖然殘忍，但生活的法則就是如此。

德國人把自己當做主宰民族，而斯拉夫民族必須做他們的奴隸。這一套癡心妄想在對待俄國人方面表現得尤其狠毒。德國駐烏克蘭專員、殘暴不仁的埃里希·科赫（Erich Koch）於一九四三年三月五日在基輔的演說中，完全暴露這種狠毒用心：

> 我們是「主宰民族」，我們必須嚴厲而公正地進行統治……我要取走這個國家的一切財富。我到這兒來不是降福布祥的……這裡的居民必須勞動、勞動、再勞動……我們來到這裡絕不是給他們散發靈糧神食。我們來到這裡爲的是給勝利打基礎。
>
> 我們是一個主宰民族，我們必須記住，即使最下賤的德國工人，從人種上和生物學的方面看，也比這裡的居民高貴千倍[4]。

不到一年之前，一九四二年七月二十三日，當德軍逼近俄國的窩瓦河和高加索油田時，希特勒的黨務祕書和他的得力助手馬丁·鮑曼給羅森堡（Alfred Rosenberg）寫了一封長信，重申希特勒對這個問題的觀點。羅森堡的德國東方佔領區事務部有一個官員把這封信的要點概述如下：

> 斯拉夫人該爲我們勞動。一旦我們用不著他們了，可以讓他們死去。因此，強迫他們打預防針

以及由德國爲他們提供醫藥是多餘的。不需要繁衍斯拉夫人的後代，讓他們盡量避孕或人工流產。讓他們受教育是危險的，算數能數到一百就夠了……每多一個受教育的人就多一個未來的敵人。我們把宗教留給他們，作爲他們消愁解悶的一種方法。至於糧食，除了絕對必要的數量之外，一點也不能多給。我們是主人，先得顧我們自己[5]。

德國軍隊進入俄國之初，在許多地方，那些長期受到史達林暴政壓迫和恐怖統治的人，都把他們當成解放者。戰爭初期，俄國軍隊還發生過成批開小差的事。特別是在被俄國佔領不久的波羅的海地區，以及在獨立運動始終未被完全撲滅的烏克蘭，許多人由於能從蘇聯的統治下獲得自由——哪怕解放他們的是德國人——而感到歡欣鼓舞。

當時在柏林有少數人相信，如果希特勒注意策略，採取懷柔政策，答應把俄國人民從布爾什維克的虐政下解救出來（給他們宗教自由、經濟自由，把集體農莊改爲眞正的合作社），最後建立一個自治政府，這樣就能夠把俄國人民爭取過來。當時不僅佔領區的俄國人可能與德國人合作，而且非佔領區的俄國人也會在史達林的暴政下爭取解放。抱有這種看法的人還說，如果做到這一點的話，布爾什維克政權將會崩潰，紅軍將會瓦解，正如一九一七年的沙皇軍隊。

但是，納粹在佔領區的野蠻統治和德國征服者常常公開宣布的意圖，很快就破壞這種可能。德國征服者的意圖就是：掠奪俄國土地，奴役俄國人民，並把德國人移民到東方來。

德國的奧托．布勞蒂加姆（Otto Bräutigam）博士對於這種災難性的政策以及它所破壞的一切良機，做了再透徹不過的說明。布勞蒂加姆是職業外交家，又是羅森堡新建立的東方佔領區事務部的政治司副司長。他在一九四二年十月二十五日寫給上級的極機密報告中，大膽指出了納粹在俄國所犯的錯誤。

我們剛到俄國的時候就看出當地居民厭惡布爾什維克主義，他們急切地期待著一些新口號，期待有人能爲他們的未來生活提出較好的前景。德國人有責任提出這樣的口號，但是這些口號卻至今未提出來。當地人民把我們當作解放者，歡欣鼓舞地歡迎我們，願意爲我們效勞。

事實上，口號倒是提過一個，但是一下子就給俄國人識破是什麼貨色了。

布勞蒂加姆繼續說：

這些純樸的東方民族以他們天生本能就立刻發現，「從布爾什維克主義下解放出來」的口號，只不過是德國人奴役東方民族的幌子……工人、農民很快便看出，德國並沒有把他們當作具有平等權利的夥伴，而只是利用他們來實現德國的政治、經濟目標……我們自以爲是，毫不客氣，把一切政治經驗都置諸腦後……以「二等白人」的待遇對待東方佔領區的民族，認爲上帝賦予他們的任務只是替德國人當奴隸……。

布勞蒂加姆說，還有另外兩件事情讓俄國人反對德國人：虐待俄國戰俘和強徵俄國男子和婦女當奴隸勞工。

幾十萬俄國戰俘在我們的戰俘營裡餓死、凍死，這對我們的朋友和敵人來說都已不是什麼祕密……現在我們又看到這樣一種奇怪的現象：戰俘像蒼蠅一樣餓死之後，卻又從東方佔領區招募幾百萬勞工到德國來……。

我們到處肆無忌憚地糟蹋斯拉夫人，我們所使用的「招募」辦法也許只能從最黑暗的販賣奴隸時代找到淵源。經常抓丁的事情已經發生了。不論健康與否或年齡大小，一批批的勞工被運到德國……。

大批消滅俄國戰俘和徵用俄國奴隸勞工的事，對克里姆林宮已不是什麼祕密。早在一九四一年十一月，莫洛托夫（Vyacheslav Molotov）就曾發出照會，對「消滅」俄國戰俘正式提出外交抗議。一九四二年四月，他又對德國奴隸勞工計畫提出抗議。布勞蒂加姆在報告中總結說，德國在俄國的政策和措施已經「遭到東方民族的極大反抗」。

我們的政策已迫使布爾什維克主義者和俄羅斯民族主義者結成了反對我們的聯合陣線。俄國人今天之所以以無比英勇和自我犧牲精神進行戰鬥，正是爲了爭取他人承認他們的尊嚴。

布勞蒂加姆博士在結束他的長達十三頁的備忘錄時，以肯定的語氣要求徹底改變現行政策。他說：「我們必須向俄國人具體說明他們的未來命運。」6

但是這種呼聲在納粹德國無人理睬。我們在前邊已經談過，希特勒早在進攻俄國以前，就發過指示告知屬下如何對待俄國人。他這個人一經做出決定，誰也不能勸他改動分毫。

一九四一年七月十六日，希特勒召集戈林、凱特爾（Wilhelm Bodewin Gustav Keitel）、羅森堡、鮑曼和拉麥斯（Hans Lammers，帝國總理府長官）到他的東普魯士大本營開會，再次說明他的新征服區計畫。當時，德國對俄國發動進攻還不到一個月，但從德國的初期勝利中已明顯看出，很大一塊俄國領土即將淪入德國人手中。他在《我的奮鬥》中曾清楚表明德國要從俄國取得廣大的「生存空間」，現在這個目標終於實現在望了。從鮑曼起草的會議祕密備忘錄（已在紐倫堡披露）[7]中可以清楚看出，希特勒要求他這幾個得力副手都能清楚瞭解他在這方面的意圖。他還告誡說，他的意圖不得「公布」。希特勒說：

> 公諸於世是沒有必要的，問題主要在於我們自己必須弄清我們所要求的是什麼……千萬不可使人察覺到最後解決從此開始。我們也不要因此而不採取一切必要的措施——槍殺、易地移殖，等等——我們要採取這些措施。

希特勒接下去談到，在原則上，

> 我們現在必須面對這樣的任務，即按照我們的需要來切開這塊蛋糕，以便能夠：第一，統治它；第二，管理它；第三，榨取它。

他說，他並不在乎俄國人已經下令在德國戰線的後方進行游擊戰：「他們進行游擊戰，我們就可以消滅任何反對我們的人了。」

希特勒解釋說，總而言之，德國要統治遠至烏拉（Ural）爲止的俄國領土。在這一大片土地上，除了德國人以外，任何人不得攜帶武器。接著，希特勒又逐個地談到如何分割俄國這塊蛋糕：

> 整個波羅的海地區必須與德國合併……克里米亞將成爲德國領土，外國人必須全部從那裡撤走，只留德國人在那裡安家立業……科拉（Kola）半島將由德國佔領，因爲該地有大片鎳礦。必須謹慎地進行準備工作，以便把芬蘭歸併到德國，使之成爲聯邦中的一個邦……元首將把列寧格勒夷爲平地，然後交給芬蘭人。

希特勒命令，要使巴庫（Baku）油田成爲「德國的租借地」，把窩瓦河一帶的日耳曼人聚居區歸併過來。在討論到將由哪些納粹領導人管理這些新領土時，一場劇烈的爭吵發生了。

> 羅森堡表示，他想起用馮·彼得斯道夫（von Petersdorff）上尉，因爲他有特殊功績；大家聽了莫不驚訝，人人都表示反對。元首和帝國元帥戈林都著重指出，馮·彼得斯道夫肯定是個瘋子。

在討論如何最有效地統治被征服的俄國人時，也有過一番爭論。希特勒建議德國警察應配備裝甲車。戈林認爲沒有必要。他說，他的飛機可以「在發生騷亂時投擲炸彈」。戈林又說：

自然，必須盡快綏靖這一片廣大地區。最好的解決辦法是將所有不敢正眼看你的人統統槍斃。

讀者當還記得，一年以前，戈林曾對齊亞諾說過，「今年俄國將會餓死兩三千萬人」，還說「情況如果眞的如此，也許倒是件好事」。他說，俄國戰俘已經開始「人吃人」了。

戈林的東方經濟工作處於一九四一年五月二十三日頒布一項指令，命令破壞俄國的工業區，對於這些地區的工人及其家屬，聽任他們挨餓而不必理會。指令說，禁止「任何人企圖從俄國黑土地帶運入餘糧以把工業區居民從饑餓中拯救出來」。

戈林是四年計畫的負責人，又擔任「開發」俄國經濟的領導工作（其實說「掠奪」更恰當一些）。一九四二年八月六日，他向派往佔領區的納粹官員講話時就是那樣說的。他說：「這過去常常稱爲掠奪。不過今天情況已變得人道多了。儘管如此，我還是要掠奪，徹底地掠奪。」[8]至少在這一點上，戈林是言出必行的。他不僅在俄國，而且在整個歐洲的納粹佔領區恣意進行掠奪。這可以說是新秩序的全部內容。

納粹對歐洲的掠奪

納粹掠奪的財富總數有多少，永遠是個謎；要把它精確計算出來，沒有人有這種能力。但是有些數量是確定的，其中不少還是德國人自己統計出來的。這些數字表明，戈林是如何按照德國人辦事徹底的作風，要求他的部下貫徹執行他的指令。

> 你一發現有什麼東西可能是德國人民所需要的，就必須像警犬一樣追逐。一定要把它弄到手……送到德國[9]。

弄到手的東西可眞不少，不僅有貨物、勞役，還有鈔票和黃金。希特勒每佔領一個國家，他的財政人員便馬上奪取它國家銀行中的黃金、外國證券和外匯等。這還不過是頭一步。接著便徵收數字驚人的「佔領費」。據納粹財政部長施維林．馮．克羅西克（Schwerin von Krosigk）伯爵計算，到一九四四年二月底，這種佔領費共達四百八十億馬克（約合一百二十億美元），法國比其他被征服國家遭受更大壓榨，擔負了其中的大部分。到戰爭快結束時，徵收的佔領費估計約爲六百億馬克（一百五十億美元）。

在這筆費用中，法國被迫支付三百五十億馬克，平均每年擔負七十億馬克，這個金額四倍於第一次世界大戰後德國按照道威斯計畫（Dawes Plan）和揚格計畫（Young Plan）每年所付的賠償費。而當初要德國付出這筆賠償費，希特勒認爲是滔天大罪。此外，法蘭西銀行還被迫讓德國「貸款」四十五億馬克，法國政府還被迫支付「罰金」五億馬克。據紐倫堡國際軍事法庭估計，德國以佔領費和「貸款」的名目向比利時榨取的錢約相當於比利時國民收入的三分之二，向荷蘭榨取的錢也佔其國民收入的三分之一。據美國戰略轟炸調查（U.S. Strategic Bombing Survey）的統計，德國向各被佔領國家總共榨取了貢金一千零四十億馬克（約合二百六十億美元）。按官方匯率（兩個半德國馬克合一美元）約合四百億美元。但筆者的計算方式是按照黑市匯率，即四個德國馬克換一美元。按購買力說，這樣換算比較精確。

至於那些連形式上的付款手續都不辦而掠奪走的貨物，則根本無法統計。紐倫堡國際法庭不斷收到從各方面送來的數字，多到你無法應付；據我所知，沒有一個專家能把這筆帳整理出來，計算出總數。例如，估計德國人從法國運走（以「徵收實物」名義）九百萬噸穀物，百分之七十五全國所生產的燕麥、百分之八十的油、百分之七十四的鋼，以上總值一千八百四十五億法郎。

備受兵燹和德國野蠻統治蹂躪的俄國，卻不是那麼容易榨取。在納粹文件中有著許許多多關於蘇聯「交貨」的報告。例如，德國人在一九四三年的「交貨」清單中，就列有九百萬噸穀物、二百萬噸飼料、三百萬噸馬鈴薯、六十六萬二千噸肉類。此外，蘇聯調查委員會還有一筆帳，在佔領期間，德國從蘇聯運走九百萬頭牛、一千二百萬口豬、一千三百萬隻羊。這還是僅舉少數幾項。但是俄國的「交貨」還遠不夠理想；德國人計算這些「交貨」總値才不過四十億馬克（十億美元）。亞歷山大・達林（Alexander Dallin）詳細研究過德國在俄國的統治情況，他認爲，如果透過正常貿易，德國人從俄國取得的物資反而會比這更多（見達林：《德國在俄國的統治》〔*German Rule in Russia*〕）。

貪得無厭的德國征服者對波蘭的壓榨可說是無所不用其極。德國駐波蘭總督法朗克博士說：「只要這一地區還有什麼東西能壓榨，我就要不遺餘力地壓榨出來。」這番話是在一九四二年底說的。他不斷吹噓，在佔領波蘭的三年中已榨取了大量物資，特別是爲德國饑餓的人民榨取到了糧食。他還警告說：「如果在一九四三年執行了新的糧食計畫，光是華沙城內及郊區就會有五十萬人無糧食可吃。」[10]

在波蘭的新秩序，其內容在這個國家被征服之初就確定下來。一九三九年十月三日，法朗克向陸軍傳達了希特勒的指示：

我們對波蘭的統治，只能採用下列手段來利用這個國家的資源人力：進行無情的剝削；運走對德國戰時經濟極關重要的全部糧食、原料、機器、工廠設備，等等；迫使所有波蘭工人到德國去勞動；把波蘭經濟削減到僅夠維持當地居民生存需要的最低限度；關閉一切教育機構，特別是技術學校和高等學校，以防止波蘭新知識分子的成長。必須把波蘭當作殖民地對待。波蘭人應該是大德意志帝國的奴隸[11]。

納粹副領袖魯道夫·赫斯（Rudolf Hess）也說，希特勒決定「不再重建華沙，元首也不想在總督轄區恢復或重建任何工業」[12]。

法朗克博士曾經發出公告：在波蘭的一切財產，不論其爲猶太人所有或爲波蘭人所有，一律無償沒收。從波蘭人手中搶走了無數農場，交由德國移民接收。在併入德國的四個波蘭地區（西普魯士、波森、澤希瑙〔Zichenau〕、西里西亞），到一九四三年五月三十一日爲止計「查封」了七十萬處地產，共合一千五百萬英畝土地，並「沒收」了九千五百個莊園，共合六百五十萬英畝土地。在德國「中央地產局」詳細表格中，並沒有解釋「查封」與「沒收」的區別何在，這對被剝奪了財產的波蘭人來說，根本沒有什麼區別[13]。

甚至佔領區中的貴重文物也遭到掠奪。從繳獲的納粹文件可以看出，希特勒和戈林明確指示進行這種勾當。靠著這種掠奪，他們大大擴充自己的「私人」收藏。據這個肥胖的帝國元帥自己估計，他的收藏品價值達五千萬德國馬克。在掠奪藝術品方面，戈林的確是始作俑者。征服波蘭以後，他便立即下令掠奪波蘭的文物。受他委派執行這項命令的專員，在半年之內就做出這樣的報告：「這個國家的全部文物幾乎已被接收了。」[14]

但是，歐洲的偉大藝術珍品多半收藏在法國。這個國家被納粹征服後不久，希特勒和戈林便下令進行劫奪。希特勒委派羅森堡執行這項特別的劫奪任務。羅森堡設立了一個稱作「羅森堡特別工作處」（Einsatzstab Rosenberg）的機構，他不僅得到戈林而且還得到凱特爾將軍的協助。凱特爾確曾向德國駐法陸軍部隊下過一道命令，說明羅森堡「有權將他認爲有價值的文物運到德國進行保護。至於這些文物的用途，將由元首親自決定」[15]。

一九四〇年十一月五日，戈林爲了分配巴黎羅浮宮所收藏的藝術品，特別發布了一道密令。這個命令道出了希特勒對「這些文物用途」的一套想法。這些藝術品將「按下列幾類分別處理」：

一、元首對其用途保留決定權者。

二、對充實帝國元帥（即戈林）的收藏……有用者……。

三、適合於送交德國各博物館者……[16]。

法國政府抗議掠奪該國的文物，指出這種行爲違背海牙公約。羅森堡手下一個名叫本耶斯（Herr

Bunjes）的德國藝術專家大膽提請戈林注意這個問題時，那個胖胖的藝術專家戈林回答說：「親愛的本耶斯，讓我來操這份心吧。我是全國最高法律權威。我的命令就是決定，你遵照執行就是了。」

從繳獲的文件來看，本耶斯在第三帝國歷史中只在這裡出現過一次。據他的報告說：

> 球藝廳（Jeu de Paume）中收藏的、準備歸元首所有的文物，以及帝國元帥指定歸己的文物，將用兩個車廂裝運，掛在帝國元帥的專車之後……送到柏林[17]。

以後還有更多的車廂裝運文物。德國官方的一份祕密報告表明，到一九四四年七月爲止，從西歐運到德國的文物共裝了一百三十七輛鐵路貨車，計有四千一百七十四箱，二萬一千九百零三件，其中繪畫一萬零八百九十幅[18]。這些繪畫中有林布蘭、魯本斯（Peter Paul Rubens）、哈爾斯（Frans Hals）、維梅爾、委拉斯奎茲、牟利羅（Bartolomé Esteban Murillo）、戈雅、維齊奧（Palma Vecchio）、華托（Antoine Watteau）、弗拉戈納爾（Jean-Honoré Fragonard）、雷諾茲（Joshua Reynolds）、根茲巴羅（Thomas Gainsborough）的作品。羅森堡在一九四一年一月估計，光從法國擄掠的文物就值十億馬克[19]。

德國人掠奪原料、製成品、糧食，把佔領區人民搞得山窮水盡，食不果腹，甚至造成饑荒，並且在戰爭行爲方面違反了海牙公約，但這些行爲還算找得到藉口，德國人可以聲稱這是全面戰爭的迫切需要，即使這不是什麼正當的理由。但是盜竊文物對希特勒的戰爭機器並沒有什麼幫助。這種事情之所以發生完全是由於貪欲，由於希特勒和戈林個人的貪得無厭所致。

被征服的各國人民對以上種種掠奪還能忍受得了。因爲戰爭和敵人的佔領總不免要帶來貧困。但這只不過是新秩序的一個面向，而且是最溫和的一個面向。在短命的新秩序中，讓人難以遺忘的，並不是德國對物質財富的掠奪，而是對生命的掠奪。納粹在這方面的道德墮落在人世間亙古少見。千百萬正直、善良的男女被強迫從事勞動；千百萬的人在集中營裡遭到嚴刑拷打；還有千百萬的人，其中猶太人便有四百五十萬，遭到血腥屠殺或被活活餓死，死者的遺體被付諸一炬，爲的是焚屍滅跡。

這些驚人的恐怖事件，如果不是有充分的文件作證和兇手親自供述，的確是令人難以置信。下文所述是根據確鑿的證據，其中有一些是以少數生還者的親身經歷作爲旁證寫成的。這些記述只是一個概要，由於篇幅所限，無數駭人聽聞的詳細情節只得略而不談了。

新秩序下的奴隸勞動

截至一九四四年九月底，爲第三帝國做苦工的外國平民共約七百五十萬人。這些人幾乎都是用武力逮捕來的。他們被裝在鐵篷貨車上運到德國，途中常常吃不上、喝不上，連拉屎撒尿的地方也沒有。到了德國以後，就被派到工廠、田間、礦山從事勞動。不僅被強迫勞動，而且還遭到侮辱、毆打和餓飯，常常因爲缺衣、缺食、沒有住所以致凍餒而死。

此外，在這些外國勞動力之外還有二百萬戰俘，其中至少有五十萬人被分配到兵工廠和軍火廠勞動。這種做法公然違反海牙公約和日內瓦公約，這兩個公約都規定了不能用戰俘從事這些勞動。德國軍備和戰時生產部部長艾伯特・斯佩爾（Albert Speer）在紐倫堡供稱，一九四四年有百分之四十的戰俘在兵工廠和軍火廠以及附屬工廠中從事勞動[20]。這個數字還不包括被強迫建築工事、向前線運送軍火、甚至被派去操縱高射炮的幾十萬戰俘。德國人強迫戰俘幹這些工作，再次違反德國簽過字的國際條約。據繳獲到的一份記錄所載，德國空軍米爾契（Erhard Milch）元帥於一九四三年要求再增加五萬俄國戰俘到原來已有三萬戰俘的高射炮部隊服役。「俄國人開炮打俄國人，」米爾契大笑道：「確是一件怪有趣的事情。」[21]

德國人把大批勞工運來，害得許多人家妻離子散，一家人流落在德國，天各一方。少年兒童中年歲稍大能做點工的，也逃不掉這個命運。甚至德國高階陸軍將領也參與劫奪兒童的工作，把他們運回國來從事奴隸勞動。羅森堡的文件檔案中有一份寫於一九四四年六月十二日的備忘錄，透露了在俄國佔領區劫奪兒童的情況。

> 中央集團軍打算抓四五萬十歲到十四歲的少年……運到德國。這個方案原來是第九軍團提出的……其目的在於將這批少年分配到德國各種行業當童工……德國企業部門十分歡迎這個辦法，因爲它可以有效解決工人不足的問題。
>
> 這種辦法不僅可以阻止敵人的兵力得到直接的增援，而且還可以削弱敵方人口增長的潛力。

劫奪少年的行動計畫有一個代號：「乾草行動」。這份備忘錄還說，莫德爾（Walter Model）陸軍元帥率領的烏克蘭—北方集團軍也在執行這一計畫[22]。

德國人抓勞工的辦法最初還比較溫和，後來卻越來越恐怖。人們走出教堂或戲院就被一把抓走了。在西歐，黨衛隊乾脆把城市裡的一段地區封鎖起來，把身強力壯的男女全部抓走，在鄉下，他們就包圍全村直接進行搜捕。在東歐，如果發生有人抗拒命令，不願接受強迫勞動，黨衛隊就乾脆燒掉整個村莊，把居民全都運走。在羅森堡被繳獲的文件中，就充滿了德國方面載有這類事件的報告。在波蘭，至少有一個德國官員認爲事情做得有點過火了。他在給總督法朗克的報告中說道：

在城鄉各處，在街道、廣場、車站，甚至在教堂，夜晚到住户家中，殘酷地濫抓人，使得居民惶恐不安，達於極點。人人都處在危險中，不知何時何地會遭到警察突如其來的逮捕，被送到集中營，他們的家屬都不知道他們的下落[23]。

但是，把奴隸勞工抓來還不過是第一步，接著要把勞工送到德國去，但是運輸過程讓人難以忍受。負責執行全部奴隸勞工計畫的是弗里茨・沙克爾（Fritz Sauckel），他的頭銜是勞動力分配全權總代表。他是納粹的二流人物，曾任圖林根黨組織領袖和邦長。此人身材矮小，長得獐頭鼠目，性格粗魯兇暴。戈培爾在日記中形容他是「最笨的笨蛋」。筆者看他站在紐倫堡被告席上，得到的印象是：一個其貌不揚的人物，活像在小市鎮的肉市上當過屠夫的那一類德國人。他所發布的第一批指令中有一項規定，對外國工人「應按這樣的方式對待：進行最大限度的剝削，而只花最低限度的費用」[24]。他在紐倫堡供認，到德國來的幾百萬外國勞工中，「自願來的甚至連二十萬人還不到」。但是他在法庭上拒不承認虐待勞工的全部罪責。他被判有罪，處死刑，於一九四六年十月十五日夜間在紐倫堡監獄中被絞決。

一九四二年九月三十日，古德凱爾希（Gutkelch）博士在給羅森堡的東方佔領區事務部的一份報告中，敘述兩列火車相遇時的情景：一列火車上滿載著體力已經耗盡而遣送回國的東方勞工；在布列斯特—立托夫斯克（Brest Litovsk）附近遇到了岔道上另一列火車，上面滿載著「新招募來的」俄國工人。他寫道：

回國勞工乘坐的車廂裡的死屍，很可能惹出一場大禍來……在這列火車裡，有些婦女生了孩子，孩子在半路上就被扔到窗口外面去了。有肺病和性病的人與大家坐在同一個車廂裡。快要死的人躺在連稻草也沒有鋪的貨車裡；有一個死人被扔在鐵路路基上。在其他開回去的火車上想必也發生過同樣的情況[25]。

對東方勞工來說，進入第三帝國的這段前奏並不十分愉悅，但它至少使他們對即將面臨的苦難歷程有所準備。等待著他們的是饑餓、鞭打、疾病、挨凍，住的是沒有爐子的房子，穿的是單薄而破爛的衣服。等待著他們的是成日成夜的勞動，什麼時候身子撐持不住了，什麼時候勞動才算完。

規模龐大的、專門替德國製造槍炮、坦克、彈藥的克魯伯（Krupp）工廠，是使用奴隸勞工的典型場所。克魯伯用了大批奴隸勞工，其中也包括俄國戰俘。戰時有一個時期，布亨瓦德（Buchenwald）集中營中有六百名猶太婦女被送到克魯伯工廠做工，她們「住在」被炸得一塌糊塗的勞動營裡。原來收容在這所勞動營裡的是義大利戰俘，他們已經遷走了。克魯伯工廠中爲奴隸勞工看病的「資深醫生」威廉·雅格（Wilhelm Jaeger）博士，在紐倫堡所寫的一份供詞中敘述了他接任這項職務時所看到的情況。

我頭一次出診時，看到這些婦女身上害著大塊大塊的膿瘡和別的疾病。在我去以前她們至少已有兩星期沒有看到醫生了……沒有藥品供應……她們沒有鞋穿，光著腳走來走去。每人僅有的一身衣服是麻袋縫成的，上面開了幾個口，讓頭和手臂伸出來。她們的頭髮都給剃了。營房四周圍上鐵絲網，由黨衛隊的警衛人員嚴密把守著。

勞動營中食物供應的數量很少，質量極壞。到營房走過一趟，沒有不挨跳蚤咬的……我的兩隻手臂和別的地方就被咬起幾塊大皰……。

雅格博士把這種情況報告克魯伯的董事們，甚至報告給廠主波倫—哈爾巴赫（Gustav Krupp von Bohlen-Halbach）的私人醫生，但是毫無效果。他所寫的幾份關於克魯伯工廠其他勞動營的報告，也沒有能使情況得到絲毫改善。他在供詞中提到，有幾份報告，敘述的是住有俄國和波蘭勞工八個營房的情況：住的地方擁擠不堪，因而疾病叢生，而且缺少足以維持一個人活命的食物，缺少用水，缺少廁所。

東方工人的衣服也十分缺乏。不論勞動或睡覺時，他們穿的都是從東方來的時候穿的那一身衣服。他們幾乎都沒有大衣，只得用毛毯當大衣禦寒和擋雨。由於沒有鞋穿，許多工人只得光著腳上工，甚至冬天也是如此……。

衛生條件惡劣到了極點。在克拉麥普拉茨（Kramerplatz），一千二百個人使用的廁所，是原來只供十個兒童用的……廁所的地面上到處是大小便……韃靼人和吉爾吉斯人受的罪最大；由於居住條件太壞，食物粗劣，不能吃飽，加上勞動過度，得不到足夠的休息，他們像蒼蠅一樣死去。

許多工人還害著斑疹傷寒。傳染這種病的蝨子以及無數的跳蚤、臭蟲等害蟲，折磨著住在這些營房中的人……營房中的供水時常中斷，一斷就是八天到十四天……。

一般地說，西方勞工比東方勞工生活得略好一籌——後者在德國人眼中不過是人類的渣滓。但是這種區別也只是相對的。雅格博士在克魯伯工廠設在埃森市（Essen）諾格拉特街（Nogerratstrasse）收容法國戰俘的一個勞動營中之所見，可作例證。

他們在狗窩、小便池和原來的麵包房裡住了將近半年。狗窩高三英尺，長九英尺，寬六英尺，每間住上五個人。戰俘必須四肢著地才能爬進去……勞動營裡沒有水[26]。

克魯伯公司不僅爲它在德國的工廠找到無數奴隸勞工，其中有平民也有戰俘，而且還在奧斯威辛（Auschwitz）的滅絕營裡建造了一個大型雷管工廠。猶太人在這個工廠裡勞動到筋疲力盡以後，就被毒氣處死。

波倫－哈爾巴赫男爵是克魯伯公司董事長。他在紐倫堡國際軍事法庭上與戈林等人一起被控爲主要戰爭罪犯。但由於「身體和精神狀況」（得過中風，年老昏瞶），未受審訊。他死於一九五〇年一月十六日。檢察官曾盡力想讓他的兒子阿爾弗雷德替他受審，但是法庭沒有同意。阿爾弗雷德在一九四三年單獨繼承公司產權。

阿爾弗雷德後來終於在「美國控告阿爾弗雷德．克魯伯等人」一案中受到紐倫堡軍事法庭（清一色是美國法官）的審判，同案受審的還有該公司的九名董事。一九四八年七月三十一日，他被判十二年徒刑，財產全部沒收。美國高級專員約翰．麥克洛埃（John J. McCloy）頒布大赦令，阿爾弗雷德於一九五一年二月四日從蘭德斯堡監獄（Landsberg Prison，希特勒曾於一九二四年在這個監獄服過刑）中被釋放出來。沒收他公司財產的命令取消了，而且還把他被沒收的大約一千萬美元私人財產退還給他。盟國政府曾經下過命令，要使龐大的克魯伯帝國解體。但是阿爾弗雷德從監獄中被釋放出來後，實際掌握了公司的管理大權，規避了盟國政府的命令，並於本書撰稿時（一九五九年）在西德政府的同意下公然宣布該公司不僅不會解體，而且還要增添新企業。

被分配到德國農場勞動的奴隸勞工大約有二百五十萬人。其中絕大部分是斯拉夫人和義大利人。儘管由於環境不同，他們的生活比在城市工廠中勞動的人要好一些，但還不到合理的標準，甚至也談不上符合人道。從繳獲的一項關於「波蘭籍外國農場工人的待遇問題」的指令中，可以看到他們所受的待遇。這項命令雖然適用於波蘭人——簽發的日期是一九四一年三月六日，那時還沒有能用上俄國人——後來也被用作對待其他國籍的人。

> 波蘭籍的農場工人不再有申訴的權利，因此，任何官方機構均不得接受其申訴……嚴禁到教堂去……嚴禁到劇院、電影院或其他文化娛樂場所……嚴禁與婦女和女孩性交。

波蘭籍的農場工人如與德國婦女性交，按照希姆萊於一九四二年頒發的布告，將被處以死刑。希姆萊於一九四二年二月二十日頒布的這項指令是專門針對俄國奴隸勞工。爲了對付「嚴重違反紀律，包括拒絕勞動或怠工」，指令還規定有「特別處置辦法」。

如有上述情事，必須予以特別處置。特別處置指絞死。絞刑不必在勞動營近側執行，但是必須讓一定人數的工人到場觀看[27]。

「特別處置」一詞，是戰爭時期希姆萊所寫的文件中和納粹黨人口頭上常用的字眼。它的含義就是希姆萊在上述指示中所說的那個含義。

從事奴隸勞動的農場工人不得乘坐「火車、公共汽車或其他公共交通工具」。頒布這項指令顯然爲的是防止農場工人逃出他們不得離開的農場。指令規定：

嚴禁任意調換工作。農場工人須按雇主要求長期勞動。每天勞動時間的長短，不加限制。雇主均有權對農場工人進行體罰……如果條件許可，可將農場工人從居處遷到馬廄等處居住。在採取這樣措施時不能心慈手軟[28]。

甚至被抓到德國來做家務勞動的斯拉夫婦女，也被當作奴隸一般對待。早在一九四二年，希特勒便命令沙克爾找五十萬斯拉夫婦女到德國來，「以便減輕德國家庭婦女的負擔」。這位奴隸勞工專員對她們在德國家庭中勞動的條件做了如下規定：

不許提出工餘時間的要求。從東方來從事家庭勞動的婦女，只有爲了辦家務事時才可離家上街……她們不得上飯館、電影院、劇院，不得到其他類似的場所。也不得到教堂去……[29]。

在納粹的奴隸勞工計畫中，婦女和男子顯然是同樣需要的。在德國人抓來勞動的三百萬左右俄國平民中，有半數以上是婦女。大部分婦女被分配在農場從事重勞動或在工廠做工。

奴役征服區的幾百萬男女，要他們爲第三帝國幹最低賤的勞動，並不只是戰時的權宜措施。上面引述希特勒、戈林、希姆萊等人的言論只不過是他們言論的一小部分，但是也可以清楚看出，如果納粹德國長久維持下去，新秩序將意味著德意志主宰民族統轄一個西起大西洋東至烏拉山脈的龐大奴隸帝國。在這個帝國中，東方斯拉夫人受到的待遇肯定是最壞的。

一九四一年七月，當時希特勒進攻蘇聯還不到一個月，他便著重指出，他的佔領蘇聯計畫是「一種最後解決辦法」。一年以後，征服俄國的戰事進入高潮時，他教訓部下說：

我們對於億萬愚蠢可笑的斯拉夫人，要採取這樣的辦法：把他們之中最優秀的按照我們的要求加以改造，而把其餘的人隔離在他們自己的豬圈裡；誰要是妄談什麼該對當地居民慈悲爲懷，該讓他們得到教化，馬上把他送進集中營！[30]

戰俘

儘管德國人嚴重違反了海牙公約和日內瓦公約，把戰俘送到兵工廠或從事與前線作戰有關的各種勞動，但是對於那些被第三帝國俘獲的幾百萬戰俘來說，這種規模龐大的勞動還不是他們最發愁的事情。

他們最關心的還是熬過戰爭，保全一命。如果他們是俄國人，那麼熬過戰爭保全性命的希望最少。蘇聯戰俘的人數比其他各國戰俘合在一起的總數還要多，大約有五百七十五萬人。一九四五年盟軍解放戰俘營的被俘人員時，生還的蘇聯戰俘只有一百萬人。在戰爭時期被德國人釋放的或被批准到德軍建立的僞軍中服役的人大約也有一百萬。餓死、凍死、病死的俄國戰俘達二百萬。其餘的一百多萬人下落不明，紐倫堡國際軍事法庭上證實這一百多萬人中的大部分，或者因上述原因而死亡，或者被黨衛隊保安處處死。據德國方面文件記載，處死的有六萬七千人，這肯定只是一部分人數[31]。

大部分俄國戰俘，約三百八十萬人，是在德國發動侵俄戰爭的第一階段，在俄國進行的幾次大包圍中（一九四一年六月二十一日到十二月六日期間）被俘的。平心而論，不論是哪國軍隊，在戰事正在進行和迅速向前進軍時，要能妥善照顧這麼一大批戰俘是有困難的。但是問題在於德國人根本未做任何努力。我們從前邊引述的納粹文件中看到，德國人對蘇聯戰俘確實是故意不給飯吃；在一九四一年漫天風雪的冬天，氣溫降到零下時，不給他們安身的地方，許多人因此活活餓死凍死了。

據羅森堡這樣有權威地位的人說，許多納粹官員的態度是：「這些戰俘死得越多，對我們越好。」

愚蠢不堪的東方佔領區事務部部長無論如何也算不上是個講人道的納粹分子，特別是對於俄國人。而我們知道，他是在俄國人那裡長大的。但是，即使連他這樣的人，也曾心有不忍。一九四二年二月二十八日，他在致最高統帥部長官凱特爾元帥的一封長信中，曾對俄國戰俘所受到的待遇提出抗議。他寫這封信，正是那年冬天蘇聯軍隊在莫斯科和羅斯托夫（Rostov）擊退德軍，反攻之勢有如破竹的時候；德國人這時已經看出，他們想一舉消滅俄國的賭注已經輸定了，說不定要一輸到底了；他們也已看出，在美國已經參加到俄國和英國一邊而與德國爲敵的今天，德國人很可能在這一場戰爭中被打敗。情況如果眞的如此，勝利一方必會追究他們的戰爭罪行。羅森堡在致凱特爾的信中說：「在德國的蘇聯戰俘，遭到極爲悲慘的命運。三百六十萬戰俘中，全勞動力只有幾十萬人。許多人不是餓死，就是由於氣候的折磨而死。」

羅森堡繼續說道，這種情況本來是可以避免的。俄國有足夠的糧食供他們食用。

但是在多數情況下，戰俘營長官都不許把這些糧食供戰俘食用，而寧可讓他們餓死。甚至在戰俘被押送到戰俘營的途中，也不許老百姓給他們東西吃。許多戰俘在途中由於饑餓勞累，跟不上隊伍，就被槍決。他們當著飽受驚嚇的老百姓面進行槍決，屍體就棄在原地。許多戰俘營根本沒有住的房子。下雨下雪，戰俘也睡在露天裡……。

最後還得提一下槍決戰俘的事情。他們這樣做……根本不從政治上考慮問題。例如各集中營裡都把「亞洲人」一概槍決……[32]。

豈止亞洲人。俄國戰役開始後不久，最高統帥部和黨衛隊保安處便達成一項協議，由保安處「甄選」俄國戰俘。保安處的大劊子手奧托・奧倫道夫（Otto Ohlendorf）在一份供詞中透露了「甄選」的意圖何在。奧倫道夫與希姆萊手下許多人一樣，是個不務本業的知識分子，他曾得過兩個大學學位（法學和經濟學），並曾在應用經濟科學學院當過教授。奧倫道夫說：

所有猶太人和共產黨幹部都要調出戰俘營，處以死刑。據我所知，在對俄國作戰的整個期間，一直採用這種辦法[33]。

但是這樣做也不無困難。俄國戰俘的身體往往衰弱得連上刑場都走不了。爲此，祕密警察頭子海因里希・繆勒（Heinrich Müller）提出了抗議，此人短小精悍，也是個殺人不眨眼的劊子手。戰後繆勒一直沒有被緝捕歸案。一九四五年四月二十九日有人在柏林希特勒的地下碉堡還看到他，此後便不見了。有些倖免於死的同事認爲，他現在在爲蘇聯祕密警察效勞。他非常崇拜蘇聯的祕密警察。他說：

集中營長官非常不滿，預定要被處決的蘇聯人在到達集中營時，已有百分之五到百分之十的人死亡或瀕於死亡……特別值得注意的是，在前往集中營的途中，譬如從火車站走向集中營的途中，就有相當多的戰俘由於疲憊不堪倒在路上，有死了的，也有半死的，因此護送時後邊還得跟上一輛卡車裝運這些人。很難不讓德國人看到這種場面。

祕密警察對俄國戰俘餓死累死絲毫也不在乎，他們遺憾的只是每死一個戰俘就使劊子手們少一個行刑的對象。但是他們不願意德國人民看到倒斃於途的慘狀，因此「祕密警察繆勒」——他在德國以此著稱——下令：

自即日起（一九四一年十一月九日），俄國戰俘凡顯然無活命希望因而連短途旅程也不能走動者，以後無須運到集中營處死[34]。

死了的戰俘不能勞動自不必說，甚至餓壞累壞的戰俘也都失去勞動能力了。到了一九四二年，德國人已清楚地意識到戰爭將長期拖下去，比他們原先設想的時間要長得多；同時也已看出，他們的後備勞動力十分缺乏，被俘蘇軍已成爲德國後備勞動力的重要組成部分。因此納粹放棄了屠殺戰俘的政策，而是利用他們從事勞動。一九四三年，希姆萊在波森對黨衛隊人員做了一次講話，解釋爲什麼要改變這項政策。

當時（一九四一年）我們對這麼一大批人沒有像今天這樣，把他們當作原料和工人。戰俘餓死累死幾萬幾十萬，從幾個世代那樣長遠的意義上看，是沒有什麼可遺憾的；但是在目前，由於喪失了勞動力，這種情況卻是可惜的[35]。

現在必須讓戰俘們吃得足以使他們有力氣幹活了。到一九四四年十二月，已有七十五萬戰俘在兵工廠、礦山（分配了二十萬人）和農場勞動，其中包括不少軍官。他們受到苛刻的待遇，但是總算可以活命。甚至凱特爾元帥建議在戰俘身上打烙印的辦法也廢除了（一九四二年七月二十日，凱特爾起草了這個命令：第一，蘇聯戰俘得打上特殊的、永久性的烙印。第二，烙印由一個四十五度左右的銳角組成，兩邊邊長一釐米，角尖向下，打在左臀上離肛門約一掌寬的地方[36]）。

德國人對待西方戰俘，特別是英美戰俘，比對待俄國人相對來說好一些。雖然屠殺英美戰俘的事也偶然發生過，但一般都是由於個別戰俘營長官個人的極端殘暴和虐待狂所致。一九四四年十二月十七日比利時突出部戰役（Battle of Bulge）中，在馬爾梅蒂（Malmédy）附近的田野中血腥屠殺七十一名美國戰俘，便是一個例子。

希特勒也曾親自下令殺害西方戰俘。例如他曾下令屠殺五十名英國飛行員，這些人於一九四四年春被俘，後來在薩崗（Sagan）的一個集中營逃跑未成。戈林在紐倫堡說，他「認爲這是整個戰爭時期最嚴重的一次事件」，約德爾將軍則稱之爲「不折不扣的謀殺」。

一九四三年英美對德國加緊轟炸以後，德國便有意殺害在德國跳傘降落而被俘的盟軍飛行人員，上述事件實際上似乎是他們這個政策的一部分。德國鼓勵一般平民在抓到跳傘降落的盟軍飛行員後，立即私刑處死。戰爭結束以後，不少犯有這種罪行的德國人受到審判。一九四四年英美轟炸德國達到高潮時，里賓特洛甫主張立即處死被擊落的英美空軍人員，但希特勒則採取比較溫和的態度。一九四四年五月二十一日，他在與戈林會商以後，發布這樣一項命令：英美飛行人員凡曾掃射過客車、平民以及緊急著陸的德國飛機者，可不經軍法審判即予槍決。

被俘的空軍人員有時則被直接交由黨衛隊保安處進行「特別處置」。一九四四年九月，約有四十七名美英和荷蘭的飛行人員（全都是軍官）在毛特豪森（Mauthausen）集中營慘遭殺害。集中營中有一個法國戰俘莫里斯·拉姆普（Maurice Lampe）是目擊者之一，他在紐倫堡敘述這次屠殺的情況時說：

> 四十七名軍官光著腳，被帶到石坑裡……在石坑最下一層階梯上，警衛人員把石頭放到這些可憐人們的背上，要他們扛到上邊去。頭一趟扛的石頭約六十磅重，一面扛著一面挨打……第二趟扛的更重，什麼時候被石頭壓垮了，就遭到腳踢棒打……到了晚上，路上已倒下二十一具屍體。另外二十六個人在第二天早晨也死了[37]。

這是毛特豪森集中營裡常用的「處決」方式，也是殺害無數俄國戰俘的若干方式之一。

從一九四二年起，亦即戰爭的趨勢開始對希特勒不利以後，他便下令殺害被俘的盟軍突擊隊員，特別是在西線被俘的人員（被俘的蘇聯游擊隊員被立即槍決，自不必說）。元首在一九四二年十月十八日發布的《突擊隊極機密命令》，是被繳獲的納粹文件之一。

> 自即日起，在歐洲或非洲執行所謂突擊任務的敵人一俟被德軍發現，不論是否攜帶武器，也不論是在戰鬥中還是在逃跑中，應全部處死，即使他們身著軍服也不赦免[38]。

同一天，希特勒又發布一項補充指示，對司令官們解釋他所以發布這個極機密指令的理由。他說：

> 由於盟軍突擊隊獲得成功，我不得不嚴令消滅敵人從事破壞工作的部隊，並宣布對不服從這些命令者予以嚴懲……必須曉諭敵人：從事破壞工作的突擊隊員將毫無例外地被全部消滅。
>
> 這就是說，他們要想死裡逃生是絕對沒有希望的……他們絕不要妄想會得到日內瓦公約規定的待遇……如果由於審問上的需要而留下一個兩個暫時不殺，審問過後也得立即槍決[39]。

德軍嚴格保密這種特殊罪行。約德爾將軍在希特勒指令上又添加了補充說明，下邊還打上重點：「這項指令只供司令官閱讀，切勿落入敵人手中。」他們還得到指示，在及時記下內容後，全部文件即悉數銷毀。

文件的內容想必已銘記在各級司令官的心中，因爲他們都已貫徹執行了。有兩個例子可以談一下，當然事例還多得很。

一九四四年三月二十二日夜間，美國陸軍第二六七特別偵察營的二名軍官和十三名士兵，乘一艘軍艦在義大利境內距德國陣地後方很遠的地方登陸，準備破壞拉斯佩齊亞（La Spezia）到熱那亞之間的一個鐵路隧道。這批偵察人員一律身著軍裝，並沒有攜帶便服。三月二十六日，即他們被俘後的第三天，一隊執刑隊人員就根據德國陸軍第七十五軍軍長安東・多斯勒（Anton Dostler）將軍親自頒發的命令將他們處死，刑前未經審問。戰爭結束後不久，多斯勒將軍受到美國軍事法庭的審判時，爲自己的罪行辯解說，他只不過是遵照希特勒的突擊隊命令行事。他爭辯說，他如不服從，自己將被元首送交軍事法庭審判。一九四五年十月十二日，羅馬美國軍事法庭宣判多斯勒將軍死刑。

一九四五年一月在斯洛伐克跳傘降落的十五名英美軍事人員，其中有一名美聯社戰地記者，全都身著軍服，在毛特豪森集中營被處死刑。恩斯特・卡爾登布魯納（Ernst Kaltenbrunner）博士下令執行死刑。卡爾登布魯納博士繼海德里希（Reinhard Heydrich）之後任黨衛隊保安處處長，是紐倫堡國際軍事法庭的被告。卡爾登布魯納於一九四六年十月十五日夜間在紐倫堡監獄被絞決。集中營一名副官目擊他們處死的經過，如果不是他招供出來，恐怕永遠也無人知道，因爲這個集中營中大規模處決戰俘的文件大部分已經銷毀了[40]。

納粹在佔領區的恐怖統治

一九四一年十月二十二日，法國《燈塔報》（*Le Phare*）刊登了下列通告：

十月二十日上午，受英國和莫斯科雇用的卑鄙罪犯暗殺了南特（Nantes）的戰地司令。兇手至今尚未捕獲。

我已下令先槍決五十名人質，作爲這個罪行的抵償……如果從現在起至十月二十三日午夜，兇手仍未捕獲歸案，將再槍決五十名人質。

這一類通告常常出現在法國、比利時、荷蘭、挪威、波蘭、俄國的報紙上，或者寫成紅底黑框的海報張貼出來。德國人公然宣稱，償命的比率一律定爲一百比一——每有一個德國人被槍殺，就槍決一百名人質。

雖然抓人當人質是古代的習慣，例如羅馬人就十分愛用這種辦法，但是到了近代，一般已不採用這種辦法了。只有德國人在第一次世界大戰時，英國人在印度和布爾戰爭時在南非用過。第二次世界大戰期間，希特勒指揮下的德國陸軍卻大規模地抓人當人質。凱特爾元帥和一些身分比他低的司令官都曾簽署過逮捕人質和槍殺人質的密令，紐倫堡國際軍事法庭上出現過許多這樣的密令文件。一九四一年十月一日，凱特爾下令說：「人質當中必須包括著名頭面人物或者他們的家屬，這一點至爲重要。」；一年以後，駐法德軍司令史圖爾普納格（Heinrich von Stülpnagel）將軍也強調指出：「被槍決的人質的名氣越大，對兇手所起的威懾作用也就越大。」

第二次大戰期間，德國人一共處決了二萬九千六百六十名人質，這個數字還不包括「死」在法國監獄中的四萬人。波蘭是八千人，荷蘭是二千人。在丹麥，他們用一種所謂「肅清暗殺」制度來代替公開槍殺人質。希特勒明令，德國人在丹麥如遭殺害，要祕密採取「以五頂一」的報復辦法[41]。由於德國人採取這種辦法，斯堪地納維亞半島最孚眾望的人士之一、丹麥牧師、詩人兼劇作家卡伊·門克（Kaj Munk）被殘酷殺害了。他的屍體被拋棄在街頭，身上掛著一塊牌子，上面寫著：「豬玀，你還是爲德國效了勞。」

凱特爾元帥在紐倫堡供稱，在他不得不遵照希特勒命令行事而犯下的戰爭罪行中，以根據《夜霧命令》（Nacht und Nebel Erlass）所犯的罪行「最為嚴重」。這項奇怪的命令是希特勒於一九四一年十二月七日親自頒布的，專門用來對付西歐佔領區的無辜居民。正如這項命令的奇怪名稱所顯示，它的目的在於逮捕「危及德國人安全」的人，逮捕以後並不立即槍決，而是絲毫不落痕跡地讓他們消失在德國的茫茫夜霧之中。他們的下落不通知其家屬，即使所謂下落常常只不過是他們在德國的埋葬地點。

一九四一年十二月十二日，凱特爾發布一個指令解釋希特勒的命令。「在原則上，」他說：「對德國犯有罪行的人應處死刑。」但是，

如果對這些罪犯給以監禁的處分，即使同時還罰做終身苦役，也將被認為是軟弱的表現。只有對罪犯處以死刑，或者採用使罪犯家屬及當地居民不知其下落的辦法，才能收到極大的威嚇效果[42]。

一九四二年二月，凱特爾又補充了《夜霧命令》。如果一個人被捕後八天之內還沒有被判死刑的話，

應將這些囚犯祕密送往德國……這些措施將起到威懾作用，因為……

一、這些囚犯將不留痕跡地消失；

二、不說明他們的下落和命運[43]。

受命執行這個可怕任務的是黨衛隊保安處。在繳獲到的保安處文件中充滿了有關「NN」（代表「夜霧」兩字）的各種指示，特別是要求對被害人的埋葬地點嚴守祕密。到底有多少西歐人士消失在「夜霧」之中，紐倫堡國際法庭根本無法確定這項數字，但是看來難得有人逃出虎口。

我們從黨衛隊保安處的文件中得到一些關鍵的資料，指出他們在佔領區中用另一種恐怖行動所殺害的人數。這種特別的恐怖行動在俄國也執行過，執行單位德國人稱爲「特別行動隊」（Einsatzgruppe）。從其活動情形看，稱爲滅絕隊更合適些。他們所殺害的人數之多，直到紐倫堡審判時才意外發現。

有一天，在開審前不久，美國檢察官、年輕的海軍軍官惠特尼·哈里斯（Whitney R. Harris）少校向奧托·奧倫道夫盤問他在戰時的活動情況。人們知道，這個看上去年紀頗輕（三十八歲）而又漂亮的德國知識分子，在希姆萊的帝國中央保安局（Reichssicherheitshauptamt, R. S. H. A.）任職第三處處長，但在戰爭最後幾年的大部分時間中，他在經濟部任對外貿易專家。他告訴哈里斯少校，戰爭時期他一直在柏林任公務員，只有一年是例外。當被問到這一年離開柏林時幹了些什麼時，他回答說：「擔任特別行動隊D支隊隊長」。

哈里斯是律師出身，這時已是熟悉德國問題的權威情報專家，對特別行動隊的情況有不少瞭解。因此他立即追問下去：「在你任特別行動隊D支隊隊長的那一年，你那一隊一共殺害了多少男子、婦女和兒童？」哈里斯事後回憶說，當時奧倫道夫聳了聳肩，稍微遲疑了一下回答道：「九萬！」[44]

希姆萊和海德里希於一九三九年組織特別行動隊，其目的是跟隨德軍進駐波蘭，搜捕猶太人，把他們集中到猶太人隔離區。過了將近兩年，在進攻俄國以後，特別行動隊才與德國陸軍取得協議，受命隨戰鬥部隊之後執行「最後解決」的一部分任務。爲了執行這項任務，組成了四個特別行動隊：A支隊、B支隊、C支隊和D支隊。奧倫道夫於一九四一年六月到一九四二年六月之間領導的便是D支隊，該支隊在烏克蘭南端地區活動，附屬於第十一軍團。約翰．哈蘭．阿門（John Harlan Amen）上校在法庭上問奧倫道夫曾接受過什麼指示，他回答說：「要求我們清算猶太人和蘇聯政治委員。」

「你所說的清算，是不是就是殺死的意思？」阿門問他。

「是的，就是殺死。」奧倫道夫回答道，並解釋說，殺掉的人中有男子，也有婦女和兒童。

「爲什麼要屠殺兒童呢？」我國法官尼基欽科（I. T. Nikitchenko）將軍插口問道。

奧倫道夫：「命令是必須全部消滅猶太居民。」

法官：「也包括兒童在內？」

奧倫道夫：「是的。」

法官：「猶太兒童全部殺死了嗎？」

奧倫道夫：「是的。」

奧倫道夫在回答阿門提出的其他問題時以及在他的供狀中，敘述了一場典型的殺人情況：

特別行動隊到了一個村莊或市鎮以後，就命令當地猶太人中的頭面人物把全體猶太人集合起來，說是要給他們「重新安置」。亦即通知猶太人，他們將遷到別的地方去。他們被勒令交出自己的貴重物品，並且在臨刑前脫下外衣。他們被裝上卡車押往刑場，刑場通常是在反坦克戰壕裡——往往當場能殺死多少便裝上多少。用這種方法就能夠縮短時間，從被害人知道自己死到臨頭直到他被槍決，中間盡量不拖延。

不一會兒，擺出一副戰鬥姿態的執刑隊人員就槍殺這些站著或跪著的人，然後把屍體扔到壕溝裡。我不許執刑的人單獨槍決人，而是叫他們幾個人放排槍，以避免個人直接承擔責任。別支隊的領導人要求讓被害人平伏在地上，從後頸射進子彈。我不同意這種做法。

「爲什麼？」阿門問道。

「因爲這樣做會使被害人和執刑人心理上的負擔過重。」奧倫道夫回答說。

奧倫道夫又詳細談到他在一九四二年春天接到希姆萊的一項命令，要他們改變處決婦女和兒童的方法。這樣做是有特別的理由。此後，婦女、兒童就被送到兩家柏林公司專門爲殺人建造的「毒氣車」上去。這個黨衛隊保安處的軍官向法庭供述了這種奇特的車輛怎樣進行工作：

從外表上看不出這種囚車的實際用途。它們看起來跟密閉的貨車差不多，但構造卻不一樣，車子一開動，就把排出的毒氣送到車廂裡，十分鐘到十五分鐘便使人致命了。

「你們是怎樣把被害人引上囚車的？」阿門上校要他說明白。

「我們對他們說，要把他們送到另外一個地方。」奧倫道夫回答（奧倫道夫和「特別行動隊案件」的其他二十一名被告一起，在紐倫堡受到美國軍事法庭的審判。被判處死刑者十四人，但是只有四個人，即奧倫道夫和其他三個支隊長於一九五一年六月八日在蘭德斯堡監獄被處決，當時距判刑時已達三年半之久。其餘被判死刑的人都得到減刑）。

接著他訴說，埋葬毒氣囚車上的死難者對特別行動隊人員來說是「受罪的苦差使」。在紐倫堡法庭上提出的一份文件中，有一個叫貝克爾博士的人證實了這一點。奧倫道夫證明，貝克爾就是製造毒氣囚車的人。他在寫給總部的一封信中，反對由特別行動隊人員負責把被毒氣熏死的婦孺屍體卸下來，他提請注意：「該項工作可能使這些人員身心健康受到危害。他們向我訴說，每次卸下屍體都要感到頭痛。」

貝克爾博士還向上級指出：毒氣的使用方法往往不對頭。司機為了想盡快把工作辦完了事，把加速器扳到最大限度。被處決的人是被悶死而不是按照我們原來的計畫昏睡而死的。

貝克爾博士——在他自己的心目中——眞是個人道主義者，他下令改進操作技術。

我的指示證明，正確調整操縱器，結果死亡來得更快，而且犯人是安安靜靜地睡著了。再也看不到以前常見到的惡形怪狀死相和遺屎遺尿現象了[45]。

但是奧倫道夫證明，毒氣囚車一次只能處死十五到二十五個人，這完全不能滿足希特勒和希姆萊要求進行的大規模屠殺。據特別行動隊官方報告，僅僅一九四一年九月二十九日、三十日這兩天中，在烏克蘭的首府基輔就「處決」了三萬三千七百七十一人，其中絕大部分是猶太人。要完成這樣的任務，毒氣囚車是不夠的[46]。

英國首席檢察官哈特萊·蕭克勞斯（Hartley Shawcross）爵士在紐倫堡國際軍事法庭上宣讀過一

個德國人的報告，此人曾親眼看到烏克蘭一次規模較小的集體屠殺。法庭在宣讀這份報告時，全場嚇得鴉雀無聲。報告是赫爾曼．格拉伯（Herman Gräbe）經過宣誓署名的供詞，他曾任一家德國建築公司烏克蘭分公司的經理兼工程師。一九四二年十月五日，他在烏克蘭的杜布諾（Dubno）親眼看到特別行動隊的人員在烏克蘭民兵的配合下在殺人坑旁行刑。他報告說，這次共殺害了鎮上的五千名猶太人。

……我的工頭和我直接走向坑那邊去。我聽到從後面小土堆傳來一連串的槍聲。手中拿著馬鞭子或狗鞭子的黨衛隊人員命令從卡車上下來的男人、婦女和大大小小的兒童脫下衣服。他們被迫把衣服放在指定地點，按鞋子、外衣、內衣分類放著。我看到一堆鞋子，大約是八百到一千雙，還有一大堆一大堆的內衣和衣服。

這些人脫下衣服，一聲也不叫喊，也沒有哭泣。他們一家一家地聚在一起，互相吻別，等待著另一個黨衛隊人員打手勢。這個黨衛隊人員站在離坑不遠的地方，手裡也拿著一根鞭子。我在近坑處站了十五分鐘，沒有聽到一個人抱怨或懇求饒命……。

一個銀白頭髮的老太太抱著一個周歲左右的孩子，唱歌給他聽，還逗著他。孩子高興得咯咯地笑著。孩子的父母噙著眼淚望著他們。父親拉著一個約十歲的男孩子，溫存地向他說話；孩子忍著滿眶淚水。父親又一手指著天空，一手撫著孩子的頭，好像在給他解說些什麼。

這時，站在坑邊上的一個黨衛隊士兵向他一個同志叫喊幾聲，那人便點出二十來人，叫他們往土堆後面走去……我清楚地記得一個苗條的烏髮姑娘從我身邊走過時指著自己說：「二十三歲。」

我繞過土堆走去，發現前邊有一處很大的墳場。屍體緊緊地挨在一起，一個壓著一個，只有腦袋露在上邊。差不多所有的人頭上都有血，淌到肩膀上。有人還在動彈，有人舉起膀子，轉動著腦袋，表示自己還沒有死。坑裡已裝滿三分之二，我估計裡面有一千人了。我探尋放槍的人。那是一個黨衛隊人員，他坐在狹窄的坑頭邊沿上，雙腳懸到坑裡，手裡拿著一支衝鋒槍，抽著香煙。

赤身裸體的人們往坑裡走下幾步，跨過那些躺在坑裡的屍體，接著爬到這個黨衛隊人員指定的地方。他們躺在死人或受傷者的上邊；有人還撫摸一下活著的人，輕聲跟他們說些什麼。一會兒，我就聽到一陣連續的槍聲。再往坑裡一看，有人抽搐著身子；有人把頭枕在別人身上，動也不動了。血從他們的脖子上流下來。

又一批人已經走過來了。他們走進坑裡，一排排躺在前一批死難者身上被槍殺。

就這樣殺了一批又一批。第二天早晨，這個德國工程師又到刑場去看了一下：

我看到大約三十個赤身裸體的人躺在離坑不遠的地方。有些人還活著……過後，這些還活著的猶太人被勒令把屍體拖到坑裡。然後，他們自己也得躺到坑裡，以便子彈從他們脖子上射進去……我在上帝面前起誓，說的全是實情[47]。

在紅軍把德軍逐出蘇聯領土以前，特別行動隊到底屠殺了多少猶太人和俄國共產黨幹部（前者數字遠遠超過後者）？紐倫堡法庭一直沒有統計出確實數字，但是我們從希姆萊的記載（雖然不完全對得起來）中可以得到一個粗略的概念。

奧倫道夫的D支隊殺害了九萬人，還不如其他一些支隊。例如在北方的A支隊於一九四二年一月三十一日報告，它在波羅的海沿岸地區和白俄羅斯「處決了」二十二萬九千零五十二名猶太人。A支隊隊長弗朗茲·施塔勒克（Franz Stahlecker）向希姆萊報告說，他在白俄羅斯遇到一些困難，因爲「動手很晚，已是霜凍季節，使大規模行刑更加困難得多。」他報告說：「但是到目前爲止，已在白俄羅斯槍殺了四萬一千名猶太人」。施塔勒克後來在同年被蘇聯游擊隊殺死。他在報告中附了一紙相當詳細的地圖，上面標出在他指揮之下各地處死的人數——用棺材作爲標誌。地圖表明，僅在立陶宛便屠殺了十三萬六千四百二十一名猶太人；另有三萬四千人「因爲需要他們勞動」，暫時不殺。報告宣布，猶太人較少的愛沙尼亞已「沒有猶太人」了[48]。

特別行動隊的劊子手們在嚴冬暫停活動一段時間以後，到一九四二年夏天又忙得不可開交。到七月一日，在白俄羅斯已殺死五萬五千多名猶太人。十月間，明斯克猶太人隔離區剩下的一萬六千二百人在一天之內全被殺光。到了十一月，希姆萊向希特勒報告，八月到十月底在俄國已殺死三十六萬三千二百一十一名猶太人，不過這個數字不免有些誇大，可能是爲了博得嗜殺元首的歡心[49]。八月三十一日，希姆萊命令特別行動隊處決明斯克監獄中一百名囚犯，說是要親眼看看他們是怎樣行刑。據當時在場的黨衛隊高階軍官巴赫—齊列夫斯基（Erich von dem Bach-Zelewski）說，希姆萊看到執刑隊打了第一排槍後的場面，幾乎暈過去了。幾分鐘過後，當這個黨衛隊頭子看到有兩個猶太婦女沒有立即被打死時，他變得歇斯底里起來。這次臨場觀看倒是起到一個效果：希姆萊下令今後對婦女兒童不用槍殺而是把他們裝入毒氣囚車處死[50]。

據祕密警察的猶太處處長卡爾・艾希曼（Karl Adolf Eichmann）統計，特別行動隊在東歐各國總共屠殺了二百萬人，差不多全部是猶太人。但是這個數字肯定是浮誇的；黨衛隊的頭目對他們的屠殺成就總是十分得意，他們往往塡報灌了水的數字，以博得希姆萊和希特勒的歡心。這事說來有點奇怪，但事實確是如此。一九四三年三月二十三日，希姆萊手下的統計專家理查德・科勒爾（Richard Korherr）博士向他報告，住在俄國的六十三萬三千三百名猶太人已經「重新安置」——這是對特別行動隊屠殺行動的一種委婉說法[51]。令人驚異的是，這個數字與一些專家後來煞費苦心調查所得的結果正相吻合。加上戰爭最後兩年中殺害的十萬人，這個數字大概是我們所能得到的最準確數字。就我所知，特別行動隊殺害蘇聯共產黨幹部的人數甚至根本無法估計。黨衛隊保安處的大多數報告都把他們跟猶太人歸在一起計算。A支隊於一九四一年十月十五日所寫的一份報告載明，處決的十二萬一千八百一十七人中，有三千三百八十七名「共產黨員」，餘爲猶太人。但是在這份報告中有些段落也將兩者合併計算。

以上這個數字雖然已經夠大了，但是若與希姆萊的滅絕營相比還是小巫見大巫，在貫徹「最後解決」政策時，死傷者的人數更不可計數。

最後解決

一九四六年六月晴朗的一天，紐倫堡的三個美國檢察官在提審時盤問黨衛隊大隊長奧斯瓦德・波爾（Oswald Pohl），被告曾擔任的工作之一是負責納粹集中營中的工程，指揮囚犯從事勞動。他在參加黨衛隊以前是海軍軍官，德國崩潰以後隱藏了一陣，直到一年以後，在一九四六年五月才被逮捕歸案，當時發現他喬裝成雇工，在一個農場勞動。一九四七年十一月三日，波爾在「集中營案件」中被美國軍事法庭判以死刑，一九五一年六月八日在蘭德斯堡監獄與奧倫道夫等人同時被絞決。

波爾在回答一個問題時用了一個名詞。紐倫堡的檢察官們當時已忙碌了好幾個月，研究幾百萬字的繳獲文件，所以這個名詞對他們已很熟悉。波爾當時說，有一個叫霍斯的同事被希姆萊派去搞「猶太人問題的最後解決方案」。

「那是什麼意思？」檢察官問波爾。

「滅絕猶太人。」他回答道。

隨著戰事的進展，納粹高階領導人的詞彙裡和文件中日益頻繁地使用這個名詞。從表面上看這個名詞好像並沒有什麼傷天害理的意思，這可以使他們不會感到內疚，免得提醒彼此這個名詞的眞實含意，而且他們也許認爲，如果犯罪的文件一旦洩露出去，這個名詞多少可以掩飾一下他們的罪行。絕大多數納粹頭子果然在紐倫堡受審時不承認他們瞭解這個名詞的意思。戈林還爭辯說，他從沒有用過這個詞兒。但是謊言不久就被揭穿了。法庭在審問這個肥胖的帝國元帥時，擺出他在一九四一年七月三十一日給黨衛隊保安處處長海德里希的一項指令。他發布這項指令時，正是特別行動隊在俄國興致勃勃地執行滅絕任務的時候。戈林指示海德里希：

現在我委任你進行各項準備工作……全面解決德國統治下各地的猶太人問題。我責成你盡快給我草擬一份文件，說明我們採取那些步驟，以貫徹執行猶太人問題的最後解決方案（文件的最後一行譯成英文時譯錯了，把德文「Endlösung」譯成「可行的解決方案」。因此戈林找到漏洞來矇騙傑克遜〔Robert H. Jackson〕法官，辨稱自己從來沒有用過這個罪惡名詞。他高聲叫囂說：「我在紐倫堡，在這個法庭上，才頭一次聽到有這樣恐怖的滅絕屠殺。」）。

海德里希十分清楚戈林「最後解決」一詞的含意，因爲早在快一年以前、佔領波蘭之後的一次祕密會議上，他自己就曾用過這個名詞。在那次會議上，他概述了「最後解決的第一步」，其中包括把猶太人全部集中到大城市的猶太人隔離區，這樣最後處理他們的命運就不費事了。

就其實際執行情況來看，希特勒老早就盤算過「最後解決」並且在戰爭爆發前就公開談論過。一九三九年一月三十日，他在國會講話時就說過：

如果國際猶太金融家……再一次把各國推進世界大戰的深淵，結果將是……歐洲各地的猶太民族將全被消滅。

他說，這是一個預言。他後來在其他公開講話中又一字不易地把這句話重複了五次。其實，把歐洲推進武裝衝突深淵的並不是「國際猶太金融家」，而正是他自己，不過這對希特勒來說無關緊要。重要的是，現在已經爆發了世界大戰，在這場戰爭中，他已征服了絕大多數歐洲猶太人居住的東歐廣大地區，從而使他有機會執行他的「消滅」計畫。到進攻俄國的戰爭開始時，他已經發布了必要的命令了。

納粹高階領導人物所熟知的「元首關於最後解決的命令」，顯然一直沒有寫成明文——至少在繳獲的納粹文件中沒有找到一份成文的東西。種種跡象表明，這項命令很可能是希特勒口頭上告訴戈林、希姆萊和海德里希，再由他們在一九四一年夏秋時候往下傳達。不少證人在紐倫堡國際軍事法庭上作證說，他們「聽過」這個命令，但是都說未見過文件。後來，德國總理府長官、頑固不化的漢斯·拉麥斯（Hans Lammers）出庭作證時，在被追問之下回答說：

我知道元首有一項命令由戈林傳達給海德里希……這項命令叫做「猶太人問題的最後解決方案」[53]。

但是拉麥斯跟許多被告一樣聲稱，他在紐倫堡聽到盟國律師向他說明這個情況以前，眞的不瞭解這項命令到底是怎麼回事（拉麥斯於一九四九年四月被紐倫堡美國軍事法庭判處二十年監禁，主要罪名是制定反猶太人的各項法令。但是正如多數納粹罪犯被美國當局大大減刑一樣，他的刑期於一九五一年減爲十年。這年年底，他服刑剛滿六年〔從監禁的第一天算起〕，便從蘭德斯堡監獄被釋放出來。這裡不妨提一下，絕大多數德國人並不贊成判處希特勒黨羽，哪怕是很輕的罪行，至少從西德議會中所反映的情緒來看是如此。盟國交由德國看管的一些人犯，就根本沒有被起訴，甚至進行大規模屠殺的罪犯也未被起訴，其中有些人還很快在西德政府中找到工作）。

到一九四二年初，據海德里希的意見，應該是對「最後解決」的「各項根本問題」加以澄清的時候了，以便可以貫徹並結束這項工作。爲此，海德里希於一九四二年一月二十日在柏林郊區風景美麗的汪西湖（Wannsee）召集政府各部和黨衛隊保安處各機構的代表舉行了一次會議。會議的記錄對後來紐倫堡的一些審判起了很重要的作用[54]。儘管當時德軍在俄國正受到挫折，納粹官員仍然認爲勝利已經在望，德國眼看就要統治包括英格蘭、愛爾蘭在內的整個歐洲了。因此，海德里希對參加會議的十五名高階官員說：「在最後解決歐洲猶太人的過程中，牽涉到的猶太人近一千一百萬」。然後他就談了各國猶太人的數字。在德國舊有版圖上，只剩下十三萬一千八百名猶太人（一九三九年有二十五萬人）。他說，但是在俄國還有五百萬猶太人，在烏克蘭還有三百萬，在波蘭總督轄區還有二百二十五萬，在法國還有七十五萬，在英國還有三十多萬。言外之意顯然是要全部消滅這一千一百萬猶太人。然後他又說明了如何來完成這項重大任務：

> 現在，在「最後解決」的過程中，必須把猶太人送往東方……作爲勞動力使用。把有勞動力的猶太人按性別分開，編隊送到這些地區去築路。許多人在這樣的勞動中肯定會受到自然淘汰。
>
> 剩下來終於能活下來的人，無疑是具有最堅強的抵抗力，必須特別處理他們。這些經過自然淘汰而剩下來的人是禍根，讓猶太人有機會東山再起。

換句話說，歐洲的猶太人首先將被送到被征服的東方，然後勞動到死，活下來少數體格特別健壯的人則乾脆處死。至於原來就住在東方、已在德國統治之下的幾百萬猶太人，又該怎樣處理呢？代表波蘭總督轄區的國務祕書約瑟夫．貝勒（Josef Bühler）博士提出了一項現成的處理方案。他說，波蘭的猶太人將近二百五十萬，這些人「構成了極大的威脅」。他們是「疾病的傳染者、黑市的經營者，而且不適宜於勞動」。這二百五十萬人不需要送走，他們原來就住在那裡。

貝勒博士最後說：「我只有一個要求：必須盡快解決我領土上的猶太人問題。」

這個老實的國務祕書，情不自禁地道出了上自希特勒這些納粹高階領導人的急躁心情。在這個時候，他們誰也不懂得幾百萬猶太人對德國將是多麼有價值的奴隸勞工。實際上，直到一九四二年快到年底的時候，他們才明白過來，但為時已太晚了。早先他們只懂得一點：在修築向東通往俄國的道路工程中，假如幾百萬猶太人勞累致死，會讓工程延誤不少時間。因此，早在這些不幸的人們累死之前——大多數人還根本沒有被叫去參加勞動——希特勒和希姆萊便決定採用更迅速的辦法來處置他們。

辦法主要有兩種。其一我們在前邊已經談過，是在一九四一年夏天入侵俄國之初採用的辦法，就是命令特別行動隊的執刑隊大規模槍殺波蘭和俄國的猶太人，死在他們手裡的有七十五萬人。

希姆萊於一九四三年十月四日在波森對黨衛隊將領們報告時，他心中盤算的「最後解決」辦法就是這個：

……我要很坦率地跟你們談一個十分重大的問題。這個問題在我們自己人中間必須談得非常坦率，但是絕不要向別人公開……。

我說的是……滅絕猶太民族……你們當中絕大多數人一定瞭解，當一百具、五百具或一千具死屍躺在一起的時候，這事情意味著什麼。一方面要堅持這樣做，另一方面又要保持自己成為正派人（除了由於人性弱點所造成的某些例外情況），這就是我們的艱苦所在。這是我國歷史上從未寫過、將來

也不會再寫的光榮一頁……[55]

這個戴眼鏡的黨衛隊領袖為了尋歡作樂，曾經要人槍殺包括婦女在內的一百名東方猶太人給他看，當場卻幾乎暈倒過去；因此，他在看到黨衛隊軍官們在滅絕營的毒氣室中有效率地工作時，想必把這種殺人法看作德國歷史上更加光榮的一頁。因為正是在這些死亡營中，「最後解決」獲得了最駭人聽聞的成就。

滅絕營

納粹設立的三十多個主要集中營全都是死亡營，幾百萬囚徒挨餓受刑，死在這些集中營裡。德國學者科岡（Eugene Kogon）估計七百八十二萬囚徒中死了七百一十二萬五千人，這個數字肯定是過高的（科岡：《地獄的理論和實踐》〔*The Theory and Parctice of Hell*〕，頁二二七）。雖然集中營當局都有記錄，每個集中營都有正式的死亡登記簿，但並不完整，而且在勝利的盟軍逼近時，許多登記簿都被銷毀了。毛特豪森集中營有一本死亡登記簿保存下來一部分，那上面記載著從一九三九年一月到一九四五年四月死亡了三萬五千三百一十八人。集中營長官弗朗茲・齊萊斯（Franz Ziereis）說，死亡總數是六萬五千人[56]。一九四二年底，德國特別迫切需要奴隸勞工時，希姆萊下令「務必降低」集中營中的死亡率。由於缺乏勞動力，他在辦公室裡接到下面這項報告時大不高興：從一九四二年六月到十一月，收容在集中營裡的十三萬六千七百名囚徒中，死亡者約七萬零六百一十人，處決者九千二百六十七人，「轉移」者二萬七千八百四十六人[57]。所謂「轉移」就是送到毒氣室。這樣，剩下來可以當勞工的人就沒有多少了。

但是在實現「最後解決」方面，滅絕營最有效率。最大也是最出名的滅絕營是奧斯威辛，它有四個大毒氣室和附設火葬場，處死和焚化的能力遠比特雷布林卡（Treblinka）、貝爾賽克（Belsec）、錫比堡（Sibibor）和切爾諾（Chelmno）等其他集中營爲高。它們都是在波蘭境內。在里加（Riga）、維爾納（Vilna）、明斯克、考那斯（Kaunas）和利沃夫（Lwów）附近，還有一些規模較小的滅絕營，它們與大的幾個營有一點不同，就是用槍殺而不用毒氣。

關於用何種毒氣處死猶太人效率最高，黨衛隊領導人之間曾有過不少爭論，速度是一個很重要的因素，特別是在奧斯威辛。這個滅絕營在快要完蛋的時候，曾創造一天毒死六千人的新紀錄。一度擔任過該營長官的魯道夫·霍斯本來是一個曾犯謀殺罪的罪犯。他於一九〇〇年出生，是巴登—巴登（Baden-Baden）一家小店主的兒子。他父親是一個虔誠的天主教徒，曾逼他去當神父。但是他在一九二二年參加了納粹黨。一九二三年因牽連進一個謀殺教師的案件，被判無期徒刑。據說這個教師曾告發在魯爾搞破壞活動的德國人利奧·施拉格特（Leo Schlageter）。施拉格特因此被法國人處死而成爲納粹的烈士。一九二八年大赦時霍斯被釋放，兩年後參加黨衛隊。一九三四年他成爲黨衛隊「骷髏隊」（Totenkopfverbände）的一員，這支部隊的主要任務是守衛集中營。他最初任職於達豪。他就這麼先後當囚徒和看守度過他的成長年代。

霍斯在紐倫堡受審時以及在起訴時所簽署的證詞中，對自己的殺人罪行都供認不諱——甚至還誇大其詞。他後來被移交給波蘭，被判死刑，於一九四七年三月在他惡貫滿盈的地方——奧斯威辛被絞決。他在紐倫堡法庭上供述時，說明他所使用的毒氣有多麼優越：

> 猶太人問題的「最後解決」意味著徹底滅絕歐洲的全部猶太人。一九四一年六月，我奉命在奧斯威辛建立滅絕設備。當時在波蘭總督轄區已經有了其他三個滅絕營：貝爾賽克、特雷布林卡、瓦爾西克（Wolzek）……。
>
> 我訪問特雷布林卡，以便瞭解他們怎樣進行滅絕工作。特雷布林卡營長官告訴我，他在半年之中已經消滅了八萬人。他的主要任務就是消滅來自華沙猶太人隔離區的全部猶太人（由於人數太多，最後還遇到了武裝抵抗，所以這個任務直到一九四三年才完成，後面我們將要談到這件事情）。
>
> 他用的是一氧化物毒氣，我認爲他的辦法效率並不十分高。因此，我在奧斯威辛建立滅絕營時，用的是一種結晶氫氰酸叫「齊克隆B」（Zykon B）。我們把這種藥品從一個小洞投到死亡室裡去。這樣殺死死亡室裡的人，約需三分鐘到十五分鐘，視天氣情況而定。
>
> 我們知道裡面的人是什麼時候死的，因爲他們一死就不再叫喚了。我們一般等待半個小時再把門打開，把屍體搬走。屍體搬走以後，我們的特別隊人員就從屍體上取下戒指，挖出假牙上的金子。
>
> 我們還有一個地方也是比特雷布林卡進步：我們建造的毒氣室同時可容二千人，而特雷布林卡的十個毒氣室每個只能裝二百人。

接著霍斯又說明送往毒氣室去的死難者是怎樣被「挑選」出來的。所以要挑選，是因爲並不是所有囚犯都要消滅——至少不是立刻消滅，因爲要把其中一些人送到法本化學廠和克魯伯工廠去做工，直到他們耗盡了精力，符合「最後解決」的條件爲止。

> 我們有兩名黨衛隊醫官在奧斯威辛負責檢驗運來的囚犯。一名醫官叫囚犯列隊行進，就在他們走過他面前時，當場做出決定。適合勞動的人被送進集中營，其餘的人立刻被送到滅絕工廠。未成年的兒童都被處死，因爲他們年輕，做工還不行。

霍斯先生總是不斷改進大規模殺人的藝術。

> 還有一個方面，我們也是比特雷布林卡進步：特雷布林卡的被害人往往事先就知道自己將被殺害，而我們在奧斯威辛則設法欺騙被害人，使他們相信他們是去消滅身上的蝨子。當然，他們也常常看出我們的眞正意圖，我們有時也碰到一些騷亂和麻煩。婦女往往把孩子藏到衣服底下，不消說我們一發現就把孩子送去處死。
>
> 上級要求我們把這種滅絕屠殺幹得不讓人知道。但是不斷地焚化屍體所發出來的令人作嘔臭氣，不可避免地充斥著整個地區，所有附近居民都知道奧斯威辛是在進行滅絕工作。

霍斯解釋說，有時候對少數「特別囚犯」——顯然指的是俄國戰俘——則乾脆注射石腦油殺死。「我們的醫生奉命要塡寫一般的死亡證明書，當然死亡原因一項隨便怎麼塡上都可以。」[58]一般都塡「心臟病」。曾在布亨瓦爾德待過八年的科岡舉例說：「……病人長期患病，於某時死亡。致死原因：心臟衰弱併發肺炎。」（科岡：《地獄的理論與實踐》頁二一八）開始大規模使用毒氣殺人以後，奧斯威辛就取消這種手續了，甚至經常不統計每天死亡人數。

奧斯威辛倖存的囚犯和看守的證詞，敘述了當年集中營中人們被殺害和被處置的情景。他們的敘述可以補充霍斯的直率供詞。「挑選」哪些猶太人去勞動、哪些猶太人立即用毒氣熏死，這些工作在被害人一下貨車、在鐵路的岔道上就馬上進行。他們被鎖在貨車裡，既沒有飯吃又沒有水喝，有的長達一星期——因爲許多人是從法國、荷蘭、希臘那樣遙遠的地方被運來。這時出現了夫妻、子女被強行拆散的悲慘情景，但是正如霍斯和倖存的人所說，他們誰也想不到自己將落到怎樣的下場。事實上有些人還拿到印有「瓦爾德湖」（Waldsee）字樣的美麗風景明信片，要他們簽上字寄給親人。明信片上印有這樣的話：

> 我們在這裡過得很好。有工作做，待遇也不錯。等待你們的到來。

從近處看，毒氣室以及附設的焚化場絲毫不是外表可怕的所在；怎麼也看不出這會是這樣一個地方。上面是修整得很好的草地，草地四周還種上花；入口處的牌子上寫有「浴室」字樣。毫不生疑的猶太人以爲只是把他們帶到浴室來消滅蝨子，因爲在所有集中營消滅蝨子是很普遍的事情。而且他們在進去時還有美妙的音樂伴奏哩！

演奏的是輕音樂。據一個生還的人回憶，從囚犯中挑一些人組成了一個樂隊，參加樂隊的都是「年輕貌美的女郎，一律身穿白襯衫和海軍藍的裙子」。在挑選送進毒氣室的人時，這個獨特的樂隊就奏起《風流寡婦》（*Die lustige Witwe*）和《霍夫曼故事》（*Les Contes d`Hoffmann*）中的輕鬆曲調。她們不演奏莊嚴的、沉重的貝多芬作品。奧斯威辛的死亡進行曲是直接選自維也納或巴黎輕歌劇的輕快歡樂曲調。

伴隨著這些令人回憶起幸福和快樂年華的音樂，男女老幼被帶進「浴室」，一到裡面，就有人要他們脫下衣服準備「淋浴」。有時還領到毛巾。他們一走進「淋浴間」，這才開始看出有些不對頭了，因爲多至二千人像沙丁魚似的被塞進了這個房間，根本無法洗澡。這時厚實的大門馬上被關上，加了鎖，還密封起來。死亡室的頂上砌有蘑菇形通氣孔，它們被修整得很好的草地和花壇掩蓋起來，幾乎一點也看不出來底下的情況。勤務兵們站在這些氣孔旁邊，準備好一接到命令，就把紫藍色的氫氰化物或稱「齊克隆B」的結晶藥物投下去。「齊克隆B」原本的用途是作爲強烈的消毒劑，而現在，如前所述，霍斯先生卻自鳴得意地發現了它的新用途。

有些倖存的囚犯回憶說，他們曾從附近房屋裡目擊當時的情景。有一個叫莫爾的士官，負責向勤務兵們發出訊號，要他們把藥物投下去。「好吧，給他們點兒東西嘗嘗。」他說完就會大笑一陣，藥物就從氣孔裡倒進去，倒完馬上把氣孔封上。

劊子手們通過門上裝著厚玻璃的窺視孔可以看到裡邊的情況。下面那些赤身露體的囚犯們有的仰頭望著滴水不出的蓮蓬頭，有的望著地上在納悶，爲什麼看不到下水道。毒氣產生效果需要過一些時間，但是囚犯們不用多久就看出毒氣是從上面的氣孔放下來。這時人人都嚇慌了，一齊向離管子遠的地方湧去，最後衝到巨大的鐵門旁邊。據萊特林格（Gerald Reitlinger）說，在大門附近，「他們堆成了一個金字塔，人人身上發青，血跡斑斑，到處濕漉漉的。他們互相抓著、掐著想爬過去，一直到死還不鬆手」。

二三十分鐘以後，這一大堆裸露的肉體都不動彈了，抽風機把毒氣抽掉，大門打開，「特別隊」的人員進來接手工作了。這些人都是被囚禁的猶太男子，營部答應他們免於一死，並給以足夠的食物，作爲他們做這種人間最可怕工作的報酬。這些人照例還是不免在毒氣室被處死，另由一批新人代替，新來的人也得到同樣的下場。黨衛隊不希望任何人活著出去以免洩露內情。他們工作時都戴上防毒面具，穿上膠皮靴，手拿水龍頭。萊特林格敘述了當時的情況：

> 他們的第一項工作是，洗掉血跡和便汙，然後再用繩套和鐵鉤把互相抓著、掐著的死屍分開來。這段前置工作後，就是令人毛骨悚然的搜尋黃金和拔除死者的牙齒和頭髮；德國人認爲這些牙齒和頭髮都是戰略物資。接著，便開始了這樣的旅程：先用電梯或軌道貨車將屍體運往焚屍爐，再將骨渣運到工廠磨成灰末，最後，用卡車把它們運到索拉河（Sola），撒入河中。

紐倫堡審判中有的證詞說，骨灰有時被當作肥料出售。根據俄國檢察官所提供的一份材料，但澤有一家工廠建造了一個用電加熱的大池，用人體脂肪製造肥皂。它的「配料單」是，「用十二磅人體脂肪，加十夸脫水、八盎司到一磅苛性鈉……一起煮兩三個小時，然後冷卻」[59]。

許多記載表明，爲了建造這種屠殺和處理屍體的新設備和供應這種致人死命的藍色結晶藥物，德國商人之間還展開了激烈的競爭。位於艾爾福特（Erfurt）的加熱設備製造商「托夫父子」（Topf and Sons）得標成功，負責建造奧斯威辛的火葬場。在集中營的檔案中找到連篇累牘的信件，暴露出這家公司的經營的情況，從該公司在一九四三年二月二十日的一封信中可見其一斑：

致奧斯威辛黨衛隊和警察局中央建築處：

事由：建造集中營第二和第三個火葬場

我們已收到你們要建造五個三層焚屍爐的訂貨單，其中還包括二個搬運屍體的電梯和一個緊急時用的電梯。另外還訂造一套加煤設備和一套搬運骨灰的設備[60]。

但是，做這種駭人聽聞的生意的，不只是托夫父子公司這一家。在紐倫堡審判中，還提出另外兩家公司。集中營的屍體處理也曾引起商業競爭。例如，德國某家老牌工廠曾提供藍圖，讓黨衛軍在貝爾格萊德最大的集中營建造焚屍爐。

將屍體送入焚屍爐，我們建議只要在滾動的圓筒上安裝一個金屬叉子。

每座焚屍爐的爐膛只需二十四英寸高、十八英寸寬，因為棺材是不用的。從貯屍處將屍體運往焚屍爐，我們建議用輕便的有輪子貨車。隨函附上按比例繪製的設計圖[61]。

另外一家鑽營貝爾格萊德這種生意的公司是科里（C. H. Kori）公司。它強調在這方面有極豐富的經驗，因為它已為達豪建造了四座焚屍爐，為盧布令（Lublin）建造了五座，而且它說它們「在實際運用中都令人十分滿意」。

我們曾在口頭上和你們談過提供構造簡單的焚屍設備，現在送上我們已臻完善的焚屍爐設計圖，這種焚屍爐用煤做燃料，使用情況迄今令人十分滿意。

我們建議給你們計畫中的建築物裝置二座焚屍爐，但請你們進一步研究，二個焚屍爐是否肯定能滿足你們的需要。

我們保證這些焚屍爐效率高、耐用，並且用上等材料和精湛技術製造。

等待你們進一步的消息，我們將隨時爲你們效勞。

希特勒萬歲！

科里公司總經理　C·H·科里[62]

最後，即使德國的自由企業盡了極大努力，利用上等材料，提供精湛的技術，還是無法滿足焚燒屍體的需求。在許多集中營，結構完善的焚屍爐遠遠趕不上需求，尤其是一九四四年在奧斯威辛集中營，當時它每天要焚毀六千具的屍體（據霍斯提出的數字則多達一萬六千具）。例如，一九四四年夏天的四十六天中，這個集中營殺死的匈牙利猶太人就達二十五萬至三十萬名。甚至毒氣殺人室也趕不上需要，而不得不用特別行動隊的辦法進行集體掃射。屍體乾脆扔入壕溝焚燒，其中許多屍體只燒毀了一部分，然後就用推土機推上土埋起來。到最後，集中營長官都埋怨焚屍爐不僅不敷應用，而且「不經濟」。

首先用來殺死受難者的「齊克隆B」結晶藥物是由兩家德國公司供應，它們都從法本化學公司取得專利權。這兩家公司就是漢堡的「特奇—施塔本諾夫」（Tesch und Stabenow）公司和德紹（Dessau）的「達格奇」（Degesch）；前者每月供應兩噸氰化物結晶體，後者每月供應四分之三噸。它們的提貨單曾在紐倫堡拿出來作爲證物。

這兩家公司的董事辯解說，他們出售這些產品只是供消毒用，並不知道被用來殺人，但是，這種辯護是站不住腳的。從已經發現的特奇—施塔本諾夫公司的一些信件來看，這些信上不僅談到供應產生毒氣的結晶藥品，而且還供應滅絕室的換氣和保溫設備。而且，那個與衆不同的霍斯一旦開始供認，就供認得相當徹底，他還證明，特奇公司的董事們不可能不知道他們產品的用途，因爲他們提供的毒物足以殺害二百萬人。英國的一個軍事法庭在審問這家公司的兩個合夥人布魯諾·特奇（Bruno Tesch）和卡爾·威恩巴赫爾（Karl Weinbacher）時確信這一點；這兩個人都在一九四六年被判死罪並被絞決。第二家公司，德紹達格奇公司的董事格哈德·彼得斯（Gerhard Peters）博士受到的懲罰較輕，德國法庭只判處了他五年徒刑[63]。

戰後，在德國開始審判以前，人們普遍認爲，大規模屠殺只是爲數很少一些狂熱黨衛隊頭子的罪行。但是，法庭的記錄毫無疑問地證明了許多德國企業家是同謀犯，其中不僅包括克魯伯和法本化學托拉斯的董事，而且還包括許多較小的企業家，這些人從外表上看一定是最平凡和正派的人，就像任何地方的正派企業家一樣，是社會的棟樑。

僅僅在奧斯威辛一個集中營裡，到底屠殺了多少不幸的、無辜的人？人們將永遠無法知道它的確切數字。這些人中大多數是猶太人，但也有許多別的人，特別是俄國戰俘。霍斯本人在他的供狀中估計，有「二百五十萬人在毒氣室和焚屍爐中被消滅，至少還有五十萬人死於饑餓和疾病，總數約爲三百萬人」。後來，在華沙法庭審判他本人時，他將這個數字減少爲一百一十三萬五千人。一九四五年一月紅軍佔領了這個集中營以後，蘇聯政府進行過一番調查，獲得的數字是四百萬。萊特林格根據自己的詳細研究，認爲奧斯威辛用毒氣處死的受難者數字「連七十五萬」也不到。他估計有六十萬人左右死於毒氣室，此外還要加上大約三十萬或三十萬以上「失蹤者」的「未知數」，這些人是被槍殺或病死餓死。不過，不論根據哪一種估計，數字都是巨大的[64]。

特別隊人員在一堆堆冰冷黏濕的屍體旁邊工作著。死者如有假牙，他們就把鑲的金子拔出來。未被拔掉的，屍體被焚毀後，假牙上鑲的金子還留存，就從骨灰中揀出來。有時在死難者被殺害以前，就把他們的金牙拔掉了。明斯克監獄的德國典獄長在一份祕密報告中透露，在他徵召一個猶太牙醫生來服役之後，所有猶太人「牙上的金牙橋、金套和金質塡充物都被拔掉或挖掉了。這常常是在採取特別行動以前的一兩小時內幹的」。這個典獄長指出，在一九四三年春爲時六星期的一段時期內，有五百一十六個德國和俄國猶太人在他那個監獄被處死，其中三百三十六人的金牙被拔掉了[65]。這些金子被熔化以後，同其他從罹難的猶太人身上搜到的貴重物品一起運給德國國家銀行。根據希姆萊和銀行總裁瓦爾特·馮克（Walther Funk）博士簽訂的一個祕密協定，這些東西都記在黨衛隊帳上。帳戶用的一個假名字叫「馬克斯·海利格」（Max Heiliger）。從這些滅絕營中劫掠而來的貴重物品，除了牙齒上的黃金以外，還有金錶、耳環、手鐲、戒指、項鏈，甚至還有眼鏡框子——因爲黨衛隊欺騙猶太人說要「重新安置」他們，鼓勵他們把所有的貴重物品都帶在身邊。此外還有大量的珠寶，特別是鑽石和銀器，以及大疊大疊的鈔票。

事實上，「馬克斯·海利格」存放的財物在德國國家銀行裡幾乎是滿坑滿谷。早在一九四二年，銀行的保險庫便堆不下了。唯利是圖的董事們便設法將這些物品交給市政當局主辦的當鋪去處理，換成現鈔。德國國家銀行於九月十五日致柏林市營當鋪的一封信談到「第二批貨物」的事。它一開頭便說：「我們將下列貴重物品交給你們，請盡可能予以最好的利用。」信中所附清單很長，並且分門別類，其中包括一百五十四隻金錶、一千六百零一個金耳環、一百三十二個鑽石戒指，七百八十四隻銀質懷錶和「一百六十個各種鑲金假牙」。到一九四四年初，這家柏林當鋪已被這些源源不絕送來的贓物堆滿。它通知德國國家銀行，不能再繼續接收了。盟軍佔領德國以後，在納粹藏匿過部分檔案和贓物的一些荒廢鹽礦中，發現了許多在「馬克斯・海利格」帳上留下來的財物，它們足以堆滿德國國家銀行法蘭克福分行的三個大保險庫。

銀行家們知道不知道這些獨特的「寄存物品」的來路呢？德國國家銀行貴重金屬物資部經理在紐倫堡供認，他和他的同事們注意到許多批貨物都是從盧布令和奧斯威辛運來的。

> 我們都知道這些地方是集中營所在地。一九四三年十一月送來的第十批貨物中開始出現金牙。金牙日漸增多，數量十分可觀[67]。

臭名遠揚的黨衛隊經濟處處長奧斯瓦德・波爾專門負責黨衛隊的這門交易工作。他在紐倫堡強調指出，馮克博士和德國國家銀行的負責人與董事們都十分清楚他們要典當出去的這些貨物的來路。他相當詳細地說明了「馮克和黨衛隊之間進行的交易，要把猶太死人的貴重物品運給德國國家銀行」。他記得他和銀行副總裁艾米爾・波爾（Emil Pohl）博士曾經有過這樣一次談話。

在這次談話中，對這一點不再存在任何懷疑：將要交付的物資都是從在集中營裡被殺害的猶太人身上奪來的。這些物資包括戒指、錶、眼鏡、金條、結婚戒指、胸針、別針、金牙和其他貴重物品。

波爾談到，有一次在視察了德國國家銀行的保險庫，看到「來自猶太死人」的貴重物品之後，馮克博士舉行了一次愉快的宴會，招待前往視察的人員。在宴會中，他們談話的中心就是這些戰利品的獨特來路（馮克博士後來被紐倫堡法庭判處無期徒刑[68]）。

華沙猶太人隔離區已不再存在

不只一個目擊者說過，許許多多猶太人是抱著聽天由命的精神來迎接死亡，在納粹毒氣室中或特別行動隊的集體屠殺坑中默默死去。但是，並非所有的猶太人都是這麼乖乖地讓人處死。一九四三年春天，被圈禁在華沙猶太人隔離區（Warsaw Ghetto）中的六萬猶太人就曾經對納粹劊子手進行過反抗和鬥爭。一九四〇年有四十萬波蘭人像牲畜一般被趕進這個區域，而這六萬人便是殘存者。

關於這次華沙猶太人隔離區的暴動的史料中，最權威與最血淋淋的記錄，是來自於鎮壓暴動那個洋洋得意的黨衛隊軍官（約翰·赫爾賽〔John Hersey〕根據猶太人記錄寫的一本小說《牆》〔*The Wall*〕，就是描述這次暴動的史詩作品）。這個德國人就是黨衛隊聯隊長、警察少將于爾根·施特魯普（Jürgen Stroop）。他那本寫得繪聲繪色的官方報告書至今還留存著，那份報告用皮面精裝，有著豐富的插圖，用七十五頁精緻的厚銅版紙打字而成，題目是《華沙猶太人隔離區已不再存在》[69]（但施特魯普本人並沒活下來。他於戰後被捕，並於一九四七年三月二十二日在達豪的美國軍事法庭上被判死刑，罪狀是在希臘槍殺人質。後來，他被引渡到波蘭，以屠殺華沙猶太人隔離區猶太人的罪行而受到審訊。他又一次被判處死刑，並於一九五一年九月八日在犯罪地點被絞死）。

在納粹征服波蘭一年以後，即一九四〇年秋末，黨衛隊把約四十萬猶太人趕到一起，用一堵高牆把他們圈禁在那個中世紀的古老猶太人隔離區，其周圍將近二英里半長、一英里寬，同華沙其他區域隔絕。在正常的情況下，這個地區只能住十六萬人，因此這時就擁擠異常。但這點苦頭還不夠看。總督法朗克甚至拒絕發給足夠的食物，當時納粹配給的食物還不夠維持一半人活命。猶太人不准離開這個封鎖區，違者一經發現，就當場格殺勿論。因此，他們只能在圍牆內的幾個軍火工廠中工作，除此以外，再也找不到其他工作。這幾個軍火工廠都是德國國防軍經營的。貪得無厭的德國商人深知利用奴隸勞動來攫取大量利潤，因此也有幾間軍火工廠是他們的。至少有十萬猶太人依靠別人每天施捨的一碗湯來苟延殘喘（雖然湯裡只有草）。這是一場毫無希望的求生掙扎。

但是，猶太人隔離區的居民並未按照希姆萊所期望的那樣很快地餓死、病死，因此他在一九四二年夏天發布命令，以「治安的原因」爲藉口，迫使華沙猶太人隔離區中的猶太人全部遷出。七月二十二日，大規模的「重新安置」行動開始了。據施特魯普的統計，自那天起到十月三日，一共有三十一萬零三百二十二個猶太人已被「重新安置」。那就是說，他們已被運往滅絕營（其中大多數被運往特雷布林卡滅絕營）用毒氣殺害了。

希姆萊還是不滿足。一九四三年一月，他突然到華沙進行了一次視察，發現猶太人隔離區中還有六萬人活著，就下令一定要在二月十五日以前完成重新安置。結果證明這是一項困難的任務。冬天的氣候如此嚴寒，加之當時陸軍在史達林格勒遭到慘敗，跟著又在俄國南部節節後退，迫切需要運輸工具，因此黨衛隊很難找到火車來完成最後的重新安置計畫。而且，據施特魯普報告，猶太人也在「以各種各樣的方式」抵制對他們的最後血洗。直到春天，希姆萊的命令才得以執行。當時決定採取連續三天的「特別行動」來清除猶太人隔離區。但結果卻花了四個星期。

三十餘萬猶太人遷出以後，四周圍著高牆的隔離區就可以縮小範圍了。當一九四三年四月十九日早晨，黨衛隊的施特魯普將軍指揮他的坦克、大炮、火焰噴射器和爆破隊襲擊這個地區時，它的面積已只有一千碼長、三百碼寬。然而，它卻像一個蜂窩似的，布滿了下水道、地洞和地窖，拼命掙扎的猶太人把這些地方變成了他們的防守據點。他們的武器很少，只有一些手槍和步槍、偷偷運來的一二十挺機關槍和土製手榴彈。在這個四月的早晨，他們決心使用這些武器。在第三帝國歷史上，猶太人用武力反抗他們的納粹壓迫者，這是第一次，也是最後一次。

施特魯普率領了二千零九十名士兵，其中約有一半是正規軍或武裝黨衛隊，其餘的則是黨衛隊的警察，加上三百三十五名立陶宛民兵和一些波蘭警察及消防隊員。他們在第一天就遭到了意外的抵抗。施特魯普用電報每天回報上級，其中第一篇報告說：

行動剛一開始，我們就遭到了猶太人和匪徒們猛烈的集中射擊。一輛坦克和二輛裝甲車受到了「莫洛托夫雞尾酒」的猛擊……由於遭到了敵人的這種反擊，我們只得後撤。

德國人重新進行了攻擊，但是遇到很大阻礙。

十七點三十分，我們遭到敵人的猛烈抵抗，他們躲藏在一排建築物中，攻擊武器包括機槍。有一個突擊隊擊敗了敵人，但是，未能捉到抵抗者。猶太人和罪犯們從一個據點到另一個據點且戰且退，進行抵抗，最後逃走了……在第一次攻擊中，我們損失了十二個人。

起初幾天的情況一直是這樣，在坦克、火焰噴射器和大炮的攻擊下，武器少得可憐的守衛者節節敗退，但仍然堅持抵抗。施特魯普將軍表示不能理解「這些廢物和劣等民族」（這是他對那些被圍困猶太人的稱呼）爲什麼不肯屈服和不甘心被整肅。他報告道：

在幾天以內，事情已看得很清楚：猶太人不再心甘情願地被重新安置，而是決心要反抗……開頭幾天還能捉到一些天生是膽小鬼的猶太人，但是，在行動的後一階段，要抓到匪徒和猶太人就越來越困難了。猶太人一而再、再而三地組成二三十人的新戰鬥小組，組內還有數量相等的婦女，燃燒起新的反抗火焰。

施特魯普寫道，婦女們都是先鋒隊，慣會「雙手開槍」和投擲手榴彈，這些手榴彈藏在她們穿的燈籠褲裡面。

戰鬥打到第五天，怒不可遏的希姆萊命令施特魯普「用最嚴酷和無情的頑強手段掃蕩隔離區」。

施特魯普在最後一份報告中說：「因此我決定燒光所有的房子，把整個猶太區摧毀。」

接著，他描述了隨後發生的情況：

猶太人留在大火燃燒著的屋子裡，直到他們害怕被活活燒死，才從樓上跳下來……即使骨頭已被摔斷，他們還是盡力想爬到街道對面尚未著火的房子裡……儘管面臨著被活活燒死的危險，猶太人和匪徒們往往還是寧願回去葬身於烈火之中，而不願冒險被我們活捉。

施特魯普這一類人根本就無法理解，爲什麼這些男男女女寧願在烈火中戰死，而不願在毒氣室中平靜地送命。此刻他正在把那些未被殺害的俘虜送到特雷布林卡去。四月二十五日，他打了一封電報給黨衛隊總部，報告他抓到了二萬七千四百六十四名猶太人。他說：

我正在設法搞一列火車，明天開往T２（特雷布林卡）。如搞不到的話，就只好明天在這裡整肅他們了。

整肅常常是就地進行。第二天，施特魯普向上級彙報：「有一千三百三十名猶太人被拉出戰壕，立即消滅；有三百六十二名猶太人死於戰鬥。」只有三十名俘虜被「撤走」。

到暴動將近結束時，抵抗者躲到下水道中去。施特魯普想往下水道總管裡灌水，把他們淹出來，但猶太人設法把水擋住了。有一天，德國人把煙幕彈丟進一百八十三個下水道入口，但施特魯普懊惱地報告說，他們未能獲得「預期效果」。

最後的結局可想而知。陷入絕境的猶太人以奮不顧身的勇氣抵抗了整整一個月。施特魯普在每日匯報中用另一種不同的口吻描述這種情況，他抱怨「猶太人和匪徒們使用種種狡猾的戰鬥方法和詭計」。到四月二十六日，他報告說，許多抵抗者被「熱、煙和爆炸」弄得「快要發瘋了」。

這一天，又有好幾排房子被燒成焦土。這是最後和唯一的辦法，一定要迫使這些廢物和劣等民族到地面上來。

五月十六日是最後一天。那天晚上，施特魯普發出了最後一天的戰況報告。

一百八十名猶太人、匪徒和劣等民族已被消滅。過去的華沙猶太區已不復存在。二十點十五分，炸毀華沙猶太會堂，這一場大規模行動至此結束……。總共處置了五萬六千零六十五名猶太人，其中包括抓到的和證實已被消滅的猶太人。

一星期以後，總部要他說明這個數字。他回答道：

在這五萬六千零六十五人中，有七千人在大規模行動期間在前猶太人隔離區中被消滅。六千九百二十九人押送到特雷布林卡後被消滅了；因此，被消滅的猶太人總數是一萬三千九百二十九人。此外，有五千至六千名猶太人是被炸死或在烈火中被燒死。

施特魯普將軍的數據並不十分清楚，因爲還有三萬六千名猶太人沒有交代。但是，他在那本精裝的最後報告中說的確是實情：他抓到了「總共五萬六千零六十五個猶太人，他們確實已被消滅」。毫無疑問，有三萬六千人是在毒氣室裡被毒死。

據施特魯普報告，德國人的損失是：十六人被殺，九十人受傷。從這個將軍親自描述細節來看，這場十分可怕的戰鬥，在殘酷的巷戰過程中，眞正的死亡數字應該更多，但是爲了不去刺激希姆萊的敏感神經，他把數字報得很低。施特魯普最後說：「德國的軍隊和警察本著忠誠的精神，毫不懈怠地完成了他們的任務，他們全都是士兵的好榜樣。」

「最後解決」一直進行到戰爭結束時爲止。它究竟屠殺了多少猶太人？這個數字一直在爭論中。據兩個黨衛隊隊員在紐倫堡的供述，僅僅祕密警察猶太處處長艾希曼就殺死了五六百萬人。據艾希曼的一個部下說，就在德國將要崩潰之前，艾希曼說過，「他將笑著跳進墳墓，因爲他欠著五百萬條人命，而這將使他感到心滿意足」[70]。一九四五年，他從美國拘留營中逃走了（當本書付印時，以色列政府宣布艾希曼已被捕獲。他在以色列的法庭上受審，最後被判處死刑，一九六三年三月執行完畢）。艾克曼是從事這種罪行的納粹大專家之一，在「最後解決」創導者海德里希的指使下進行這個工作。紐倫堡起訴書上的數字是五百七十萬，與世界猶太人大會估計的數字一致。萊特林格對「最後解決」曾做過詳細調查，他推斷的數字要少一點——在四百一十九萬四千二百人到四百五十八萬一千二百人之間[71]。

一九三九年住在希特勒軍隊佔領區裡的猶太人約有一千萬。不論根據哪一種估計，他們肯定已被德國人消滅了將近一半。這就是納粹獨裁者神經錯亂所造成的最終結果和付出的驚人代價；這種神經錯亂是他早在青年時代在維也納過流浪生活時患上的，而且又傳給了他眾多的德國信徒們，或者說，他們本來就患這種病症。

醫學實驗

在壽命不長的新秩序時期，德國人的某些行爲與其說是出於屠殺的欲望，不如說是純粹的虐待狂。也許對精神病醫生來說，這兩者是有所區別的。但事實上，這兩者的區別只不過造成的死亡人數規模不同罷了。

納粹的醫學實驗便是這種虐待狂的例證，因爲把集中營的囚犯和戰俘當作老鼠進行實驗，在科學上得到的好處是極少的（如果說有任何好處的話）。這是德國醫學界不能引以自豪的一個恐怖故事。雖然進行「實驗」的醫生不到二百名——有些是殘忍的江湖術士，也有些人在醫學界的地位甚高——但是全國成千上萬名第一流醫生的確知道他們的罪行。然而從所有的文件看來，這些醫生竟沒有一個人提出過一點公開抗議。甚至德國最有名的外科醫生斐迪南·沙爾伯魯赫（Ferdinand Sauerbruch）博士也從未提出過任何抗議，雖然後來他成爲一個反納粹的人，而且參加了抵抗運動。

一九四三年五月，卡爾·格哈特（Karl Gebhardt）和弗里茨·費歇爾（Fritz Fischer）這兩個聲名最爲狼藉的殺人醫生在柏林軍醫學院舉行過一次演講，論述利用囚犯進行毒氣壞疽病實驗，沙爾布魯赫也在座。當時他的唯一論點只不過是動手術比用氨本磺胺好一些！格哈特教授在「醫生案件」中被判死罪，並於一九四八年六月二日被絞決。費歇爾醫生則被判處無期徒刑。

在這種謀殺中罹難的不只是猶太人。納粹醫生也利用了俄國戰俘、波蘭集中營裡的男女囚犯，甚至還有德國人。「實驗」的方法各種各樣。囚犯們被置於壓力實驗室，處於類似高海拔的環境下，直至他們無法呼吸。他們被注射致命的斑疹傷寒和黃疸病毒。他們被浸在冰水中做「冷凍」實驗，或者被脫光衣服放在戶外雪地裡直至凍死。他們還被用來進行毒藥彈和糜爛性毒氣的實驗。在專門囚禁婦女的拉文斯布魯克（Ravensbrück）集中營，被稱為「兔子姑娘」的成百名波蘭女犯感染到毒氣壞疽病，其餘的女犯則接受「骨骼移植」實驗。在達豪和布亨瓦德，納粹挑選吉普賽人來實驗人只喝鹽水究竟能活多長時間、生命狀態如何。在幾個集中營，納粹以各種不同的方法大規模地對男女犯人進行絕育實驗，因為正如黨衛隊醫生阿道夫．波科爾尼（Adolf Pokorny）在給希姆萊的信中所說：「不僅要征服敵人，而且要使他們滅絕。」如果不能把他殺掉——如前所述，到戰爭快要結束時，大量需要奴隸勞動，因此不適宜殺掉他們——那麼可以使他不能生育。事實上，波科爾尼醫生告訴希姆萊，他已找到了完全恰當的辦法，就是用五彩芋。他說這種植物有永遠絕育的效果。這個高明的醫生在寫給黨衛隊頭子的信中說：

目前囚禁在德國的三百萬布爾什維克可以使之絕育，這樣，就可以使他們做工，而又不至於繁殖。一想到這樣結果就覺得未來是無可限量地美好72。

另一個胸懷「遠大前景」的德國醫生是史特拉斯堡（Strasbourg）大學解剖學研究所所長奧古斯特．希爾特（August Hirt）教授。他的專業同其他人有所不同。他在一九四一年聖誕節寫給希姆萊的副官魯道夫．布蘭特（Rudolf Brandt）中將的信中，說明了自己的專業：

我們搜集了大量各個種族和民族的頭蓋骨。但猶太人種頭蓋骨標本很少……現在在東方進行的戰爭給我們機會克服這個缺點。我們獲得了猶太族布爾什維克政治委員們的頭蓋骨。他們是令人憎厭的典型劣等民族，現在我們現在有機會來對他們進行科學研究了。

希爾特教授不要已經死掉的「猶太族布爾什維克政治委員」的頭蓋骨。他建議在這些人還活著的時候，先把他們的頭量一量。然後——

在把這些猶太人弄死以後，不要損壞他們的頭顱，應由醫生割下他們的頭，裝入密封的白鐵罐裡送來。

希爾特博士答應，接到這些頭顱以後他將進行工作，進一步做科學測量。希姆萊高興極了。他指示爲希爾特教授「提供他研究工作所需要的一切東西」[73]。

希爾特得到了充分的供應。他的供應者是一個名叫沃爾弗萊姆．西佛斯（Wolfram Sievers）的有趣納粹分子。他在紐倫堡的主要案件和其後的「醫生案件」中，花了許多時間充當見證人。在「醫生案件」中，他也是一個被告。他在這次審訊中被判死罪，並被絞死。西佛斯原來是一個書商，後來爬到黨衛隊上校的地位，並擔任遺傳研究所執行祕書。希姆萊爲了滿足自己的許多瘋狂想法，因而建立這個荒謬絕倫的「文化」組織。據西佛斯說，它有五十五個「研究分支機構」，其中有一個稱爲「軍事科學研究所」，由西佛斯兼任所長。此人目無定睛，表情陰險，還長著濃密的、漆黑的鬍鬚。在紐倫堡，人們給他取了個外號，叫「納粹藍鬍子」——「藍鬍子」是一個著名的法國殺人犯。像本書中許多其他人物一樣，他也保藏著一本小心記錄的日記，這本日記和他的一些信件都留存下來，讓他順利走上斷頭臺。

到一九四三年六月，西佛斯在奧斯威辛搜集到一些男人和女人，供史特拉斯堡大學教授希爾特博士做「科學測量」的骨骼之用。西佛斯報告說：「總共處理了一百一十五人，其中有七十九名猶太男子、三十名猶太婦女、四名『亞洲人』和二名波蘭人。」他要求柏林的黨衛隊總部把這些人從奧斯威辛運到史特拉斯堡附近的納茨維勒（Natzweiler）集中營去。紐倫堡的一位英國檢察官曾經問到「處理」這個詞究竟包含著什麼意義。

西佛斯回答道：「人類學的測量。」

「在他們被殺害之前，他們要經過人類學的測量？這就是處理的全部過程，是嗎？」

「還做了模型。」西佛斯補充道。

黨衛隊上尉約瑟夫・克拉麥（Josef Kramer）敘述了接下來的情況。他是奧斯威辛、毛特豪森、達豪和其他集中營的一名老劊子手，曾經以「貝爾森野獸」（Beast of Belsen）之名而威震一時，後來被英國法庭在呂內堡（Lüneburg）判處死刑。

史特拉斯堡解剖學研究所的希爾特教授告訴我，有一批囚犯正從奧斯威辛運來。他說這批人將被送往納茨維勒集中營的毒氣室，屍體將被送到解剖學研究所供他使用。他給我一個裝著約半品脫鹽——我想那是氰化鹽——的瓶子，並且告訴我，應當用多少分量去毒死那些來自奧斯威辛的囚犯。

一九四三年八月初，我接收了八十個囚犯，上級要我用希爾特的毒氣殺死他們。第一次，我在晚上帶著大約十五個婦女乘坐一輛小汽車駛往毒氣室。我告訴這些婦女，她們必須到室內進行消毒。我沒有告訴她們將被毒死。

這時，納粹的技術已經十分完善了。克拉麥接著敘述道：

在幾個黨衛隊人員的協助下，我把那些女人的衣服剝得精光，並把她們赤條條地推進毒氣室。門一關上，她們就開始尖聲號叫起來。我用一條管子把一定數量的毒鹽送入室中……從一個窺視孔看室內發生的情況。這些女人只呼吸了大約半分鐘便栽倒在地上。我開了通風機以後，把門打開。我發現那些女人都已死在地上，渾身都是糞便。

克拉麥上尉作證說，他這樣反覆做了幾次，直到八十名囚犯都被殺死，他們的屍體也都「按照要求」送給希爾特教授了。當檢察官問他當時的感覺時，他說出了一個令人難忘的答案，這個答案幫助我們看清第三帝國中一種極難爲人理解的現象。他說：

> 在做這些事情的時候，我毫無感覺，因爲我是奉命用我已告訴過你的辦法殺死這八十個人。而且，我正是按照這種方式訓練出來的[74]。

另一個證人亨利・赫里皮埃爾（Henry Herypierre）供出了下一步所發生的情況。他是一個法國人，在史特拉斯堡解剖學研究所希爾特教授的實驗室中當助理員，一直到盟軍進駐該地。

> 我們收到的第一批材料是三十個婦女的屍體……這三十具女屍到達時，身上還沒有完全冰涼。她們的眼睛睜得很大，而且還在發光。眼珠通紅，充滿血絲，而且都從眼窩裡突了出來。鼻子和嘴巴周圍有血跡。屍體還沒有完全僵硬。

赫里皮埃爾懷疑她們是被人弄死的，偷偷地將刺在她們左臂上的囚犯號碼抄了下來。他說，其後又運來了兩批囚犯，共五十六具男屍，情況和第一批完全一樣。在希爾特博士的技術指導下，他們被浸在酒精裡。但是，這位教授對這件事有點兒心神不安。他對赫里皮埃爾說：「彼得，如果你不能守口如瓶，你就會像他們一樣。」

但希爾特教授還是進行了他的工作。根據西佛斯的信件，教授把死者的頭割下來，並且如他自己所寫的：「把這些過去從未得到的骨骼收集在一起。」之後教授遇到一些困難。西佛斯雖然擔任這個遺傳學研究所的領導，但他並沒有醫學或解剖學的專門知識，聽到希爾特博士申述這些困難以後，他於一九四四年九月五日向希姆萊報告。他說：

由於科學研究的工作量很大，分解屍體的工作至今尚未做完。分解八十具屍體需要一些時間。而且時間不多了。正在挺進的美、法軍隊已逼近史特拉斯堡。希爾特要求「對如何處理這些收藏，予以指示」。西佛斯代表希爾特博士向總部匯報說：

可以把屍體的肌肉剝掉，使人們辨認不出他們究竟是誰。但是，這就意味著我們的工作成果會大打折扣。我們將失去這一批獨特的科學收藏，因爲屍體被剝掉肌肉以後，就不能再做石膏模型了。這些骨骼收藏不會引人注意。至於肌肉部分，可以對外說是過去我們接管解剖學研究所時法國人留下來的（一九四〇年法國淪陷後，德國吞併阿爾薩斯，並接管了史特拉斯堡大學），而且我們準備送去焚燒。在以下三種建議中，應實行哪一種，請予指示：第一，全部收藏都保存下來；第二，銷毀一部分；第三，全部銷毀。

「你爲什麼要剝掉屍體的肌肉，證人？」在寂靜無聲的紐倫堡法庭上，英國檢察官問道：「爲什麼你建議把責任推到法國人身上？」

「我是個門外漢，對這件事可說不出什麼意見。」這個「納粹藍鬍子」回答道：「我只不過是轉達希爾特教授的疑問。我和屠殺這些人的事情毫無關係。我只是傳達命令罷了。」

檢察官反駁他說：「你僅僅是個信差，一個傑出的納粹信差嗎？」許多納粹分子在受審時總是拿這個漏洞百出的理由爲自己辯護。這一次，也和其他納粹分子一樣，一下子就被檢察官抓住了[75]。

繳獲的黨衛隊檔案透露，西佛斯於一九四四年十月二十六日曾經匯報：「史特拉斯堡的收藏已按照指示全部銷毀。從整個形勢看來，這樣處置最好。」[76]

後來企圖納粹焚屍滅跡但沒有成功，據赫里皮埃爾的描述：

一九四四年九月，盟軍向貝爾福特（Belfort）挺進，希爾特教授命令包恩和梅爾先生把這些屍體切成塊，送到焚屍爐裡燒毀……第二天我問梅爾先生，他把所有屍體都切掉了沒有，包恩先生回答道：「我們沒法把全部屍體都切掉，屍體太多，幹不完。我們留了幾具在儲藏室裡。」

一個月後，當美國第七軍團的部隊以法國第二裝甲師爲前鋒進入史特拉斯堡時，一個盟軍工作組在那兒發現了這幾具屍體。希爾特教授後來失蹤了。他離開史特拉斯堡時，有人聽他大言不慚地說過，誰也無法將他活捉到手。他所言不假，後來的確沒人抓到他（編按：爲了躲避審判，希爾特於一九四五年自殺身亡）[77]。

新秩序的主子們不僅搜集骨骼，而且還搜集人皮。不過在後一種情況下不能用「爲科學研究服務」爲藉口。集中營囚犯的人皮只有裝飾的價値。爲了這個殘忍目的，納粹還處死囚犯，從他們身上剝下人皮。有人發現它們可以用來製造極其精美的燈罩，其中有幾隻是專門爲布亨瓦德集中營長官的老婆伊絲・科赫（Ilse Koch）製造；囚犯們給這個女人取了個外號叫「布亨瓦爾德的娼婦」。

科赫夫人完全掌握布亨瓦德囚犯們的生殺大權。她一時興之所至，就能使一個囚犯遭到可怕的處罰。在「布亨瓦德案件」中，她被判處無期徒刑，但後來又減刑爲四年徒刑，而且不久便被釋放了。一九五一年一月十五日，德國法庭以謀殺罪判處了她無期徒刑。她的丈夫在戰爭期間被黨衛隊法庭以「違法亂紀」罪判處死刑，但允許他到俄國戰場服役抵罪。他還沒來得及到俄國去，就被當地黨衛隊頭子沃爾德克親王（Prince Waldeck）處決了。義大利國王的女兒、黑森的菲利普親王的妻子瑪法達公主（Princess Mafalda），也死在布亨瓦德。

紋身的人皮似乎最受歡迎。一個名叫安德烈・法芬伯爾格（Andreas Pfaffenberger）的德國囚犯在紐倫堡談到這個問題：

> ……所有紋身的囚犯奉令須向醫療所報告……對囚犯們檢查以後，其中刺得最好、最具有藝術價值的，就注射毒藥將他們殺死。然後將屍體送往病理學部門，把一片片符合要求的紋身人皮從屍體上剝下來，並做進一步的處理。成品送給科赫的老婆，做燈罩和其他傢俱上的裝飾品[78]。

有一片人皮顯然最爲科赫夫人所喜愛，上面刺著「漢斯和格麗特爾」字樣。

在另一個集中營達豪，這種人皮常常供不應求。一位集中營倖存者、捷克醫生法朗克・伯拉哈（Frank Bláha），在紐倫堡爲此作證時，就曾這樣說過：

有時我們得不到足夠的優質屍首，拉歇爾（Sigmund Rascher）博士就說：「沒關係，你們馬上就會得到屍體。」第二天我們就會收到二三十具青年人的屍體。他們都是頸部中彈或頭部被擊碎致死，這樣可以不弄壞皮膚……這種人皮一定要從健康的囚犯身上剝下來，而且要完整無缺[79]。

正是這位西格蒙．拉歇爾博士應該對殘忍已極的醫學試驗負首要責任。黨衛隊中流傳著拉歇爾夫人在四十八歲以後還生育了三個子女，這個可怕的江湖醫生引起了希姆萊的注意。因爲希姆萊一心要培育繁殖優秀北歐人的後代。事實上，這三個孩子卻是拉歇爾夫婦每隔一個時期到孤兒院去拐騙來的。

一九四一年春，拉歇爾博士參加德國空軍在慕尼黑舉辦的一個特種醫學訓練班時，突然異想天開。他在一九四一年五月十五日寫信給希姆萊，談到他這個狂想。他說他吃驚地發現，關於飛行高度對飛行員影響的研究工作已陷於停頓，因爲「一直找不到人來進行實驗，因爲這種實驗非常危險，沒有人自願來做」。

你能否提供兩三個職業罪犯來做這種實驗……受試驗者當然會死掉。這種實驗將在我的監督下進行[80]。

黨衛隊頭子在一個星期內就覆信表示：「樂於提供囚犯供高空飛行研究之用。」於是便撥來了一些囚犯，拉歇爾博士開始進行工作了。他的工作成果可以從他自己以及別人的一些報告中看到，這些報告都在紐倫堡和其後審訊黨衛隊醫生的法庭中出示過。

拉歇爾博士自己的研究報告，在亂用科學術語方面稱得上是典範之作。爲了進行高空實驗，他把慕尼黑的空軍減壓室搬到達豪集中營附近，那裡有活人隨時備用，當做實驗的白老鼠。從這個裝置裡，把空氣抽掉，使其中的氧氣和氣壓近似在高空中的狀態。然後，拉歇爾博士就進行觀察。下面是一個典型的觀察情況。

> 第三個實驗是試驗人體在相當於二萬九千四百英尺高空時的失氧反應，受試驗的是一個三十七歲的健康猶太人。呼吸繼續了三十分鐘。四分鐘以後，受試驗者開始出汗和扭動頭頸。
>
> 五分鐘以後，出現了痙攣狀態；從第六分鐘到第十分鐘，呼吸急促，受試驗者失去知覺。從第十一分鐘到第三十分鐘，呼吸減慢，每分鐘只吸氣三次，到這段時間終了時，呼吸完全停止……停止呼吸後大約半個鐘頭，開始解剖屍體[81]。

在拉歇爾博士辦公室內工作過的一個奧地利囚犯安東·巴霍萊格（Anton Pacholegg）用比較不科學的方式描述了這些實驗：

> 我曾從減壓室的觀察窗中，看到裡面的囚犯站在眞空中，直到他的兩肺破裂……他們會發狂，扯掉自己的頭髮，想努力減輕壓力。他們在瘋狂中用手指和指甲抓破自己的頭和臉，傷害自己。他們用手和頭撞牆，高聲號叫，努力減輕耳膜上的壓力。這些情況總以試驗者死去告終。

拉歇爾博士對二百名左右囚犯進行這種實驗之後，才結束了他這個工作。從「醫生案件」的證詞看來，這二百人中約有八十人當時被害，其餘的人則是爲了滅口而在後來被處死。

這個特殊的研究計畫於一九四二年五月結束。當時，德國空軍元帥米爾契向希姆萊轉致了戈林的「謝意」，感謝拉歇爾博士的首創性實驗。不久以後，在一九四二年十月十日，關於「達豪的實驗」，空軍軍醫督察希伯克（Erich Hippke）中將以德國空軍醫務和研究部門的名義向希姆萊表示「由衷的感謝」。然而，他認爲這些實驗中遺漏了一項，他們沒有把飛行員在高空所面臨的嚴寒考慮在內。他告訴希姆萊，爲了彌補這個缺陷，空軍正在建造一間「有著全套冷卻設備和相當於十萬英尺高空條件」的減壓室。他還說：「各種方式的冷凍實驗仍在達豪繼續進行。」

實驗確實在繼續進行，而且又是由拉歇爾博士帶頭進行。但是，他的醫生同行中，有些人已開始感到不安了。基督徒應當做拉歇爾博士正在做的事情嗎？德國空軍中的少數軍醫顯然開始產生了懷疑。希姆萊聽到這種情況，非常震怒，立即寫信給米爾契空軍元帥，抗議空軍中「基督教醫學界」所引起的麻煩。他要求這位空軍參謀長解除拉歇爾在空軍醫務隊中的職務，以便把他調到黨衛隊去。他建議他們去找一個「有科學家的聲望而非基督教徒的醫生」來繼續拉歇爾有價値的工作。同時希姆萊強調指出：「由他親自負責從集中營選出只配一死的社會渣滓和罪犯來進行實驗。」

拉歇爾博士的「冷凍試驗」有兩種：第一種，觀察一個人最大限度能忍受多冷的氣溫，超過哪個限度才會凍死；第二種，找尋最好辦法，讓經受了極端寒冷而尚未凍死的人重新回暖。他選用了兩種凍死人的方法：把人浸在一桶冰水裡，或者在冬天將人脫得精光，赤條條地放在雪地裡過夜。拉歇爾寫給希姆萊的「受凍」和「回暖」實驗報告連篇累牘；這裡只舉一兩個例子就可以說明其大概。最早的一次實驗是在一九四二年九月十日進行：

> 受試驗者穿上飛行員服裝，被浸入水中……頭上蒙了罩子。讓他們穿著救生衣以免下沉。試驗時水的溫度在華氏三十六點五度至華氏五十三點五度之間。在第一組試驗中，後腦勺和腦幹部分留在水外。在第二組試驗中後頸和小腦淹在水裡。胃部的溫度低至華氏七十九點五度，腸部低至華氏七十九點七度，都由電錶記錄下來。只有當延腦和小腦都凍得冰冷的時候才會死亡。
>
> 在解剖這種死屍時，總會發現腦殼內的空處充滿了大量的、多至一品脫的淤血。心臟的情況總是右心室極度腫脹。受試驗者只要體溫降到八十二點五度，就不免要死亡，即使施以各種急救也無法復活。這種解剖結果明顯地證明，在目前正研究製作的泡綿防護衣上有一個保溫的頭部和頸部保護裝置是很重要的[84]。

拉歇爾博士的附件中包括六份「死亡病歷」，它們注明了水溫、受試驗者出水時的體溫、死亡時的體溫、在水中浸泡的時間和致死所需的時間。最強壯的人能在冰水中維持一百分鐘，最弱的只能維持五十三分鐘。

集中營的囚犯瓦爾特·奈夫（Walter Neff）曾在拉歇爾博士手下擔任護士，他用外行話描述了「醫生案件」中的水凍實驗：

這是一次最殘忍的實驗。兩個俄國軍官從戰俘營中被押解出來。拉歇爾把他們的衣服剝光，赤身浸入水桶。一個鐘頭又一個鐘頭地過去了，這一次，這兩個人待了整整兩個半鐘頭還能應聲答話，而一般情況是，最多只待上六十分鐘就會失去知覺。他們懇求拉歇爾給他們注射安眠藥，但怎麼懇求也不答應。在快滿第三個鐘頭時，一個俄國人向另一個說道：「同志，請你跟那個軍官說，開槍把我們打死吧！」另一個人回答道，他不期望這個法西斯豺狼會發善心。然後，兩人就握手道別，彼此說了一句「再見，同志。」……一個波蘭青年把這幾句話翻譯給拉歇爾聽，雖然譯的與原話稍有出入。拉歇爾走進他的辦公室。那個波蘭青年馬上想給這兩個受害者打麻藥針，但拉歇爾立即又折回來，他用手槍威嚇我們……實驗至少延續了五小時，那兩個受試驗者才死去[85]。

初期冷凍實驗名義上的「主持人」是基爾（Kiel）大學醫學教授霍爾茲洛納博士，他的助手是芬克博士。他們和拉歇爾一起工作了兩個月以後，認為他們已經用盡了一切可以實驗的辦法。於是這三個醫生就給空軍寫了一份長達三十二頁的極機密報告，題為《人體的冷凍實驗》。一九四二年十月二十六日至二十七日還在紐倫堡召開了德國科學家會議來聽取和討論他們的實驗報告。會議討論的主題是《關於在海上和冬季緊急情況中的醫學問題》。根據「醫生案件」中的證詞，當時有九十五名德國科學家出席了這次會議，其中包括醫學界一些最著名人物。雖然這三個醫生使大家毫無疑問地知道實驗殺害了許多人，卻沒有一個人對此提出任何問題，因而也沒有提出任何抗議。

霍爾茲洛納教授和芬克博士這時退出了實驗（霍爾茲洛納教授後來被英國人抓到，可能因為敵不過良心的譴責，首次提審後就自殺了）。但堅持不懈的拉歇爾博士仍然獨自堅持下去，從一九四二年十月一直進行到第二年的五月，除了其他實驗以外，他還要進行一種他所謂的「乾冷實驗」。他在寫給希姆萊的信中說：

在奧斯威辛進行這種實驗要比在達豪適合得多，因爲那裡更冷，同時因爲那裡地方大，在集中營內引起的騷動可以少一點（受試驗者在挨凍時要大喊大叫的）。

由於某些原因，一直未能改變地點，因此拉歇爾就在達豪繼續他的研究工作，他巴望著來個眞正的嚴冬天氣。一九四三年初春，他寫信給希姆萊說：

感謝上帝，達豪又出現了一陣突然的嚴寒。一些人在户外二十一度的氣溫下待了十四個小時，他們的體溫落到七十七度，身上出現凍傷……86。

在「醫生案件」中，證人奈夫又用外行話描述了他的上司所進行的「乾冷實驗」：

晚上，一個囚犯被赤身放在營房外的一副擔架上，身上蓋一條被單，每小時往他身上潑一桶冷水。這個受試驗的人就這樣躺在外面，一直到第二天早晨。他的體溫都被記錄了下來。

後來拉歇爾博士說，給受試驗者蓋被單和潑水是錯誤的……將來，受試驗者身上絕不要蓋任何東西。下一次又用十個囚犯來依次進行實驗，他們一個個都被脫得精光。

當囚犯們慢慢凍死的時候，拉歇爾博士和他的助手不斷記錄著他們的體溫、心臟活動和呼吸狀況等等。受難者的悲號不時劃破夜晚的沉寂。奈夫向法庭解釋道：

起初拉歇爾禁止在麻醉狀態下進行這種實驗。但是受試驗者的狂喊亂叫，使拉歇爾不對他們施行麻醉就無法繼續實驗[87]。

冬夜，受試驗者被扔在達豪營房外的冰水桶裡或赤身躺在地上凍死——希姆萊說，這些人只配死。即使沒有凍死，他們馬上也會被殺死。但是，如果是勇敢的德國飛行員和水兵們（正是以他們爲名義才進行這些實驗）掉進北冰洋的冰水裡，或者陷在挪威、芬蘭或俄國北部北極圈內的冰天雪地之中，則一定要把他們救出來！於是，這個天下絕無僅有的拉歇爾博士便在達豪對那些「白老鼠」進行所謂「回暖實驗」。他想知道，要使凍僵了的人回暖起來，並能把他救活，究竟用什麼辦法最好？

希姆萊在給他那夥忙忙碌碌的科學家提供「實際」解決辦法方面，從來都是有求必應。他向拉歇爾建議，可以試用「動物的體溫」來回暖，但這個醫生起初並沒有重視這個想法。他寫信給這個黨衛隊頭子說：「用動物的體溫——動物或女人的身體——來回暖太慢了。」

可是，希姆萊堅持要說服他。他寫信對拉徹爾說：「我對用動物體溫進行實驗懷有很大的好奇心。我個人認爲這種試驗可以取得最好的、最有效的結果。」

拉歇爾博士雖然有懷疑，但他不敢漠視黨衛隊頭子的建議。他立即動手進行最荒誕的「實驗」，爲後代子孫留下了各種駭人聽聞的詳細記錄。四個女犯從拉文斯布魯克的婦女集中營被送到達豪來。但是，在這些被列爲妓女的女犯中，有一個使這位大夫感到不安，因此他向上司匯報說：

在指派給我的女人中，有一人表現出道地的北歐民族特點……我問這個女孩子爲什麼情願當妓女，她回答道：「爲了脫離集中營。」當我表示說自願做妓女是可恥的事情時，她對我說：「在妓院裡混半年總比在集中營裡關半年強……。」

當我想到一個外表看來像純種北歐民族的女孩在劣等種族的集中營犯人面前赤露身子時，我的種族良心感到受了侮辱……爲此，我拒絕用這個女孩子來進行我的實驗[88]。

但是他用上了另外那些頭髮不那麼金黃、眼睛不那麼碧藍的女人。他的研究結果於一九四二年二月十二日寫成一份「祕密」報告，送呈給希姆萊[89]。

受試驗者按照慣常的方式受凍——穿著衣服或是脫得精光——他們被浸入不同溫度的冷水裡……當他們肛門溫度到華氏八十六度時，就被從水中移出。

在八次實驗中，我們把一個凍僵的男人放在一張寬大的床上，躺在兩個裸體女人中間。指示這兩個女人蜷伏身子，盡量靠在凍僵了的男人身旁，然後用毯子把三個人蓋起來……。

受試驗者一旦甦醒過來，他們就再也不會昏睡過去，很快就明白當下的情況，也盡量貼近女人的裸體。然後，他們的體溫逐漸上升，上升的速度和用毯子緊裹下的回暖速度幾乎完全一樣……有四個受試驗者發生了例外的情況，他們在體溫達到華氏八十六度至華氏八十九點五度之間時，進行了性交。性交以後，他們的體溫迅速上升，同用熱水洗澡差不多。

拉歇爾博士發現，一個女人使凍僵者回暖的速度比兩個女人還要快，他對這一發現頗感驚奇。

我認爲，用一個女人來回暖，可以減輕道德壓抑，她會更緊地貼近凍僵的人。在這種情況下，受試者能迅速地恢復知覺。只有一個人沒有恢復知覺，只是稍稍有點回暖。這個受試驗者出現腦溢血的症狀後死去，解剖的結果證明確實是腦溢血。

這個嗜殺成性的劊子手得出結論說，用女人來使「凍僵了的」男人回暖，其「進程非常緩慢」，用熱水洗澡的辦法更有效些。他總結說：

在受試驗者中，只有那些身體狀態允許進行性交的人，才能以驚人的速度回暖，並以驚人的速度恢復健康。

從「醫生案件」中的證詞看來，納粹挑選三百人來進行約四百次「冷凍」試驗，直接被凍死者有八九十人，其餘的人（除極少數例外）後來都被殺害，有些人發了瘋。拉歇爾博士本人沒有出席這次審訊作證。他繼續進行他的血腥新實驗，爲數之多，不勝枚舉。一九四四年五月他們夫婦一起被黨衛隊逮捕。他們被捕的原因似乎並不是爲了他那些殺人的「實驗」，而是因爲他和他老婆被控在他們子女的出生問題上動了手腳。這種欺騙行爲是崇拜德國母親的希姆萊所不能容忍的。他曾經眞的相信，拉歇爾太太是在四十八歲那年開始先後生育三個孩子，當他知道這些孩子是拐騙來的之後，他大爲震怒。於是，拉歇爾被關進了他所熟悉的達豪集中營政治犯牢房，他的老婆則被押往拉文斯布魯克集中營，這個醫生曾經從那裡得到許多妓女來進行「回暖」試驗。夫妻兩人都沒有活下來，據信他們是希姆萊本人下令處死的——這是他一生中最後幾個決定之一。否則，他們可能成爲尷尬的證人。

這樣尷尬的證人，確實有一些活下來受審了。其中有七名被判死罪並已被絞決，他們直到最後還爲自己辯護，說他們的殺人實驗是爲祖國服務的愛國行爲。「醫生案件」中唯一的一個女被告赫塔・奧伯休塞（Herta Oberheuser）博士被判二十年徒刑。她承認曾給五六個被關在拉文斯布魯克的波蘭婦女（一共有幾百人）注射致命的毒針，使她們受到各種「實驗」的折磨。有不少像像波科爾尼那樣臭明昭彰、使千百萬敵人喪失生殖能力的醫生被宣告無罪。有幾個人表示悔罪。在第二次審訊這些醫界敗類時，曾在哈佛醫學院任教的艾德溫・卡成倫包根（Edwin Katzenellenbogen）博士要求法庭判處他死刑。他大聲說：「你已經在我的前額刻上了該隱的標記。任何一個醫生如果犯了我所被控的那些罪行，都應當處死。」他被判處了無期徒刑[90]。

海德里希之死和利迪斯村的末日

戰爭進行到中途時，發生了一件報復行動：新秩序的匪首們因爲屠殺被征服的人民而遭到了報復。保安警察和黨衛隊保安處處長、祕密警察的副首領、三十八歲的海德里希遭到了暗殺。這個長著鷹鉤鼻子和一對冷酷眼睛的惡魔警官，是「最後解決」的創始人，在佔領區中被稱爲「劊子手海德里希」。

海德里希日夜圖謀取得更大權力並且陰謀取代他的上司希姆萊。在他其他許多職務之外，海德里希又謀到了波希米亞和摩拉維亞「代理保護長官」的職位。前任「保護長官」，那個可憐的老紐拉特（Konstantin Freiherr von Neurath）於一九四一年九月被希特勒用長期病假的名義趕走了，海德里希代替了他，佔據了布拉格的赫拉德欣宮（Hradschin Palace）——波希米亞國王的王宮所在地。但是，他在這個寶座上沒有坐很長久。

一九四二年五月二十九日的早晨，當他乘坐敞篷的賓士跑車，從鄉村別墅駛往布拉格的古堡時，一顆英製炸彈向他投來，把他的汽車炸得粉碎，也把他的脊椎骨炸斷了。兩個捷克人投擲這顆炸彈，他們一個叫楊·庫比斯（Jan Kubiš），一個叫約瑟夫·加拜克（Josef Gabeik），屬於當時在英國的自由捷克斯洛伐克軍隊。他們搭乘英國皇家空軍的飛機空降到匈牙利。他們有執行這個任務的良好裝備。投出炸彈後，他們施放煙幕後逃走，布拉格的卡爾·波洛梅斯（Karl Borromaeus）教堂的神父們幫助藏匿他們。

海德里希於六月四日傷重身死，接著，德國人就進行野蠻的報復。爲了他們的英雄之死，按照古老的條頓民族原始儀式，一場地地道道的大屠殺開始了。根據祕密警察的一份報告，有一千三百三十一名捷克人，其中包括二百零一名婦女，被立即處死[91]。眞正的刺客和一百二十個隱藏在卡爾·波洛梅斯教堂的捷克抵抗運動成員，一起被黨衛隊包圍起來，殺得一個不剩（據當時在那裡的施倫堡〔Walter Schellenberg〕報告，祕密警察一直不知道眞正的刺客在教堂裡的這些死難者之中，見施倫堡：《迷宮》〔*The Labyrinth*〕頁二九二）。

然而，在這個反抗主宰民族的行動中，受害最深的還是猶太人。他們之中有三千人被趕出特萊西恩施塔特（Theresienstadt）的「特殊」猶太人隔離區，運往東方被消滅。在爆炸的當天，戈培爾就在柏林少數尚未被捕的猶太人中逮捕了五百人；在海德里希死去的那天，槍決了其中的一百五十二人，以示「報復」。

在海德里希之死所引起的後續效應中，離布拉格不遠的克拉德諾（Kladno）煤礦城附近的利迪斯村（Lidice）所受到的遭遇，也許是文明世界所最難忘卻的。在這個和平的小村裡，進行了一場可怕的野蠻屠殺，原因只不過是爲了殺一儆百給被征服的人民看看，因爲他們居然膽敢殺害一個征服者。

一九四二年六月九日早上，有十輛大卡車滿載德國保安警察，在馬克斯．羅斯托克（Max Rostock，於一九五一年八月在布拉格被絞死）上尉的率領下，到達了利迪斯，包圍了這個村莊。任何人都不准離開這個村莊，只許外出的村民回來。有一個十二歲的小男孩因爲嚇怕了，想偷逃走，當場被槍殺。有一個農婦跑向村外的田野裡，背後中了一槍身死。全村的男子都被鎖在村長霍拉克的穀倉、馬廄和地窖裡。

第二天從天亮時起一直到下午四點鐘，他們被押到穀倉後的花園裡，十人一排，被保安警察的執刑隊槍決。在那裡處決的共有一百七十二個男子和十六歲以上的青年。此外還有十九個男村民在大屠殺時，正在克拉德諾礦場裏工作，後來被抓到後在布拉格處決。

有七個婦女在利迪斯被捕後，被押到布拉格槍決。這個村莊的所有其他婦女，一共一百九十五人，都被運往德國的拉文斯布魯克集中營。在那裡，七人被毒氣毒死，三人「失蹤」，四十二人被虐待致死。有四個將要分娩的利迪斯婦女，起初被送往布拉格的婦產科醫院，她們的新生嬰兒被殺害後，她們又被運往拉文斯布魯克。

德國人剩下要處理的只有利迪斯村的兒童了。他們的父親現在都死了，母親都被囚禁起來了。必須說明，德國人並沒有把他們也槍決掉，甚至男孩子也未槍決。他們都被送到格奈斯瑙（Gneisenau）的一個集中營。他們一共有九十人，其中七個不滿一周歲的孩子經過希姆萊的「種族專家」適當檢查以後，被納粹挑選出來送往德國，取了德國名字，準備培養成德國人。後來，其他孩子也得到同樣的處置。

捷克斯洛伐克政府在提交給紐倫堡法庭的利迪斯官方報告中，得出了這樣的結論：「他們已完全沒有下落了。」

幸運的是，他們之中至少有一些人後來被找到了。我記得在一九四五年秋，在當時盟軍管制的德國報紙上，我讀到一些僥倖沒有死亡的利迪斯村母親們所發出的可憐呼籲，她們要求德國人民幫助她們尋找她們子女的下落，並把他們送回「老家」。據一九四七年四月二日聯合國善後救濟總署報告，其中有十七人已在巴伐利亞找到並送還給在捷克斯洛伐克的母親們。

實際上，利迪斯這個村莊本身已經從地球表面上消失了。在屠殺了男人、運走了婦女和兒童以後，保安警察立即燒毀了村莊，炸光了斷垣殘壁，並且把它夷為平地。

雖然利迪斯村成為納粹所犯的這類野蠻罪行中最著名的一個例子，但是，它並不是德佔區中得到這種悲慘結局的唯一村莊。在捷克斯洛伐克還有一個這樣的村莊，勒札基（Lezhaky）；在波蘭、俄國、希臘和南斯拉夫也有幾個。甚至在新秩序屠殺罪行較少的西歐，德國人也曾一再重演利迪斯這樣的慘劇，雖然在許多情況下，例如在挪威的塔勒伐格（Televaag），他們只不過是將村中所有房屋夷成平地以後，把男子、婦女和兒童分別送往不同的集中營。

但是，在一九四四年六月十日，亦即利迪斯大屠殺後兩年又一天，法國里摩日（Limoges）附近的格拉尼河畔奥拉多村（Oradour-sur-Glane），又發生了恐怖的屠殺慘案。黨衛隊從「帝國師」（Das Reich）派出一支特遣隊包圍了這個法國市鎮，這個單位在俄國出名的不是其戰鬥能力，而是其恐怖行動。他們勒令居民到市中心的廣場集合。司令官在廣場宣布，據報村子裡藏著炸藥，必須進行搜查和核對身份證。於是，全村的六百五十個居民都被監禁起來。男人被趕入穀倉，婦女和兒童被趕入教堂。整個村莊都被縱火焚燒。然後，德國兵就來處置居民。關在穀倉裡而尚未燒死的男子，都被機槍掃射身死。關在教堂裡的婦女和兒童也遭到機槍掃射，未中彈者也在德軍縱火焚毀教堂時葬身於大火之中。三天以後，里摩日的主教在已被焚毀的講臺後面發現有十五具燒焦的兒童屍體堆在一起。

九年以後，一九五三年，法國軍事法庭確定，在奥拉多的大屠殺中，一共有六百四十二人罹難，其中婦女二百四十五人，兒童二零七人，男子一百九十人。只有十個人倖免於死。儘管當時被燒傷得很厲害，他們靠裝死而逃脫了出來。在黨衛隊的這支特遣隊中，有二十人被這個法庭判以死刑，但只有兩人執行，其餘十八人被減爲五年至十二年的有期徒刑。「帝國師」師長、黨衛隊中將海因茲·拉麥丁（Heinz Lammerding）在缺席審判下被判死刑。就我所知，始終沒有找到他。當時在奥拉多具體擔任這支特遣隊指揮官的奧托．狄克曼（Otto Dickmann）少校於幾天後在諾曼第戰死。

同利迪斯一樣，奧拉多也始終沒有重建起來。它的斷垣殘壁成爲希特勒歐洲新秩序的一個紀念碑。內部全毀的那個教堂在一片和平景象的田野裡十分令人注目，使人記起那個收穫前夕、美麗的六月的日子。那一天，整個村莊和它所有居民突然消失了。在教堂原先的一扇窗戶那兒，有一塊小小的牌子，上面寫著「洛芳西夫人，當年教堂內唯一生還者，在此窗戶脫逃」。前面有一座小小的、釘在生銹的鐵十字架上的耶穌像。

本章所述，便是希特勒新秩序的開端，便是「納粹匪徒帝國」在歐洲初顯身手的情況。對人類說來，幸運的是，這個新秩序在嬰孩時代就被摧毀了——不是被德國人民反對這種野蠻行徑的起義所摧毀，而是由於德軍的戰敗和其後第三帝國的垮臺。現在剩下要談的就是這個經過了。

第二十八章　墨索里尼的垮臺

在大戰初期，有連續三年之久，每當夏天到來，德國人就在歐洲大陸上發動大規模的攻勢。現在，到了一九四三年，形勢卻倒轉過來了。

那年五月初，曾經一度橫行北非的軸心勁旅的殘部在突尼西亞被俘，艾森豪將軍指揮下的英美軍隊下一步顯然就要進攻義大利本土了。正是這種噩夢，曾經在一九三九年九月使墨索里尼坐臥不安，也曾經使墨索里尼遲遲不敢讓義大利參戰，直等到毗鄰的法國已被德國人征服，英國遠征軍又被趕到海峽對岸。現在，這個噩夢又來了，但這一次，它很快成爲現實。

墨索里尼本人心力交瘁，幻想破滅；被這種噩夢嚇得膽戰心驚。在他的人民和軍隊中間，普遍存在著失敗主義的情緒。工業城市米蘭和都靈（Turin）發生了大規模罷工，饑餓的工人爲了「麵包、和平、自由」而舉行示威。威信掃地、腐敗的法西斯政權正在迅速瓦解中。當齊亞諾（Galeazzo Ciano）伯爵於這年年初被解除外交大臣的職務，而被派到梵蒂岡去當大使時，德國人就懷疑他到那裡去是想與盟國單獨議和，正如羅馬尼亞的獨裁者安東奈斯庫（Antonescu）已經在慫恿的那樣。

幾個月來，墨索里尼不斷向希特勒呼籲，要求他同史達林議和，以便把德國軍隊調到西方，和義大利軍隊一起，共同防禦地中海上英美軍隊日益增長的威脅，他認爲正在英國集結、準備橫跨海峽入侵大陸。希特勒認識到，此刻又是需要同墨索里尼舉行會談的時候了，應當給這個意志消沉的夥伴打打氣，使他挺起腰桿來。這次會談於一九四三年四月七日在薩爾斯堡舉行，雖然義大利領袖下定決心要實現自己的主張，或者至少要表達自己的主張，但是，最後他卻又一次屈服於希特勒滔滔不絕的辭令之下。後來希特勒向戈培爾談到了他取得成功的經過，戈培爾把這件事寫在日記中：

做了一切的努力，他成功地把墨索里尼又推回到原來的軌道上……義大利領袖完全改變了主意……希特勒覺得，當墨索里尼到達這裡走下火車時，他看來很像一個心勞力竭的老人，而在四天以後離開這裡時，又是精神奕奕，對於什麼事情都有了準備[1]。

但是，實際上，墨索里尼對隨後即將迅速連續發生的事件，並未做好準備。五月間，盟軍佔領突尼西亞，接著在七月十日，英美軍隊又在西西里勝利登陸。義大利人十分不願意在自己的本土上發生戰事。不久，希特勒在最高統帥部向他的顧問們說，他獲悉義大利軍隊已經處於「崩潰狀態」。希特勒於七月十七日在一次軍事會議上說：

只有採取像史達林在一九四一年或法國人在一九一七年所採取過的那些野蠻措施，才能拯救這個國家。必須在義大利成立某種法庭或軍事法庭，來清除不良分子[2]。

他再一次把墨索里尼找來討論這件事。這次會議於七月十九日在義大利北部的菲爾特雷（Feltre）舉行。這正好是兩個獨裁者的第十三次會談，會談的情況同不久前舉行的幾次一樣。飯前三小時、飯後二小時，都是希特勒一個人在說話，墨索里尼在一旁恭聽。這個狂熱的德國領袖竭力想使他這位同盟者的頹喪精神重新振作起來，但是並未收到很大效果。他說，他們必須在各個戰場上繼續作戰。他們的任務不能留給「下一代」。「歷史的聲音」還在呼喚著他們。如果義大利人打下去，西西里和義大利本土是能夠守住的。更多的德國軍隊會來增援他們。不久便有一種新式的潛水艇參加作戰，它要給英國來一個「史達林格勒」。

施密特（Paul Schmidt）博士覺得，儘管希特勒許了諾言，誇了海口，當時的氣氛還是低沉已極。墨索里尼實在勞累過度，無法聽進他朋友的長篇大論，最後要求施密特把筆記給他看。會議正在進行期間，傳來了盟軍飛機第一次在白晝對羅馬大肆轟炸的消息，義大利領袖的絕望心情更加深了。[3]

墨索里尼還不到六十歲，卻已非常疲憊衰老。他曾在歐洲舞臺上昂首闊步了二十年之久，這時已到了智窮力竭的地步。回到羅馬時，他發現比有比第一次大轟炸更嚴重的事情發生。他面臨著法西斯統治階層內部的反叛，這些人包括他某些最親信的追隨者、甚至他自己的女婿齊亞諾。而且，在這種反叛的幕後，連國王也包括在內，還有其他階層的人物策畫、企圖推翻他。

以狄諾．格蘭第（Dino Grandi）、朱塞佩．波塔伊（Giuseppe Bottai）和齊亞諾爲首的那些法西斯謀反頭子，要求召開法西斯黨最高委員會。自一九三九年十二月以來，這個委員會一直沒有召開過會議，而且它一直是一個完全聽命於領袖個人的有名無實機構。委員會終於在一九四三年七月二十四日夜間召開了會議，墨索里尼在作爲獨裁者的生涯中第一次發現自己由於把國家引入災難而成爲猛烈抨擊的目標。委員會以十九票對八票通過了一項決議，要求恢復有民主議會的君主立憲制。決議還要求把軍隊的全部指揮權重新交還國王。

這些法西斯反叛者，看來並沒有更進一步的打算，可能只有格蘭第例外。但是，某些將領和國王策畫了第二個更大的陰謀，而且現在已發動了。墨索里尼本人顯然覺得自己已經渡過了驚濤駭浪。義大利的事務畢竟不是由法西斯黨最高委員會的多數票所決定，而是由領袖個人決定的。因此，當七月二十五日夜晚，他被國王召到宮中，立即被撤除全部職務並被一輛救護車押往一個警察局時，他感到完全出乎意料之外。墨索里尼後來在描述他前往王宮時的心情：「我事先一點預感也沒有。」維克多・伊曼紐（Victor Emmanuel）國王很快就讓他面對現實。「我親愛的領袖，」墨索里尼援引了國王一開始說的話：「再這樣下去沒有任何好處了。義大利已經分崩離析……士兵們都不願再打下去……眼前，你是義大利最令人憎恨的人……。」墨索里尼說，當時他是這樣回答的：「你做了一個十分嚴重的決定。」但是，照他自己的敘述，他也沒有做什麼努力來促使君主改變主意。最後，他向他的繼承者表示了「祝福」（墨索里尼：《一九四二至一九四三年回憶錄》〔*Memoirs, 1942-1943*〕，頁八〇至八一）。

當代羅馬帝國的凱撒就這樣不光彩地垮臺了。這個在二十世紀中一貫進行好戰叫囂的人物，懂得如何從混亂和絕望中取利，但是，實在說來也是個金玉其外，敗絮其中的人物。作爲一個常人，他不是沒有頭腦。他博覽史書，自以爲懂得歷史的教訓。但是，作爲一個獨裁者，他卻犯了這樣一個致命的錯誤：想把一個缺乏工業資源的國家變成一個強大的軍事帝國，而且這個國家的人民和德國人不同，他們太文明，太世故，太講實際，不是這種虛妄的野心所能迷惑得了。義大利人民從來沒有像德國人那樣衷心擁護過法西斯主義。他們只是忍受著它，知道它不過是一個就要過去的階段，墨索里尼到最後似乎也認識到了這一點。但是，像所有的獨裁者一樣，他被權力沖昏了頭腦，而權力又必然驕縱了他，腐蝕了他的思想，毒化了他的判斷力。這便導致他犯了第二個致命的錯誤：把他自己的和義大利的命運都同德意志第三帝國的命運連結在一起。當喪鐘開始為希特勒的德國敲響的時候，也開始為墨索里尼的義大利敲響了。一九四三年的夏天來臨時，義大利領袖已聽到這個鐘聲。但是，他無法逃脫他的命運。到了這時，他已成了希特勒的俘虜。

沒有人放一槍來拯救他，甚至法西斯民兵也沒有這樣做。沒有一個人來替他辯護。似乎沒有一個人把他屈辱的下臺放在心上——他被裝在一輛救護車裡，從國王面前押走，送到監獄裡。相反，大家都對他的垮臺額手稱慶。法西斯主義也像他的創始人一樣，輕易地瓦解了。彼得羅·巴多格利奧（Pietro Badoglio）陸軍元帥召集一些文官武將組成了一個無黨無派的政府。法西斯黨被解散，法西斯分子被撤除了重要的職位，反法西斯人士從監獄裡被釋放出來。

希特勒大本營對墨索里尼垮臺的反應是可以想像的，連篇累牘的祕密記錄記載了當時的情況[4]。這一次強烈的震驚，甚至納粹人士也立即清楚地意識到，可能會發生某些類似的情況。在羅馬發生的事件也許開了一個可怕的先例，這種危險使戈培爾感到非常不安。七月二十六日，他應召急速前往臘斯登堡（Rastenburg）大本營。我們從他的日記中獲悉，這個宣傳部長首先想到的是如何向德國人民解釋墨索里尼被推翻這件事情。「我們到底該對他們說些什麼呢？」他問著自己。後來，他決定暫時只能告訴他們，義大利領袖是因為「健康的原因」而辭職。他在日記中寫道：

> 可以想像，德國某些顛覆分子知道了這些事件以後，他們可能更加認爲，他們可以在這裡重演巴多格利奧及其追隨者們在羅馬幹過的同樣勾當。元首命令希姆萊，這種危險如在德國一觸即發，就採取最嚴格的戒嚴措施。

但是，戈培爾接著又說，希特勒並不覺得這種危險在德國已達到一觸即發之勢。宣傳部長最後安慰自己說，德國人民不會把「羅馬的危機看成是一個先例」。

還不到兩個星期以前，在雙方會談中，德國元首已經看到墨索里尼正在走向崩潰的一些跡象，但是，當七月二十五日下午大本營開始收到羅馬的消息時，他還是感到完全出乎意料。第一個消息只不過是說法西斯最高委員會已經召開，希特勒不明白召開這個會議的原因。他問道：「召開這種會議究竟有什麼用處？除了說些空話之外，他們還能做些什麼呢？」

那天晚上他擔心發生的最糟糕事情得到了證實。在九點半鐘開始的一次會議上，他向他那些吃驚得目瞪口呆的軍事顧問們宣布：「義大利領袖已經辭職。我們的死敵巴多格利奧接管了政府。」

希特勒在戰爭末期曾數度以極其冷靜的判斷力對待意外的消息，這一次也是如此，正如他早先在比較順利的時期遇到危機時所表現過的那樣。當約德爾（Alfred Jodl）將軍主張他們應當等待羅馬更全面的報告時，希特勒打斷了他的話：

> 那是當然的，但是，我們仍應當預先做好計畫。毫無疑問，爲了叛變，他們必定會宣稱他們仍將

忠於我們，但是，那是叛變。他們肯定是不會繼續忠於我們的……雖然那個人（指巴多格利奧）立即宣布會繼續作戰，但那沒有什麼意義。他們不能不那麼說，可是叛變終歸是叛變。我們也要採取同樣的手段，同時做好一切準備，以便一下子把全部黨羽都抓過來，把這些流氓一網打盡。

這就是希特勒的第一個念頭：把推翻墨索里尼的那些人都抓起來，使義大利領袖復辟。他又說下去：

明天我將派一個人去，命令第三裝甲步兵師師長率領一支精選的部隊開往羅馬，立即將整個政府、連同國王和全班人馬，都逮捕起來。首先要逮捕王儲，並且把整個集團、特別是巴多格利奧和全部黨羽都抓起來。然後，迫使他們屈服，兩三天內就會發生另一次政變。

希特勒轉身對最高統帥部作戰局局長說：「約德爾，起草命令……告訴他們帶著進攻武器開進羅馬……逮捕政府官員、國王和全班人馬。我首先要的是王儲。

凱特爾：「他比那個老頭更重要。」

波登夏茨（空軍的一名將領）：「那要先安排好，以便把他們裝進一架飛機運走。」

希特勒：「直接裝進飛機就起飛。」

波登夏茨：「別讓那個小孩子（指王儲）在飛機場上走失了。」

在午夜過後不久召開的又一次會議上，提出了如何對付梵蒂岡的問題。希特勒立刻這樣的回答：「我立刻就到梵蒂岡去。你們以爲梵蒂岡會使我有什麼爲難嗎？我們馬上會把這個地方接管過來。全部外交團都在那裡……那些賤骨頭……我們要從那裡把那群豬玀抓出來……事後我們可以再道歉……。」

那天晚上，希特勒還下令佔領義德邊境和義法邊境阿爾卑斯山的所有山口。爲了這個目的，從法國和德國南部迅速集結了大約八個德國師，編成B集團軍，由精悍的隆美爾指揮。戈培爾在日記中寫道，如果義大利人炸毀了阿爾卑斯山的隧道和橋樑，那麼，駐紮在義大利的德軍其補給來源就會被切斷，其中有些部隊在西西里同艾森豪的部隊已經在進行激戰，它們無法支撐很久。

但是，義大利人不可能在一夜之間突然轉身過來反對德國人。巴多格利奧必須首先和盟軍取得聯繫，看看自己能否和他們簽訂停戰協定，得到盟軍的支持來抵抗德軍。希特勒正確地估計到這正是巴多格利奧所要做的事情。但是他絲毫也不知道這件事會拖那麼久。的確，七月二十七日在元首大本營召開的軍事會議就完全籠罩在這件事的陰影下；大多數納粹政府和軍隊的顯要人物都出席了這次會議，包括戈林、戈培爾、希姆萊、隆美爾和新任海軍總司令鄧尼茨（Karl Dönitz）海軍上將——一月間雷德爾海軍元帥失寵以後由他接任海軍總司令。

雷德爾自一九二八年以來，一直擔任德國海軍統帥，但後來希特勒對他大發雷霆，因爲海軍未能摧毀盟軍經北冰洋通向俄國的護航隊，而且在那裡遭到嚴重損失。一月一日，最高統帥在大本營歇斯底里地大叫大嚷，下令立即解散德國遠洋艦隊，全部船艦拆毀當廢鐵用。一月六日，希特勒和雷德爾在「狼穴」大本營攤牌，雙方激烈爭吵。元首譴責海軍無能，缺乏戰鬥意志和冒險精神。於是，雷德爾要求解除他的司令職務。他的辭呈於一月三十日被正式地、公開地接受。新任海軍總司令鄧尼茨原任潛水艦隊的司令，但他不懂海面艦隻的事務，因此他還是集中注意力於潛水艇戰爭。以隆美爾爲首的大多數將領都力主謹愼從事，對義大利的任何行動計畫都應進行周密準備，三思而行。希特勒想立即有所行動，甚至不惜從東方戰場撤出一些主要的裝甲師，俄國人才剛剛開始（七月十五日）在那裡發動第一次夏季攻勢。將領們的想法這一回似乎總算佔了上風，希特勒接受了他們勸告，暫不採取行動。同時，把手頭能集結起來的德軍盡量派去，越過阿爾卑斯山，開進義大利。戈培爾不滿於將領們的猶豫不決，在這次軍事會議之後，他在日記中寫道：

他們不考慮敵人正在準備做什麼。毫無疑問，在我們考慮和準備行動的時候，英國人不會袖手旁觀等待一星期。

他和希特勒其實用不著擔心。盟國不但等了一個星期，而且等了六個星期。到了這個時候，希特勒的計畫已經確定，執行計畫的軍隊也已布置就緒了。

事實上，在七月二十七日召開軍事會議時，他已經在自己忙碌不停的頭腦裡匆匆忙忙地想好了這些計畫。計畫分四個部分：一、「橡樹計畫」——如果墨索里尼是在一個島上，就派海軍去營救，如果墨索里尼是在大陸，就派空軍傘兵去營救；二、「學生計畫」——突然佔領羅馬，使墨索里尼的政府在那裡復辟；三、「黑色計畫」——軍事佔領義大利全部的領土；四、「軸心計畫」——擄獲或破壞義大利艦隊。後來，最後兩個計畫合起來稱爲「軸心計畫」。

一九四三年九月初的兩次事件使德國元首的計畫付諸實行了。九月三日，盟軍在靴形的義大利南端登陸；九月八日，義大利和西方國家於九月三日公開宣布祕密簽訂的停戰協定。

那天，希特勒飛往烏克蘭的札波羅日耶（Zaporozhe），企圖使一蹶不振的德國戰線重新振作起來。但是，據戈培爾說，希特勒突然覺得有一種「奇怪的不安情緒」，因此於當晚就回到了東普魯士的臘斯登堡大本營。一回到臘斯登堡，他馬上就到消息，他的主要同盟國已經投敵。雖然這事是他意料之中的事，而且他也爲此做了準備，但是，實際發生的時間仍然使他感到意外。大本營有好幾個鐘頭陷於一片混亂之中。德國人首先是從BBC的廣播中得知義大利簽訂停戰協定。當約德爾從臘斯登堡打電話詢問當時駐在羅馬附近法拉斯卡蒂（Frascati）的凱塞林（Albert Kesselring）元帥這個消息是否屬實時，這位在義大利南部的德軍司令官承認這對他也是一個新聞。凱塞林的總部那天早上正被盟軍炸毀，他也正忙於調集軍隊，以便去阻擊在西岸某地新登陸的盟軍，但是他還是發出了「軸心」這個代號。解除義軍武裝和佔領義大利的計畫開始執行了。

那一、二天內，義大利中部和南部的德軍情況十分危急。義大利有五個師在羅馬附近同德國的兩個師對峙著。如果九月八日在那不勒斯港外出現強大的盟軍入侵艦隊，像凱塞林及其幕僚當初所預料的那樣開往北方，在首都附近登陸，再得到佔領附近機場的傘兵增援，那麼，義大利的戰局就會有不同的發展，第三帝國就可能提早一年遭到最後的災難。凱塞林後來說，在九月八日晚上，希特勒和最高統帥部已經把他八個師的全部兵力作爲無可挽回的損失而「一筆勾銷」了[5]。二天後，希特勒告訴戈培爾，義大利南部已經丟失了，必須在羅馬以北的亞平寧山一帶建立一條新防線。

但是，盟軍司令部並沒有利用它的完全制海權，而靠了這種制海權，它本來是可以在義大利東西兩岸的任何地點登陸；它也沒有利用它在空中的壓倒優勢，而這正是德國人所擔心的。而且，艾森豪的司令部似乎也沒有做什麼努力去利用大批義大利部隊同自己的軍隊配合行動，特別是在羅馬附近的五個師。如果艾森豪那樣做了，德國人就會陷入絕境。至少凱塞林和他的參謀長齊格飛・維斯特法爾（Siegfried Westphal）事後都有這樣的看法。他們說，他們根本沒有力量打退從義大利的「靴子」南端北上的蒙哥馬利軍隊，擊退在任何地點登陸的馬克・克拉克（Mark Clark）將軍的入侵部隊，同時對付在他們陣地中間和後方的大批義軍。

據艾森豪的海軍副官哈里・布徹爾（Harry C. Butcher）海軍上校說，美英方面的兩位參謀總長馬歇爾（George C. Marshall）將軍和約翰・狄爾（John G. Dill）陸軍元帥都曾埋怨艾森豪，認為他沒有表現足夠的主動向北拓展義大利戰場。布徹爾為他的上司辯護道，缺乏登陸艇使艾森豪的計畫難以進行；要向遠在北方的羅馬附近發動一次海上進攻，這種作戰行動超出盟軍戰鬥機的航程，因為它們必須從西西里起飛。艾森豪自己指出，在攻陷了西西里以後，他奉令將七個師（其中美軍四個師，英軍三個師）調返英國，準備渡過英吉利海峽進攻西歐，這使他感到兵力十分不足。布徹爾也說，艾森豪原來打算派遣空降部隊到羅馬機場去幫助義大利人保衛首都、抵禦德國人，但是，到最後一刻，巴多格利奧提出了請求「暫緩執行」這個計畫。曾經冒著極大生命危險祕密到羅馬去同巴多格利奧會談的馬克斯威爾・泰勒（Maxwell D. Taylor）將軍報告說，由於義大利人的失敗主義情緒和德國人的力量，美國一個空降師如果在這裡降落看來是自取滅亡（參看艾森豪：《歐洲十字軍》〔*Crusade in Europe*〕，頁一八九，以及布徹爾：《跟隨艾森豪三年》〔*My Three Years With EisenHower*〕，頁四〇七至四二五）[6]。

但是美國的第五軍團不是在羅馬附近、而是在那不勒斯南面的薩萊諾（Salerno）登陸，盟軍的傘兵部隊沒有在羅馬機場上出現，這使凱塞林和維斯特法爾這兩位將軍大大地鬆了一口氣。當義大利的軍隊毫無抵抗地投降和繳械時，這兩位將軍就更覺得放心了。這意味著德國人可以輕而易舉地佔領羅馬，甚至暫時佔領那不勒斯。這樣，他們就佔領了義大利三分之二的地區，包括北部的工業區，那裡的工廠都被開動起來爲德國製造軍火。希特勒近乎奇蹟地又延長了一段壽命。使希特勒十分震怒的是，國王、巴多格利奧和政府官員逃出了羅馬，並且不久後就在盟軍解放了的義大利南部建立了他們的政權。儘管鄧尼茨海軍上將精心策畫要俘獲或破壞這個義大利艦隊，但其大部分的艦隻也逃到了馬爾他。

義大利退出戰爭，使元首十分惱火。他再一次把戈培爾叫到臘斯登堡，對他說，這是「一件極其不要臉的事」。此外，墨索里尼之被推翻也讓他擔心自己的地位受影響。戈培爾在九月十一日的日記中寫道：「元首採取了最後的措施，以便一勞永逸地防止在我們這裡發生類似的事情。」

戈培爾曾再三要求希特勒：「在這困難的關頭，應該讓人民從元首那裡聽到一兩句鼓勵和慰藉的話。」九月十日晚上，希特勒向全國廣播。但他在那次廣播中，卻以毫不在乎的口氣談起下面的問題：

有人妄想在這裡找到賣國賊，那是因爲他們完全不懂得國家社會主義的國家性質；他們以爲他們能在德國製造一次「七二五」事件，那是因爲他們對我個人的地位、我的政治合作者、我的元帥們和三軍將領的態度有著根本的誤解。

實際上，正如下文將要敘述到的，有幾個德國將領和一小撮過去的政治合作者，在軍事上節節敗退之際，再一次產生反叛的念頭，這種念頭到第二年七月就將發展成爲一種比推翻墨索里尼一舉更爲猛烈、雖然不那麼成功的行動。

爲了防止任何正在醞釀的叛變，希特勒採取的措施之一是下令撤除所有德國親王在國防軍中的職務。黑森的菲利普親王過去一直在元首和墨索里尼之間擔任通信聯絡工作，常到大本營來，這時便被逮捕，交給祕密警察去發落了。他的妻子瑪法達公主是義大利國王的女兒，也遭到逮捕，並且同她的丈夫一起關進集中營。義大利國王像挪威和希臘的國王一樣，逃出了希特勒的魔掌，希特勒以逮捕他的女兒來洩憤。希特勒對她本人從來沒有什麼好感。他在那年五月大本營召開的一次軍事會議上曾對他的將領們說：「我曾經迫不得已坐在瑪法達旁邊。瑪法達有什麼值得我注意的呢？……她沒有能使人著迷的智慧，更別說她的容貌了。」（摘自吉爾伯特：《希特勒指揮他的戰爭》〔Felix Gilbert, *Hitler Directs His War*〕中希特勒每日軍事會議祕密記錄。見該書頁三七）。

有好幾個星期，元首每天召開的軍事會議都以大量時間來討論希特勒心中所關心的一個問題：營救墨索里尼。讀者還記得「橡樹」是這個計畫的代號，在大本營的會議記錄上，墨索里尼常常被稱爲「寶貴的對象」。絕大多數將領，甚至戈培爾都懷疑這位義大利前領袖是否還是一個非常寶貴的對象，但希特勒卻仍然這樣認爲，而且堅決主張去營救他。

他不僅想爲這個他仍然有著私人感情的老朋友幫一次忙，他還想讓墨索里尼擔任義大利北部的新法西斯政府的首腦，以減輕德國人管理這部分領土的負擔，並且幫助他保衛那條很長的供應線和交通線，防止被懷有敵意的義大利人民破壞，因爲人民中間，現在已開始出現令人頭疼的游擊隊了。

到八月一日，鄧尼茨海軍上將向希特勒報告，海軍相信已查出墨索里尼被囚在萬托特納島（Ventotene）上。到八月中旬，希姆萊的密探肯定領袖是在另一個島，即離薩丁島（Sardinia）北端不遠的馬達雷納島（Madalena）上。他們制訂了周密的計畫，準備派遣驅逐艦和傘兵進攻該島，但是，這個計畫還未執行，墨索里尼又被轉移了。根據停戰協定的一個祕密條款規定，應當把他交給盟軍，但巴多格利奧由於某種原因遲遲沒有執行這個規定。到九月初，這個「寶貴的對象」被偷偷地帶到亞平寧山脈最高峰大薩索山（Gran Sasso d'Italia）山頂上的一家旅館裡去了，到這個地方只有一條鐵索路可通。

德國人立刻獲悉了他的下落，就派飛機到那山頂上空偵察，並且判定用滑翔機運載軍隊，大概可以登到那個頂峰，制服義大利憲兵警衛隊，然後用一架小型大鸛鳥輕航機（Fieseler-Storch）把墨索里尼帶走。這個大膽的計畫於九月十三日執行，領導者是希姆萊黨衛隊裡的奧地利人奧托·斯科爾茲內（Otto Skorzeny，這名知識分子出身的暴徒，還將在本書末尾的另一次天不怕地不怕的冒險行動中出現）。在墨索里尼垮臺後的一天，斯科爾茲內有生以來第一次被召到元首大本營。當時希特勒親自指派他去執行這個營救墨索里尼的計畫。斯科爾茲內綁架了一個義大利將軍，把他裝進自己的輕航機裡。當他率領空運部隊在距山頂旅館一百碼的地方降落時，他發現領袖正在二樓的一個窗口滿懷希望地往外看著。大部分義大利警衛一看見德國軍隊就逃入山中，少數沒逃的也在斯科爾茲內和墨索里尼勸阻下沒有動用他們的武器。這個黨衛隊頭子把他抓來的將軍推到自己隊伍前面，大聲叫警衛們別向這個義大利將軍開槍。同時，據一位目擊者回憶，義大利領袖也在窗口高呼：「誰都不要開槍！不要流一滴血！」果然一滴血也沒有流。

那個法西斯首腦欣喜若狂。因爲他曾經發誓寧可自殺，也不願落到盟軍手裡，被送到紐約的麥迪遜廣場公園去展覽（這是他自己後來說的）。布徹爾海軍上校報告說，就在墨索里尼被解救出去之前，艾森豪總部收到一封從開普敦的劇院發來的電報，表示願捐助一萬鎊給慈善事業：「如果你能安排墨索里尼本人在我們開普敦的劇院戲臺上出現三個星期的話。」（布徹爾：《跟隨艾森豪三年》，頁四二三）。幾分鐘以內，他就被塞進大鸛鳥輕航機裡，從旅館下邊一小塊布滿石頭的草坪上冒險起飛了。他們先飛到羅馬，當晚又換乘一架德國空軍運輸機飛到維也納[7]。

墨索里尼很感激希特勒營救了自己。當他們兩天以後在臘斯登堡會面時，他熱烈地擁抱了希特勒。但是，他現在已是一個垮了的人了，意氣頹唐，以前在他心中燃燒過的火焰已變成灰燼。而且，使希特勒十分失望的是，他看來並不想在德國佔領下的義大利恢復法西斯政權。將近九月底時，德國元首在同戈培爾進行一次長談時，毫不掩飾他對義大利老友的失望心情。這次談話後，戈培爾在日記中寫道：

這位義大利領袖沒有如元首所期望的那樣，從義大利的災禍中得到教訓……元首希望義大利領袖做的第一件事是用一切報復手段懲處背叛他的人。但他沒有表達這種意願，因而就顯出了他的眞正無能。他不像元首或史達林那樣是一個革命家。他總是以義大利本國人民爲念，這就缺乏作一個世界革命家和起義者的寬廣胸襟。

還有一件事情使希特勒和戈培爾十分惱火。墨索里尼同齊亞諾取得了和解，而且似乎是完全在他的女兒、齊亞諾的妻子愛達的操縱之下。當時齊亞諾夫婦正在慕尼黑避難（實際上，根據齊亞諾後來寫給艾曼紐國王的一封信上所說，他是在八月間被德國人騙到德國去的。德國人告訴他，他的孩子們生命危險，德國政府很樂於讓他和他的家庭取道德國到西班牙去，《齊亞諾日記》頁五）。希特勒和戈培爾認爲，墨索里尼應當立即將齊亞諾處死，至於愛達，應該像戈培爾說的那樣，狠狠地抽她一頓鞭子。戈培爾在日記中寫道：「愛達・墨索里尼在她巴伐利亞別墅中的行爲就像一隻野貓。她動不動就摔瓷器，砸傢具。」（《戈培爾日記》頁四七九）。他們不同意墨索里尼把齊亞諾「那個毒蘑菇」（戈培爾這樣稱呼他）放在新法西斯共和黨的首要地位。

希特勒堅決主張義大利領袖立即建立這樣一個黨。墨索里尼九月十五日在德國元首的慫恿下宣布成立新的義大利社會共和國。

這個新政府從來沒有什麼作爲，墨索里尼根本沒有把心放在上面。也許他還保有足夠的現實感，看到自己現在只不過是希特勒的一個傀儡，他和他的「法西斯共和政府」除了德國元首爲了德國的利益而授給他們的某些權力以外，並無任何眞正的權力，而且義大利人民也永遠不會再接受他和法西斯主義了。

他再也沒有回到羅馬。他住在義大利極北部一個很冷僻的地方——加爾達湖（Garda）畔加爾那諾（Gargnano）附近的加米納特堡（Rocca delle Caminate）。他的住所周圍由黨衛隊元首警衛隊的一支特派部隊嚴密守衛著。爲了把墨索里尼那臭名昭著的情婦克拉拉・貝塔西（Clara Petacci）護送到這個幽美的湖畔勝地，特地把塞普・狄特里希（Sepp Dietrich）這個黨衛隊老打手從俄國前線被打得屁滾尿流的黨衛隊第一裝甲軍調出來負責這項工作，在第三帝國，事情常常是這麼辦的。潦倒的獨裁者由於情人又回到了自己的懷抱，對生活中的其他事情似乎都漠不關心了。情婦不止一個的戈培爾，說此事使他大爲震驚。戈培爾在十一月九日的日記中寫道：

塞普．狄特里希奉命護送來義大利領袖的女友。他們兩人的私生活引起衆人議論紛紛。

戈培爾在幾天前就注意到，希特勒已經開始「在政治上勾銷這個領袖了」。但是，應當補充說明，德國元首在勾銷他之前，先已迫使他把特里雅斯特（Trieste）、伊斯特拉（Istria）和南提羅爾（Tyrol）「割讓」給德國，雙方並取得共識，將來還要加上威尼斯。對這位曾經驕橫一世的專制魔王，希特勒居然可以毫不留情地使他蒙受種種羞辱，竟然逼著他在十一月逮捕自己的女婿齊亞諾，並於一九四四年一月十一日將齊亞諾在維羅納（Verona）的監獄中處死。

一九四三年十二月二十三日，齊亞諾在維羅納監獄第二十七號牢房裡寫下最後一篇日記。那是一篇很動人的記載。我不知道他是怎樣把這篇日記和一封在同一天寫給義大利國王的信偷偷送出他的死囚牢房。但他說，在德國人抓到他之前，他已把其餘的日記都藏起來了，由他的妻子愛達偷運出義大利的德國佔領區；愛達僞裝成一個農婦，把這些日記藏在裙子裡面，越過義大利的邊界，逃到了瑞士。凡是在法西斯最高委員會中投票反對過領袖的法西斯頭子，只要一被抓到，都以賣國罪受到特別法庭的審訊，並被判以死刑，同齊亞諾一起遭到槍決，其中只有一人例外。被槍決的人中有艾米利奧．德．波諾（Emilio de Bono）元帥，他是墨索里尼昔日最忠誠的信徒之一，也是領導法西斯向羅馬進軍而使墨索里尼上臺的四巨頭之一。

到一九四三年初秋，希特勒大可認爲，他已度過了第三帝國所面臨的最嚴重危險。在關鍵性的幾個星期裡，希特勒和他的將領們曾經擔心，墨索里尼的垮臺和巴多格利奧政府的無條件投降，很可能使德國南部邊界暴露在盟軍的直接攻擊之下，並爲盟軍開闢道路，讓他們從義大利北部進入防禦薄弱的巴爾幹半島，而威脅到正在俄國南部拼命作戰的德軍。義大利領袖乖乖地離開了羅馬的權力寶座，對德國元首在國內外的威信是一個嚴重打擊。軸心聯盟的毀滅隨之而來，同樣也使希特勒難受。然而，在兩個月之內，希特勒以一次大膽的行動，使墨索里尼復辟——至少在世人眼裡看來是如此。義大利在巴爾幹半島、希臘、南斯拉夫和阿爾巴尼亞的佔領區，免除了遭受盟軍攻擊的危險。這樣的攻擊，德國最高統帥部曾經預計在夏末隨時可能發生。但那裡的好幾個師的義軍都乖乖地投降，成了德國的戰俘。元首原本想裁撤凱塞林的部隊，讓他們撤退到義大利北部，但後來決定讓他們在羅馬以南布下了陣地，因而輕而易舉地阻擋住英美法軍隊在半島上的北進。不容否認，希特勒以他個人的膽識和他軍隊的勇猛，已使他在南方的處境有了很大的好轉。

但在其他地方，他的處境卻繼續在逆轉。

一九四三年七月五日，他對俄國發動了最後一次的大攻勢。德國陸軍的精華——將近五十萬人，加上配備有新式重型「老虎」坦克的十七個裝甲師，向庫爾斯克（Kursk）西面俄國陣地的突出部分進攻。這就是所謂「城堡計畫」（Operation Citadel）。希特勒認爲這一攻勢不僅能置俄國最精銳的百萬大軍於死地（就是這支大軍曾在頭年冬天將德國人從史達林格勒和頓河趕出來），而且能使他再向頓河流域推進，也許甚至於能推進到窩瓦河流域，然後從東南迂迴攻陷莫斯科。

這一攻勢遭到了決定性的失敗。俄國人對此已經早有準備。到七月二十二日，裝甲部隊的坦克已損失了一半，德軍攻勢已完全停頓，並開始潰退了。俄國人對自己的力量信心十足，他們不等德國的進攻結束，就在七月中旬向庫爾斯克以北奧勒爾（Orel）的德軍陣地突出部分發動了他們自己的攻勢，並且迅速地突破了德軍陣地。這是俄國人在這次大戰中的第一次夏季攻勢，自此以後，紅軍再也沒有失去過主動權。八月四日，他們把德國人趕出奧勒爾，這個地方是德國人在一九四一年十二月攻打莫斯科時在南部的一個樞紐。

現在，蘇軍攻勢已擴大到全線。八月日，哈爾科夫（Kharkov）失守。一個月後，九月二十五日，德國人被趕出了哈爾科夫西北三百英里的斯摩棱斯克（Smolensk）。而在進攻俄國的初期，德國人曾經像拿破崙的大軍那樣，十分自信地從這個城市踏上通向莫斯科的大路。到九月底，希特勒在南路遭到步步進逼的軍隊退到第聶伯河（Dnieper）一線，北自第聶伯河河灣的札波羅日耶南到亞速海（Azov）。頓尼次盆地（Donets）的工業區已經失守，克里米亞的德國第十七軍團處於被切斷的危險中。

希特勒相信他的軍隊能夠守住第聶伯河和札波羅日耶以南的要塞陣地，這兩條防線連在一起，形成了所謂「冬季防線」。但是俄國人甚至沒有稍微停留一下進行休整。在十月份的第一週內，他們在基輔的北面和東南渡過第聶伯河。十一月六日，基輔失守。到這個決定命運的一九四三年末，南部的蘇軍越過了希特勒部隊在一九四一年夏天輕易拿下的那些戰場，並逼近波蘭和羅馬尼亞的邊界。

事情還不止於此。

那一年，希特勒的命運遭受到另外兩個挫折，它們也標誌著形勢的轉變：其一是大西洋戰役的失利；另一是盟軍加緊對德國本土進行破壞力極大的、夜以繼日的空襲。

正如上面說過的，德國潛水艇在一九四二年擊沉了盟軍船隻共計六百二十五萬噸，其中大多數是開往英國或地中海。西方各國造船廠的生產能力還不足以彌補這些損失。但是，到一九四三年初，盟軍在對付潛水艇方面已佔了上風，一方面是遠程飛機和航空母艦的戰術奏效，另一方面是在海面船隻上裝設雷達，可以在敵軍潛水艇尚未看到自己以前就發現了它們。因此，潛水艇在尚未駛近盟軍護航艦隊之前就遭到伏擊而被炸沉，數量之多，使新任海軍總司令兼潛水艇艦隊司令鄧尼茨起初懷疑是否有人叛國。但他很快就知道這是雷達造成了如此慘重的損失。在二月、三月和四月這三個月內，被擊沉的潛水艇正好是五十艘；而在五月份一個月內，就達三十七艘。這樣迅速地損失下去，德國海軍無法承受，於是還沒到五月底，鄧尼茨就自作主張下令將潛水艇全部撤出北大西洋。

九月間，它們又回到北大西洋，但在這年的最後四個月內，它們只擊沉了六十七艘盟國船隻，自己卻又損失了六十四艘潛水艇。這個比例決定了潛艇戰的末日，並且決定了大西洋戰役的結局。在第一次世界大戰期間的一九一七年，當德國陸軍陷於困境時，它的潛水艇曾經逼得英國幾乎屈膝投降。一九四二年，當希特勒的軍隊在俄國和北非受阻時，德軍潛艇再次讓英國差點招架不住。那一年英美聯軍忙得焦頭爛額，一方面為了要阻止日軍在東南亞的侵略，一方面又要集中人力、武器和補給來攻打西方的希特勒歐洲帝國。

一九四三年，他們在破壞北大西洋航運方面遭到了失敗。雖然失敗的消息使希特勒大本營的人們感到氣餒，但他們並沒有充分認識到它的災難性後果。五月三十一日，當鄧尼茨海軍上將向希特勒報告他已從北大西洋上撤出潛水艇時，希特勒向他暴跳如雷地吼叫：「誰也不准談論潛艇戰的問題！」還說：「大西洋是我保衛西方的第一線。」這事說來容易做來難。十一月十二日，鄧尼茨在日記中絕望地寫道：「張張王牌都在敵人手裡，他們用遠程空中巡邏控制了所有的地區，並且運用我們迄今無法預知的方法測定我方位置……敵人對我們的一切祕密瞭若指掌，而我們對他們卻一無所知。」[8]因爲，正是在這決定戰局的一年中，大量武器和補給幾乎毫無阻礙地運過了大西洋，讓盟軍有能力在來年進攻「銅牆鐵壁的歐洲」。

也正是在這一年中，德國人民嘗到了現代戰爭的恐怖滋味，而且是在他們自己家門口嘗到的。公眾都不知道潛水艇的戰況如何。雖然來自俄國、地中海和義大利的消息越來越壞，但這些畢竟是遠離本土幾百或幾千英里以外的地方所發生的事情。可是，夜裡有英國飛機、白天有美國飛機來進行空襲，這已開始摧毀一般德國人民的家、工作機關或工廠了。

希特勒本人從來不肯去視察遭到轟炸的城市；看來這個任務對他是一種難以忍受的痛苦。戈培爾爲此苦惱不堪。他抱怨說，他源源不絕地收到來信，「質問元首爲什麼不去視察那些遭受空襲的不幸地區，爲什麼在任何地方都見不到戈林的面」。這位宣傳部長的日記確切地描述了空襲給德國的城市和工業區造成日益慘重的損失：

一九四三年五月十六日……美國轟炸機的白晝空襲讓局勢變得異常艱困。在基爾……海軍的軍事與技術設施遭到非常嚴重的損失……如果這種情況繼續下去，我們將面臨無法承受的嚴重後果……。

五月二十五日……英國飛機對多特蒙德（Dortmund）的夜襲，是德國城市所遭受的空襲中特別嚴重、也許是最嚴重的一次……來自多特蒙德的報導十分可怕……工廠和兵工廠受到極慘重的破壞……有八萬至十萬居民無家可歸……西方的居民開始逐漸喪失勇氣。這樣的地獄生活讓人難以忍受……晚上我收到又一篇關於多特蒙德的報告。該城幾乎全部被毀。幾乎沒有一間房子能夠住人了……。

七月二十六日夜間，漢堡受到一次嚴重的空襲……給居民和軍事生產都帶來了十分慘重的後果……這是一場眞正的災難……。

七月二十九日夜間，漢堡又遭到迄今最嚴重的一次空襲……來了八百至一千架轟炸機……當地納粹黨領袖考夫曼給我發來第一份報告……他談的慘禍，規模令人難以想像。一個百萬人口的城市被摧毀了，其毀壞的情況史無前例。我們面臨著幾乎無可解決的種種問題。必須爲這一百萬人解決吃住的問題。必須把人口疏散到盡可能遠的地方去。必須給他們衣服穿。總之，我們在那兒面臨的問題，在幾星期以前絲毫沒有想過……考夫曼說，約有八十萬無家可歸的人在街頭流浪，無以爲生……。

雖然德國的某些軍事工廠，特別是製造戰鬥機、軸承、海軍艦隻、鋼和新式噴射飛機燃料的工廠，遭到了很大的損失，希特勒寄予極大希望的皮奈蒙德（Peenemunde）火箭試驗站也遭到了很大的損失。德國鐵路和運河不斷被切斷。但是，在一九四三年英美加緊轟炸期間，德國整個軍備生產實際上並沒有減少。其部分原因是沒有遭受轟炸的德國佔領區，尤其是捷克斯洛伐克、法國、比利時和義大利北部的工廠增加了生產。

一九四三年五月，倫敦方面接到波蘭地下工作者的密報，說皮奈蒙德那兒正嘗試製造一種無人駕駛的噴射機（後來稱爲V-1或嗡嗡飛彈〔Buzz Bomb〕）和一種火箭（後來稱之爲V-2）。根據這個線索，英國皇家空軍的一架偵察機把皮奈蒙德的設施都拍攝下來了。八月，英國轟炸機轟炸了皮奈蒙德，使該地設施遭受嚴重破壞，使研究和製造工作推遲了好幾個月。到十一月，英美空軍在英吉利海峽沿岸發現了六十三個V-1發射場。從十二月至翌年二月，這種發射場增加到九十六個，其中七十三個被盟軍炸毀。V-1和V-2這兩個名稱是從德語「報復武器」（Vergeltungswaffen）這個詞而來，在一九四四年那個黑暗的年頭裡，戈培爾博士曾對此大吹大擂宣傳了一番。

正如戈培爾在日記中所說明的，英美空軍所造成的最大的損害，是在德國人民的家庭和精神方面。筆者還記得，在戰爭的最初幾年，有許多報導描述德國空軍轟炸對敵人、尤其是英國人所造成的恐怖後果，這使德國人得意洋洋。他們當時相信，這種轟炸能使戰爭早日勝利結束。現在，在一九四三年，他們自己開始嘗到空襲的滋味，這種空襲的破壞力遠超過德國空軍於一九四〇至一九四一年對倫敦居民的空襲。德國人民也像英國人民那樣，勇敢地、艱苦地忍受了這一切。但是四年戰爭下來，這樣頻頻遭到轟炸就越發使人招架不住。這就難怪在快到一九四三年年底時，隨著德國人在俄國、北非和義大利的希望破滅，隨著第三帝國從南到北各處城市都被炸成一片焦土，德國人民已開始絕望，開始認識到敗局已定，目前的遭遇就是這個敗局的開始。

當時已經賦閒在家的哈爾德（Franz Halder）將軍後來曾這樣寫道：「至遲到一九四三年年底時，人們已明確無誤地看出，這場戰爭在軍事上已經失敗了。」[9]

一九四三年十一月七日，啤酒館政變紀念日的前夕，約德爾將軍在慕尼黑對納粹黨的各地領袖們發表了一篇不准公開的、低調的演說。他雖然沒有說得像哈德爾那樣嚴重，但對戰爭第五個年頭開始時形勢的描述也夠暗淡了。他說：

今天，在國內戰線最令人頭痛、從而對前線有最嚴重影響的，是敵機對我們的家園和妻兒的恐怖空襲。在這一方面……戰爭具有了這種方式，完全是英國的過錯。自從種族戰爭和宗教戰爭以來，人們曾經認爲不可能再發生這種方式的戰爭。這些恐怖空襲在心理、精神和物質上的影響十分重大，因此我們必須設法減輕——假若不能完全制止的話。

一九四三年的失敗和轟炸給德國人的民心和士氣所造成的影響，由這位代表元首發表演說的權威人士做了生動的描述：

顛覆的鬼影在全國各地徘徊著。所有的膽小鬼都在尋找出路，或者照他們的說法，尋找政治解決辦法。他們說，我們應當趁手裡還有點東西的時候進行談判……。

約德爾演說的題目是：〈戰爭第五個年頭開始時的戰略形勢〉。關於希特勒及其將領在一九四三年底對德國困難形勢的看法，這篇演說也許是我們所掌握最詳盡的第一手報告。它不僅僅是一篇向納粹政治領袖們發表的祕密演說。它詳細引用了幾十篇蓋有「元首大本營」關防的極機密備忘錄和文件；把這些文件綜合起來，就是元首心目中的一部戰爭眞相史，這篇演說的草稿似乎是經過元首審閱。約德爾對當前形勢固然感到很暗淡，對將來則更加灰心喪氣。他正確地預言，英美即將在西方發動的入侵，「將決定戰爭局勢」而且「我們所掌握的軍隊不足以擊退它們」[10]。

不只是「膽小鬼」有這種想法。戈培爾博士本人，希特勒最忠實的和狂熱的信徒，像他在日記中所透露的那樣，也想在一九四三年年終之前尋求一條出路。他所苦心思索的不是德國應不應當談判和平，而是應當同誰談判——同俄國，還是同西方？他不像某些其他人開始做的那樣，背著希特勒談論尋求和平的必要性。他勇氣十足，毫無顧忌地直接向領袖傾吐自己的想法。一九四三年九月十日，戈培爾在日記中第一次提到可能進行和談。那天他在得到義大利投降的消息之後奉召去臘斯登堡大本營。

現在的問題是我們應當首先轉向哪一邊：是轉向莫斯科方面，還是轉向英美方面。無論如何，我們必須清楚地認識到，對這兩方面同時作戰，要取得勝利是非常困難。

他發現希特勒對盟軍在西方入侵的前景和俄國戰場的「危急」局勢「有些擔憂」。

令人苦惱的是，我們絲毫不知道史達林的後備軍力究竟有多少。我非常懷疑，在這種情況下我們是否有可能從東方調出若干師兵力到其他歐洲戰場上去。

戈培爾在他那機密的日記中寫下了自己的一些想法，這些想法在幾個月前肯定是會被他自己認爲是叛國的失敗主義想法。寫了以後，他就開始對希特勒道出了這些想法：

我問元首，我們是否可以同史達林打交道。他說暫時還不行……但元首認爲，同英國人打交道要比同蘇聯人容易些。元首認爲，到了一定時候，英國人會清醒過來的……我卻比較傾向於史達林更爲容易接近、因爲史達林是一個比邱吉爾更爲實際的政治家。邱吉爾是一個浪漫的冒險家，跟他談話談不出什麼道理來。

當他們的事情搞得漆黑一團的時候，希特勒和他的助手們開始抓住這樣一線希望：盟國內部會發生糾紛，英國和美國會害怕紅軍席捲歐洲，終於會和德國聯合起來保衛舊大陸，使之不受布爾什維克主義的統治。八月間，希特勒曾經在一次會議上和鄧尼茨相當詳細地談過這個可能性，現在，在九月間，他又和戈培爾討論了這個問題。戈培爾在日記中寫道：

> 英國人在任何情況下都不願意有一個布爾什維克的歐洲……一旦他們認識到……他們只能在布爾什維克主義或者對國家社會主義放鬆一些，這兩者中選擇其一，那麼，他們無疑會對我們表示出願意和解的意向……邱吉爾本人是反對布爾什維克老手，他目前同莫斯科合作只不過是權宜之計。

希特勒和戈培爾似乎都忘記了，是誰首先同莫斯科合作，是誰迫使俄國作戰。在同希特勒討論了和平的可能性以後，戈培爾做出了這樣的結論：

> 遲早我們就得面臨這個問題：該倒向哪一邊的敵人？。德國進行兩線作戰從來沒有得過便宜，這一次我們也不可能把這樣的戰爭長期堅持下去。

但是，到這時才考慮這個問題不是已經太遲了嗎？戈培爾在九月二十三日回到大本營。他在早晨和希特勒散步時，發現元首比兩星期前悲觀得多了，他並不認爲可能同一方和談以便在一條戰線上作戰。

元首不相信目前進行談判能夠取得任何結果。英國還沒有被打得暈頭轉向……在東方，目前的形勢自然是相當不利……史達林正處於有利地位。

那天晚上，戈培爾單獨和希特勒一起進餐。

我問元首，他是否準備和邱吉爾進行談判……他不相信同邱吉爾談判會取得任何結果，因爲邱吉爾充滿敵意，再說，他是受仇恨而不是受理智支配。元首寧願和史達林談判，但他不相信談判會成功……。

我告訴元首，不論形勢如何，我們必須同這一方或那一方取得和解。德國從未在兩線作戰的戰爭中取得過勝利。因此我們必須設法使自己擺脫一場兩線作戰的戰爭。

這個任務遠比他們認識到的要困難得多，雖然是他們自己十分輕率地把德國投進了一場兩線作戰的戰爭。但在一九四三年九月的那天晚上，至少有一會兒，這個納粹統帥終於流露出他的悲觀心情，並且沉思著和平的味道該是多麼甜蜜。據戈培爾的記錄，希特勒甚至說他「渴望」和平。

他說他將很高興再一次同藝術界人士進行接觸，晚上去看看戲，去訪問藝術家俱樂部[11]。

在戰爭進入第五年的時候，在德國，思考取得和平的機會和辦法的人，並不止希特勒和戈培爾兩個。那些遭到挫敗、喜歡空談的反納粹密謀分子，目前人數已有所增加，但還是少得可憐。現在他們看到希特勒的軍隊雖然還在國外作戰，但敗局已定，就又在考慮反叛的可能性。他們之中大多數（絕不是全體）終於克服了最嚴重的良心不安以後，勉強得出這樣的結論：要使德國取得和平，從而使祖國有希望體面地生存下去，就必須用謀殺的辦法搞掉希特勒，同時消滅國家社會主義。

一九四四年到來了。英美軍隊肯定會在這一年開始後不久的時間內發動進攻橫渡海峽，紅軍將會逼近帝國本土，德國許多古老的大城市很快便將被盟軍炸成平地。一九四三年七月，戈德勒（Carl Goerdeler）視察了西部被炸地區以後，致函克魯格（Günther von Kluge）陸軍元帥說：「千年的建設已成為一片瓦礫。」他在信裡懇求這位動搖不定的將軍參加密謀集團，以結束希特勒和他的「瘋狂行為」。密謀分子著急之下，開始積極準備起來，企圖在希特勒政權把德國投入徹底毀滅的深淵之前，最後嘗試謀殺這個納粹獨裁者和推翻他的政權。

他們知道，時間已經不多了。

第二十九章　盟軍進攻西歐和刺殺希特勒行動

在一九四三年裡，密謀分子嘗試了不下六次想要暗殺希特勒，其中有一次，他們在元首乘飛機巡視俄國戰線後方的時候，把一顆定時炸彈放在他的飛機裡面，只是因爲這顆炸彈沒有爆炸，密謀才告失敗。

這一年裡，反抗運動發生了同以前的情況大不相同的變化。密謀分子最後放棄了對陸軍元帥們的期望。這些元帥們簡直太怯懦了，或者太無能了，他們不敢利用他們的地位和兵權來推翻他們的最高統帥。一九四二年十一月，在斯摩棱斯克森林中舉行的一次祕密會議上，抵抗分子中的核心政治人物戈德勒，曾經親自勸請東線中央集團軍司令克魯格陸軍元帥積極加入清除希特勒的活動。這位動搖不定的將軍剛接受了元首的一筆厚禮。一九四二年十月三十日是克魯格六十歲生日。他收到了元首給他的一張二十五萬馬克（按官價折合美元十萬元）支票，並特許用半數添置產業。儘管這對侮辱了他作爲一個軍官的人格和榮譽，但這位元帥還是照單全收了（施拉布倫道夫：《他們幾乎殺死了希特勒》〔Fabian von Schlabrendorff, *They Almost Killed Hitler*〕頁四〇）。後來，當克魯格反對希特勒的時候，元首在大本營對他的部下說：「我親自提升他兩次，給了他最高的勳章，給了他一筆很大的產業……以及陸軍元帥薪俸之外的一大筆補貼……。」（吉爾伯特：《希特勒指揮他的戰爭》頁一〇一至一〇二，這是一九四四年八月三十一日希特勒在大本營召開的會議的一份速記記錄）。當時他倒是答應了戈德勒的請求，但過了沒有幾天就又膽怯起來了。他寫信給在柏林的貝克將軍，要求別把他算在他們裡面。

幾個星期之後，密謀分子又想勸誘包路斯（Friedrich Paulus）將軍。這位將軍所率領的第六軍團正被圍在史達林格勒，他們估計他對領袖一定極度失望，因爲造成這樣局面的正是領袖本人。他們想誘使他發表一個告全軍官兵書，號召他們推翻這個把二十五萬德國士兵置諸死地的專制魔王。貝克將軍親自寫了一封信呼籲他這樣做，並由一個空軍軍官乘飛機把信送進這個被圍的城市。前面已經說過，包路斯的回應方式是向元首發出雪片似的表示效忠的無線電報。直到他成爲俄國人的俘虜到了莫斯科之後，他才有所覺悟。

對包路斯的希望破滅以後，密謀分子曾經有幾天把希望寄託在克魯格和曼施坦因（Erich von Manstein）身上。這兩個人在史達林格勒慘敗之後，飛到臘斯登堡，據說是去要求元首把俄國戰線的指揮權交付給他們。這一步如果成功，就成爲在柏林發動政變的一個訊號。但這些密謀分子的主觀願望再一次落空了。這兩位陸軍元帥確實飛到了希特勒的大本營，但只是去重申他們對最高統帥的忠誠。

「我們被拋棄了。」貝克憤恨地抱怨道。

對貝克和他的朋友們說來，這一點已很明顯：他們不能期望從前方的高級指揮官那裡得到實際的幫助。在絕望之餘，他們轉向唯一剩下的一個軍事力量來源——後備部隊，或稱爲預備軍

（Ersatzheer）。後備部隊根本不能說是一支軍隊，不過是混雜了剛受訓的新兵和在國內執行警衛任務的超齡軍人。但那些人至少都有武裝。在正規化的部隊和武裝黨衛隊遠在前線的情況下，當希特勒遭到暗殺的時候，這支軍隊也許足以幫助密謀分子佔領柏林和其他一些重要的城市。

但是，暗殺希特勒這一致命行動是否必要，甚至於是否適宜，反對派內部仍然沒有取得完全一致的意見。

例如，克萊索集團（Kreisau Circle）就絕對反對任何這一類的暴力行動。這個集團是由一群各色各樣的傑出青年知識分子和理想主義者組成的。他們聚集在德國兩個最著名的、最貴族化的世家後裔周圍：一個是赫爾莫特．詹姆斯．馮．毛奇（Helmuth James von Moltke）伯爵，他是一八七〇年率領普魯士軍隊戰勝法國的那位陸軍元帥的曾侄孫；另一個是彼得．約克．馮．瓦爾登堡（Peter Yorck von Wartenburg）伯爵，他是拿破崙時代那位著名將軍瓦爾登堡的嫡系子孫，這位將軍曾同克勞塞維茲（Karl Von Clausewitz）一起在和沙皇亞歷山大一世締結的《道羅根條約》（Convention of Tauroggen）上簽字；根據這個條約，普魯士軍隊調轉槍口，幫助推翻了拿破崙。

這個集團的名稱，來自毛奇在西里西亞克萊索的莊園。它不是一個陰謀團體，而是一個討論小組（在臨刑之前，毛奇在給他妻子的遺書上說：「我們上絞型臺，只因爲我們在一起思考。」），它的成員代表納粹上臺以前德國各界人士的交集，他們也希望在希特勒統治的這場噩夢消失之後，能繼續這樣代表德國社會。它包括兩個耶穌會神父、兩個路德派牧師、若干保守分子、自由分子、社會民主黨人、富裕的地主、前工會領導人、教授和外交官。雖然在出身和思想上各有不同，他們還是能找到廣泛的共同點，使他們的反對希特勒運動在思想方面、精神方面、倫理方面、哲學方面以及在某種程度上在政治方面有一定的基礎。所有這些人幾乎都在戰爭結束之前被絞死了，他們遺留的文件包括對未來的政府和新社會的經濟、社會和精神基礎的規畫。根據這些文件來判斷，他們的目標是建立一種基督教社會主義的社會，在這個社會中，所有的人都要成爲兄弟，現代社會的可怕病症，人類精神的敗壞，將得到糾正。他們的理想是崇高的，高到像是在天空的白雲之中，而且還染上一點德國神祕主義的色彩。

但是，這些有崇高理想的年輕人卻有著令人難以相信的耐心。他們痛恨希特勒，痛恨他給德國和歐洲帶來墮落。但是，他們對於推翻希特勒並不感到興趣。他們認爲德國即將遭到的失敗會完成這個使命。他們只把注意力集中在希特勒倒臺以後。毛奇當時曾這樣寫道：「對我們來說……問題在於如何在戰後的歐洲在我國人民心中重建人的形象。」

傑出的美國新聞記者桃樂絲．湯普遜（Dorothy Thompson），長駐德國多年，對德國十分瞭解。毛奇是她所親近的老朋友。她曾力勸他從山頂上走下來，正視現實。一九四二年夏天，在一系列從紐約發給「漢斯」的短波無線電廣播中，她請求他和他的朋友們採取一定行動消除那個惡魔似的獨裁者。她努力提醒他：「我們不是生活在一個聖者的世界裡，而是一個凡人的世界裡。」

漢斯，上次我們見面，在臨湖的那個美麗陽臺上一起喝茶……我說過，有一天你得用行動——激烈的行動，來表明你的立場……而且我記得，我還問過你，你和你的朋友們究竟有沒有勇氣行動……」[1]

這是一個尖銳的問題。結果，答案看來是這樣：毛奇和他的朋友們有勇氣議論——他們因此被殺害了——而無勇氣行動。

這與其說是他們精神上的缺陷，倒不如說是理智上的缺陷，因爲他們全都十分勇敢地面對殘酷的死亡。這個缺陷是造成克萊索集團同貝克—戈德勒—哈塞爾（Ulrich von Hassell）密謀集團之間分歧的主要原因，雖然他們對於未來接管納粹政權的政府其性質和結構也有爭論。

一九四三年一月二十二日，他們在彼得．約克家裡舉行了一次正式會議，由貝克將軍主持。哈塞爾的日記，貝克「當時是比較軟弱和沉默的」[2]。以後還開過幾次會。在未來的經濟和社會政策上，在「青年人」和「老年人」——用哈塞爾的話——之間，掀起了一場猛烈的爭辯，毛奇同戈德勒之間也衝突起來。哈塞爾認爲，這位前任萊比錫市長十分「反動」，同時指出毛奇「傾向英美與和平主義」。祕密警察也注意到了這次會議，後來審訊與會者時，他們提出了一份詳細得驚人的報告。

對密謀分子的活動，希姆萊已經掌握的線索，比他們之中任何一個人所意識到的更多。本書所敘述的歷史中，有不少意想不到的轉折，這裡又出現了這樣一個轉折。在一九四三年的這個關頭，因爲勝利的前景已經消失、失敗的前景已在眼前，這個舉止溫文而嗜血成性的黨衛隊領袖、第三帝國的警察頭子，開始對反抗運動產生了個人興趣，而且並不完全不懷好意。他同反抗運動進行了不止一次的友好接觸。有一件事情可以說明這些密謀分子的心理狀況：他們之中不止一個人——特別是波比茨（Johannes Popitz）——竟開始認爲可以用希姆萊代替希特勒！這個看來狂熱地效忠於希特勒的黨衛隊頭子，自己也開始這樣考慮。但是一直到最後，他始終耍兩面派的手法，而在這個過程之中，許多英勇的密謀分子在他手裡送了命。

反抗運動現在在三個方面進行工作。克萊索集團爲了擬訂一個幻想中的太平盛世，不斷進行著無休無止的討論。比較現實一些的貝克集團在努力想辦法殺掉希特勒，取得政權。他們還同西方接觸，以便讓民主的盟國得知將要發生的事情，並探詢它們將會同一個新的反納粹政府談判什麼樣的和約。有些德國人寫的回憶錄說，在一九四二年和一九四三年，納粹曾就可能舉行的和平談判同俄國人進行過接觸。他們甚至說，史達林曾經提議開始進行和平談判。在紐倫堡審訊時，里賓特洛甫大談他爲了同俄國人進行接觸而做的努力。他說，他確實曾同蘇聯在斯德哥爾摩的代表有過接觸。在斯德哥爾摩代表里賓特洛甫進行活動的彼得．克萊施特（Peter Kleist）在他的書裡曾說到這一點[3]。我想，在所有德國的祕密檔案清理之後，這段情節的眞相可能弄個水落石出。這些接觸都是在斯德哥爾摩和瑞士進行的。

在瑞典首都，戈德勒常常同銀行家馬爾克斯．瓦倫堡（Marcus Wallenberg）和雅可布．瓦倫堡（Jakob Wallenberg）會晤。他們是他的老朋友，在倫敦有密切的商務關係和私人關係。在一九四二年四月戈德勒同雅可布．瓦倫堡舉行了一次會晤，戈德勒催促他設法同邱吉爾接上頭。密謀分子要求事先從這位首相那裡得到保證：如果他們逮捕希特勒並推翻納粹政府，盟國就同德國媾和。瓦倫堡回答說，根據他對英國政府的瞭解，它不可能做出這樣的保證。

一個月之後，兩個路德派教士在斯德哥爾摩同英國人進行了直接的接觸。其中一個是德國福音派教會國際事務部的成員漢斯．舒恩菲爾德（Hans Schoenfeld）博士，另一個是著名的神職人員和積極的密謀分子潘霍華（Dietrich Bonhoeffer）牧師。他們聽說英國聖公會奇切斯特（Chichester）主教喬治．貝爾（George Bell）博士正在斯德哥爾摩訪問，就趕去見他。潘霍華是化了裝，拿著情報局奧斯特（Hans Oster）上校給他的僞造護照出國。

兩個牧師對主教談了密謀分子的計畫，而且同戈德勒一樣，提出了這個問題：一旦希特勒被推翻之後，西方盟國是否將同一個非納粹政府談判一個體面的和約。他們要求透過私下的通訊或公開的宣言得到答覆。爲了讓主教相信他們反希特勒密謀是認眞的，潘霍華給了他一份領導人名單。這個不愼的行動後來使他付出了自己的生命，並且使得其他許多人不可避免地遭到殺害。

關於德國內部的反對派及其計畫，這是盟國所掌握的最權威和最新的材料。六月間，貝爾主教回到倫敦之後，立即轉給英國外交大臣安東尼·艾登（Anthony Eden）。艾登在一九三八年爲了抗議張伯倫對希特勒的姑息政策而辭去外交大臣職務，他看了這份材料以後，卻心存懷疑。因爲從慕尼黑事件以來，英國政府曾經從自稱是德國密謀分子的人那裡得到過類似的材料，但是一直沒有發生過什麼事情。結果就沒有給予答覆。[4]

德國地下組織和盟國方面在瑞士的接觸，主要是通過艾倫·杜勒斯（Allen Dulles）。他從一九四二年十一月到戰爭結束，一直負責在瑞士的美國戰略服務處。他的主要客人是漢斯·吉斯維烏斯（Hans Gisevius）。吉斯維烏斯是德國情報局的工作人員，派在德國駐蘇黎世總領事館當副領事。他經常從柏林到瑞士首府伯爾尼來旅行。前面已經提到，他也是謀反活動的積極分子。他的任務主要是從貝克和戈德勒那裡把消息傳遞給杜勒斯，讓他隨時瞭解各種反希特勒計畫的發展情況。去訪問杜勒斯的其他德國人中間還有舒恩菲爾德博士和特羅特·佐·索爾茲（Trott zu Solz），後者是克萊索集團的成員之一，也是謀反活動的參加者之一。他有一次到瑞士去，像其他許多人做過的那樣，對杜勒斯提出「警告」：如果西方民主國家拒絕考慮同一個反納粹的德國政府簽訂一個體面的和約，密謀分子們就要轉向蘇俄。杜勒斯雖然本人表示同情，但無法給予任何保證[5]。

這些德國反抗運動的領導人既如此堅持從西方取得有利的和平解決，而在取得這一和平解決之前，對除掉希特勒卻又如此躊躇不定，這不免使人們感到奇怪。人們可能以爲，如果他們像經常所申述的那樣——這無疑是眞誠的——把納粹主義看作一種滔天的罪惡，他們就應該集中力量努力去推翻它，而不管西方會怎樣對待他們的新政權。人們得到這樣的印象：這些「善良的德國人」中的許多人，太容易把自己的失敗歸咎於外部世界，正如他們之中的有些人，把第一次戰敗後德國的苦難，甚至於把希特勒本人的得勢，都歸咎於外部世界。

閃電計畫

一九四三年二月，戈德勒在斯德哥爾摩告訴雅可布·瓦倫堡，「他們計畫在三月份發動政變」。他們確實有這樣的計畫。

這個計畫稱作「閃電計畫」，是陸軍辦公廳主任弗雷德里希·歐布里希特（Friedrich Olbricht）將軍和克魯格麾下在俄國作戰的中央集團軍參謀長漢寧·馮·崔斯考夫（Henning von Tresckow）將軍兩人在一月和二月間籌畫。歐布里希特是一個十分虔誠的教徒，新近才參加密謀集團。但是他由於就任新職，很快就成爲一個關鍵人物。作爲後備部隊司令弗雷德里希·弗洛姆（Friedrich Fromm）將軍的副手，他的地位使他能夠集結柏林和德國其他大城市的衛戍部隊來支持密謀分子。弗洛姆本人同克魯格一樣，現在對元首的幻想已經破滅了，但還密謀集團認爲還不能完全他，所以沒有讓他加入。

二月末，歐布里希特對崔斯考夫參謀部中一個低階軍官、年輕的施拉布倫道夫說：「我們已經準備好了。是『閃電』的時候了。」三月初，密謀分子在中央集團軍總部所在地斯摩棱斯克舉行最後一次會議。情報局局長卡納里斯（Wilhelm Canaris）海軍上將雖然沒有參加行動，但他熟知內情，還爲這次會議做了安排。他同他手下的漢斯・馮・杜那尼（Hans von Dohnanyi）和埃爾溫・拉豪森（Ervin von Lahousen）將軍一起飛到斯摩棱斯克，表面上是去召開一次國防軍情報軍官會議。拉豪森隨身帶了幾個炸彈。他從前是奧地利陸軍的一個情報軍官，在參與謀反活動的德國情報局人員中，他是在大戰結束時唯一的倖存者。

施拉布倫道夫和崔斯考夫在經過多次實驗之後，發現德國炸彈不適合他們行動的要求。據這個年輕軍官後來解釋，這些德國炸彈要用一根引信引發，引信點燃時發出一種不大的嘶嘶的聲音，這就會使他們露了馬腳[6]。他們發現英國炸彈好一些。施拉布倫道夫說：「在爆炸之前，它們沒有任何聲響。」英國皇家空軍曾經在歐洲的德國佔領區空投過許多這樣的武器，供盟國特務人員進行破壞之用，有一個曾被用來暗殺海德里希。情報局收集到一些，後來轉到密謀分子手中。

斯摩棱斯克會議訂出的計畫是誘使希特勒到這個集團軍總部來，在那裡把他幹掉。這將是在柏林發動政變的訊號。

希特勒現在對絕大多數將領都有戒心，所以要誘使他進圈套不是一件容易的事情。但是崔斯考夫說服了他的一個老朋友——希特勒的副官，現在成了將軍的施蒙特（Rudolf Schmundt），要他對希特勒下工夫。在經過一陣猶疑和幾次改期之後，元首終於同意在一九四三年三月十三日到斯摩棱斯克來。施蒙特本人對這個陰謀完全不知情。

在這期間，崔斯考夫又重新努力使他的上司克魯格來領頭殺死希特勒。他向這位陸軍元帥建議，准許集團軍司令部騎兵部隊的陸軍中校波斯拉格男爵（Georg von Boeselager，他後來被納粹殺害），在希特勒和他的衛隊到達時，指揮騎兵隊把他們消滅。波斯拉格是欣然同意的。他所需要的只是陸軍元帥的一道命令。但是這位動搖不定的司令官沒有敢下這道命令。崔斯考夫和施拉布倫道夫於是決定親自動手。

他們的計畫很簡單。他們打算在希特勒回去的時候，在他的飛機裡放一個英國做的炸彈。施拉布倫道夫後來解釋說：「把事情弄得像是飛機失事，可以避免暗殺行動在政治上的不利後果。因爲當時希特勒還有許多黨徒，如果發生暗殺事件，他們將堅決抵抗我們的起義行動。」

在三月三十日希特勒到達後的下午和晚上，這兩個反納粹的軍官兩度準備改變計畫。他們的最初想法是，當希特勒在克魯格的私人寓所同集團軍高階將領開會時，讓炸彈爆炸；後來又想在趁這群人在軍官餐廳吃晚飯時引爆。施拉布倫道夫說，在第一次會議中，他有機會細看了一下希特勒的特大軍帽。它的重量引起他的注意。仔細一看，原來它裡面襯著三磅半重的鋼板。但是這樣做將會炸死一些將領，而密謀分子正是指望著這些將領，在他們擺脫個人對元首效忠的誓言之後，幫助他們在德意志帝國接管權力。

晚餐之後，元首的飛機立即就要起飛。把炸彈偷運進飛機這個工作還未完成。施拉布倫道夫已經把他稱作「兩個爆炸包」的東西裝置好，而且把它們紮在一起，像是兩瓶白蘭地酒。在進餐的時候，崔斯考夫做出很自然的樣子，問希特勒隨行人員之一、陸軍參謀總部一個名叫海因茲．布蘭特

（Heinz Brandt）的上校，能不能幫忙把他的一份禮物——兩瓶白蘭地酒，帶給他的老朋友、陸軍總司令部組織處處長赫爾莫特．斯蒂夫將軍（Helmuth Stieff，他後來被納粹處決）。布蘭特根本沒有想到會有什麼問題，就答應說，他樂於幫忙。

在飛機場上，施拉布倫道夫緊張地把手指伸進他那個包裹的一個小小開口處，開動了定時炸彈的裝置，然後在布蘭特走上元首座機的時候，把這個包裹交給了他。這是一個構造精巧的武器。它沒有那種使人生疑的鐘錶裝置。當這個青年軍官按了一個按鈕之後，一個小瓶子就被打破，流出一種腐蝕性的化學品，把一根拉住彈簧的金屬線慢慢腐蝕掉。這根線蝕盡之後，彈簧就把撞針一推，打著雷管，使炸彈爆炸。

施拉布倫道夫說，他們預計希特勒的飛機從斯摩棱斯克起飛之後約三十分鐘，剛過明斯克不久，就會出事。他興奮之極，打電話給柏林，用密碼通知那裡的密謀分子，「閃電」已經開始。然後，他同崔斯考夫懷著怦怦跳動的心，等待著驚人的消息。他們預期，最早的消息將來自護送元首座機的戰鬥機的無線電報告。他們一分鐘一分鐘地數著，二十分、三十分、四十分，一個小時……還是沒有消息。過了兩個多小時，消息來了。那是一個例行公事的電報，報告希特勒已在臘斯登堡降落了。施拉布倫道夫後來描述當時情況說：

我們都楞住了，想不出失敗的原因。我馬上打電話給柏林，用密碼告訴他們，任務失敗了。接著崔斯考夫和我商量下一步怎麼辦。我們內心受到嚴重的打擊。這次嘗試失敗是十分嚴重的事情。但更糟糕的將是炸彈被發現後，上頭必然開始調查我們，還可能會使一大批緊密合作者送命。

炸彈永遠沒有被發現。當天夜裡，崔斯考夫打電話給布蘭特上校，隨意地問起他是不是已經抽空把他的包裹送給斯蒂夫將軍。布蘭特說，他還沒有功夫辦這件事情。崔斯考夫就叫他別送去了，因爲瓶子弄錯了，施拉布倫道夫明天有點公事到那裡去，要把眞正好的白蘭地送給斯蒂夫將軍。

施拉布倫道夫以令人難以置信的勇氣飛到希特勒的大本營，用兩瓶白蘭地換出了那個炸彈，他後來敍述說：

我還能清楚地回憶起當時我的恐懼心情。布蘭特把炸彈遞給我，不小心猛然一撞，使我擔心它會來一個遲來的爆炸。我裝得很鎮靜，不去想我拿著的是個炸彈，立即上了汽車，開到鄰近的科爾青（Korschen）鐵路交叉點。

他從那裡搭夜車去柏林。在臥車車廂裡，他關起門來，一個人把炸彈拆開。他很快就發現發生了什麼事情——或者說，爲什麼沒有發生什麼事情。

炸彈的裝置是靈的；小瓶子破了；腐蝕性的液體蝕盡了金屬線；撞針也向前撞過了；但是，雷管沒有發火。

柏林的密謀分子極度失望，但並不氣餒。他們決定再次嘗試新的方法暗殺希特勒。很快就有了一個好機會。希特勒將由戈林、希姆萊和凱特爾陪同，出席三月二十一日在柏林軍械庫（Zeughaus）舉行的陣亡將士紀念日紀念儀式。這是一個不僅可以搞掉希特勒而且還可以搞掉他主要夥伴的機會。

正如克魯格的參謀部情報科長格斯道夫（Rudolf von Gersdorff）上校後來所說的那樣：「這是一個不可多得的機會。」崔斯考夫選定格斯道夫男爵來掌握炸彈。這是一次要同歸於盡的任務。計畫是這樣：上校把兩顆炸彈藏在大衣口袋裡，點上引信，在儀式中盡量靠近希特勒站著，把元首和他的隨從以及上校自己都送上西天。格斯道夫以突出的勇敢精神，毫不躊躇地自願犧牲自己的生命。

三月二十日晚上，他在柏林艾登飯店的房間裡同施拉布倫道夫見面。施拉布倫道夫帶來了兩顆炸彈，用的都是長度十分鐘的引信。但因爲軍械庫內玻璃頂的院子裡氣溫接近零度，可能需要十五分鐘到二十分鐘炸藥才會引爆。希特勒在發表演說之後，預定在這個院子裡用半小時參觀從俄國戰利品展覽。這個展覽是格斯道夫的部下布置的。這是上校能夠接近元首和殺害他的唯一地方。

格斯道夫後來敘述了當年所發生的事情[7]。

> 第二天，我在大衣兩邊口袋裡各裝了一個十分鐘引信的炸彈。我打算盡可能靠近希特勒，這樣至少可以把他炸得粉碎。當希特勒……走進展覽廳的時候，施蒙特過來告訴我，希特勒準備只用八分鐘或十分鐘參觀展覽。因此，不可能實行這次暗殺了，因爲即使在正常的溫度下，引信至少也需要十分鐘。最後一分鐘才改變行程，希特勒典型的維安策略，這次又成功奏效了（綜合整理密謀分子們的事蹟並不容易，不僅倖存者人數極少，他們的回憶也都很不完整，描述事件過程不但常常有出入，還互相矛盾。例如，把炸彈交給格斯道夫的施拉布倫道夫在他的著作中記述，他們因爲找不到時間短的引信，軍械庫的暗殺任務「不得不放棄」。他顯然不知道，或者忘記了格斯道夫確實去了軍械庫想完成交付給他的任務。格斯道夫上校說，他在前一天晚上曾告訴施拉布倫道夫，他決心用他手頭的引信

「來幹這件事情」）。

格斯道夫說，崔斯考夫將軍在斯摩棱斯克「手裡拿著一隻碼錶」，焦急地和期待地聽著儀式的實況廣播。當廣播員宣布，希特勒進了展覽廳只停留了八分鐘就離開時，這位將軍知道，又一次嘗試失敗了。

後來至少又有三次密謀分子稱之爲「大衣」的刺殺希特勒行動，但下面我們將會看到，每一次都遭到類似的挫折。

一九四三年初，在德國發生了一次自發性的事件。這次事件雖然規模不大，但有助於使萎靡不振的反抗運動重新振作起來，而到那時爲止，反抗運動想除掉希特勒的所有嘗試都告挫敗了。這次事件又是一個警告，說明納粹當局對於發表一丁點反對意見的人，會採用多麼殘酷無情的手段。

我們在前面已經講到過，德國的大學生在三〇年代初期，曾經是最狂熱的納粹分子。但是，希特勒的十年統治使他們幻想破滅了。德國不能贏得戰爭，特別是當一九四三年來臨的時候，發生了史達林格勒的災難，這就使這種幻滅感更加尖銳起來。慕尼黑曾經是產生納粹主義的城市。慕尼黑大學現在卻成了學生反抗運動的溫床。領頭的人物是一個二十五歲的醫科學生漢斯·蕭爾（Hans Scholl）和他二十一歲的妹妹、學生物學的蘇菲。他們思想上的導師是一個哲學教授，名叫庫特·胡伯（Kurt Huber）。他們利用「白玫瑰」爲代號祕密通信，在其他大學進行反納粹宣傳，並且同柏林的密謀分子也取得了聯繫。

一九四三年二月裡某一天，巴伐利亞納粹黨領袖保羅·吉斯勒（Paul Giesler）在收到了祕密警察送給他的一批這種信件之後，召集了學生開會。他在會上宣布，身體不合格的男生——身體合格的都已被徵入陸軍服役——將被分配去做某種更有用的戰時工作。接著，他不懷好意地對大家瞟了一眼，提出要女生們爲了祖國的利益每年生一個孩子。

他還說：「如果有些女孩缺少足夠的姿色去勾上男人，我可以把我的副官分配給她們……而且我能保證她們嘗到妙不可言的滋味。」

巴伐利亞人雖然素以有點粗俗的幽默著稱，但是學生們也不能忍受這種下流的話。他們把這個黨領袖轟下了台，又把來保護他的幾個祕密警察和黨衛隊人員趕出會場。當天下午，反納粹的學生在慕尼黑街道上舉行示威，這在第三帝國還是破天荒第一次。學生們在蕭爾兄妹領導下，開始散發小冊子，公開號召德國青年行動起來。二月十九日，一個宿舍管理員看到漢斯和蘇菲從大學的陽臺上撒傳單，就向祕密警察告了密。

他們送命的經過是迅速而野蠻的。他們被拉到可怕的「人民法庭」（Volksgerichtshof）上，由庭長羅蘭・弗萊斯勒（Roland Freisler）主持審判。弗萊斯勒大概可以說是第三帝國中繼海德里希之後最陰險和最嗜殺的納粹分子，本書以後還要提到他。他們被判定犯了叛國罪，宣判死刑。在受訊時，蘇菲被祕密警察拷打得十分厲害，她出庭的時候，有一條腿已經折斷了。但是她的精神仍然不屈。對弗萊斯勒的野蠻威嚇，她平靜地回答：「你同我們一樣都知道，這場戰爭已經輸定了。爲什麼你這樣卑怯，不敢承認這一點？」

她撐著拐杖，一步一拐地走向絞刑架，極其英勇地迎接死亡。她的哥哥也是這樣。胡伯教授和另外幾個學生在幾天之後也被處死刑[8]。

這一事件促使在柏林的密謀分子看到他們面臨著的危險。這時，在密謀分子中間，某些領導人的輕舉妄動，經常引起其他領導人的擔心。戈德勒本人嘴巴太不牢。波比茨在努力試探希姆萊和黨衛隊其他高階軍官參加密謀集團的可能性，但這麼做風險很大。特立獨行的威茲薩克（Ernst von Weizsäcker）在戰後喜歡把他自己描繪成堅決的抵抗分子，但在當時他嚇得同最親密的朋友哈塞爾斷絕一切來往。他指責哈塞爾及其夫人「輕率得令人難以置信」，還警告說，祕密警察正在跟蹤哈塞爾。哈塞爾在日記裡寫下這個不愉快的場面。哈塞爾寫道：「他要求我別去見他，免得使他為難。我一辯解，他就粗魯地打斷我的話。」（《哈塞爾日記》，頁二五六至二五七）。威茲薩克後來到梵蒂岡擔任德國大使，在安全地住下來之後，才催促密謀分子們採取行動。哈塞爾評論道：「在梵蒂岡這樣做當然比較容易。」威茲薩克活到了戰後，寫了他那本可以說有點不體面的回憶錄。哈塞爾的日記在他被處死後出版。

祕密警察還在監視著其他許多人，特別是多嘴的、自信的戈德勒。一九四三年三月，是密謀分子受挫折的月份，他們兩次行刺希特勒的嘗試都流產了。緊接著，祕密警察又給了他們一次打擊。但是，很有諷刺意味的是，這一打擊主要不是由於專門的情報追蹤，而是兩個情報機構、即國防軍情報局和希姆萊的中央保安局傾軋的結果，中央保安局主管黨衛隊的情報機構還想把卡納里斯海軍上將攆走，接管他的情報局。

一九四二年秋天，一個慕尼黑商人因為私運外幣越境到瑞士而被捕。他實際上是情報局的一個特務，但他長久以來運出國境的錢是給在瑞士的一群猶太難民。在第三帝國，一個德國人的最大罪過莫過於此了，哪怕他是一個情報局特務。由於卡納里斯沒有營救這名特務，後者便向祕密警察供出他所瞭解的情報局內情。他抖出杜那尼同奧斯特上校一樣，一直是密謀集團的核心分子。他還告訴希姆萊手下的人，一九四〇年約瑟夫．繆勒（Josef Müller）博士到梵蒂岡，是爲了透過教皇同英國人搭上關係。他還透露了一九四二年潘霍華牧師用情報局發的僞造護照到斯德哥爾摩去訪問奇切斯特主教。最後，他低調指出奧斯特想除掉希特勒的各種計畫。

經過幾個月的偵察，祕密警察行動了。一九四三年四月五日，杜那尼、繆勒和潘霍華被捕。奧斯特在這期間已經設法銷毀了大部分罪證文件，在十二月間被迫辭去情報局職務，在萊比錫被軟禁起來。一九四五年四月九日，即德國投降前不到一個月，潘霍華、杜那尼和奧斯特都被黨衛隊處決。看來希姆萊方殺掉他們是爲了復仇。只有繆勒倖免一死。

這對密謀集團是一個沉重打擊。施拉布倫道夫談到奧斯特時說，他「做人做事就像上帝所要求的一樣完美，頭腦清楚而沉著，危險臨頭仍鎮定如常」。從一九三八年試圖搞掉希特勒以來，奧斯特一直是密謀集團中關鍵人物之一。杜那尼的職業是律師，他是一個足智多謀的助手。新教牧師潘霍華和天主教神父繆勒，不但爲反抗運動帶來巨大的精神力量，而且在歷次國外活動中，表現出個人英勇不屈的典範。他們被捕之後，備受酷刑，但仍拒絕出賣他們的同志。

但最嚴重的是，情報局瓦解之後，密謀分子失去了「掩護」，也失去了他們相互之間連繫的主要途徑，同猶豫觀望的將軍們、西方的朋友們也無法再順利進行溝通。

希姆萊的警犬們又有了更多的發現，幾個月之內情報局和它的首腦卡納里斯就完全完蛋了。

有一個新發現是在一九四三年九月十日發生的，是在納粹圈子裡稱爲「索爾夫夫人茶會」的事件引起的。安娜．索爾夫（Ann Solf）夫人的已故丈夫曾在威廉二世手下做過殖民大臣，在威瑪共和國當過駐日本大使。她很久以來就是柏林一個反納粹「沙龍」的女主人。常到這個沙龍來的有許多高貴的客人，其中有：俾斯麥的孫女漢娜·馮·布萊多夫（Hanna von Bredow）伯爵夫人，第一次世界大戰時德國駐美大使的侄子艾爾布萊希特·馮·伯恩斯多夫（Albrecht von Bernstorff）伯爵，著名的耶穌會神父埃克斯勒本（Erxleben），還有外交部一個高級官員奧托·基普（Otto Kiep）和伊麗莎白·馮·泰登（Elisabeth von Thadden）。基普因參加招待愛因斯坦教授的午宴，被免去德國駐紐約總領事的職務，但後來又設法回到外交部任職。泰登是一個有才華、虔誠信教的婦女，在海德堡附近的威伯林根（Weiblinggen）辦一所著名的女子學校。

九月十日在索爾夫夫人家裡的茶會上，泰登小姐帶來一個少年英俊的瑞士醫生勒克西（Reckse），在沙爾伯魯赫教授主持的柏林仁慈醫院工作。同極大多數瑞士人一樣，勒克西博士表示了強烈的反納粹情緒。在場的許多人都表示同感，特別是基普。茶會散場之前，這個好意的醫生自動提出，願意爲索爾夫夫人或她的客人遞送任何信件給他們在瑞士的朋友——德國反納粹的流亡分子和英美外交官。在場不止一個人很快接受了他的好意。

不幸的是，勒克西博士是祕密警察的特務。他把幾封可以作爲罪證的信件和關於這次茶會的報告，一起交給了祕密警察當局。

毛奇伯爵在空軍部工作的朋友偷聽到了這個瑞士醫生同祕密警察之間的幾次電話後，於是轉告毛奇伯爵。毛奇立即對他的朋友基普發出警告，基普又通知了索爾夫圈子裡的其他人。但是希姆萊已經掌握了證據。他也許是希望把網再拉得大些，所以等了四個月才下手。一月十二日，所有參加那次茶會的人，除了索爾夫夫人和她的女兒巴勒斯特雷姆伯爵夫人（Lagi Countess Ballestrem）以外，都被逮捕、審訊和處決了。很明顯，希姆萊在這四個月期間確實張大了他的網。據萊特林格說，由於勒克西博士的偵察而被捕的約有七十四人（萊特林格：《黨衛隊》〔*The S. S.*〕頁三〇四）。索爾夫母女倆關在拉文斯布魯克集中營，最後倖免一死，眞是奇蹟。起初日本大使出面說情，推遲了審訊。後來，在一九四五年二月三日，美國空軍在一次白晝空襲中扔下一顆炸彈，不但炸死了正在主持叛國案審訊的弗萊斯勒，而且把人民法庭檔案中關於索爾夫母女的案卷也炸毀了。但法院仍訂於四月二十七日審訊她們，不過她們在四月二十三日就從摩亞比特（Moabit）監獄被釋放了，俄國人也已經進了柏林，這顯然是法院作業疏失（惠勒—班奈特：《權力的報應》〔Wheeler-Bennett, *Nemesis*〕頁五九五注；貝徹爾：《德國反抗運動》〔Rudolf Pechel, *Deutscher Widerstand*〕頁八八至九三）。毛奇伯爵爲他的朋友基普所牽連，這次也被捕了。但這還不是基普被捕的唯一後果，它的影響遠及土耳其，最後導致解散情報局的解散，情治工作因而落入希萊姆手中。

在基普的反納粹朋友中，有埃里希·凡爾麥倫（Erich Vermehren）和他的美貌絕倫的妻子——伊麗莎白·馮·普勒登堡（Elisabeth von Plettenberg）女伯爵。同其他反對現在政權的人一樣，他們參加了情報局，被派在伊斯坦堡工作。祕密警察召令他們回柏林在基普案中受審。他們知道回去以後的命運會怎麼樣，所以拒絕了這個命令，在一九四四年二月初同英國特務機關取得聯繫，飛到開羅，又從那裡飛到英國。

柏林方面認爲，凡爾麥倫夫婦帶了情報局的全部密碼逃亡，把它們都交給了英國人。雖然後來發現這是不確實的，但卻成了希特勒搞掉情報局的最後一個藉口。在杜那尼和情報局的其他人員被捕之後，加上對卡納里斯越來越懷疑，他就想這樣做了。一九四四年二月十八日，他下令解散情報局，由中央保安局接管它的工作。這是希姆萊又一件值得誇耀的事情。他同陸軍軍官團的鬥爭可以追溯到一九三八年誣告弗立契（Werner von Fritsch）將軍的事件。情報局的解散，國防軍完全失去了自己的情報機構，並且增加了希姆萊對將軍們的權力。這也是對密謀分子進一步的打擊，現在密謀分子已經沒有任何可以利用的特務機構了。卡納里斯被任命爲「商業和經濟作戰局」局長。掛上這個空銜之後，這位「小海軍上將」就退出了德國歷史舞臺。他是一個不可捉摸的人物，他究竟是怎樣一個人、他究竟信仰什麼，沒有兩個作者有一致的意見。他看透了一切，是個宿命論者。他仇恨威瑪共和國，祕密地進行反對活動，後來又同樣地對待第三帝國。同情報局所有其他顯赫人物（只有拉豪森將軍除外）一樣，他的日子現在快到頭了。下面我們就會看到。

但是他們沒有打算放棄殺害希特勒。從一九四三年九月到一九四四年一月，又組織了六次行動。八月間，雅可布．瓦倫堡到柏林來看戈德勒。戈德勒向他保證，一切準備工作都已經完成，可以在九月間發動政變。到那時，施拉布倫道夫將去斯德哥爾摩會晤邱吉爾先生的代表，進行和談。

「當時我懷著提心吊膽的心情，等待九月的來臨。」這位瑞典銀行家後來對杜勒斯說：「九月過去了，什麼事情也沒有發生。」[9]

一個月之後，斯蒂夫將軍這個說話刻薄的駝子（就是崔斯考夫兩瓶「白蘭地酒」贈送的對象，希姆萊稱他叫「中了毒的小矮子」）設法在臘斯登堡希特勒的午間軍事會議上，放一顆定時炸彈。但到最後關頭，他又膽怯了。幾天之後，他從情報局拿來藏在大本營水塔下面的那些英國炸彈爆炸了。幸虧希特勒命令負責調查這個案件的情報局上校瓦爾納．施拉德（Werner Schrader），是參與密謀活動的人，密謀分子才沒有暴露。

十一月裡，又組織了一次「大衣」行刺行動。希特勒下令設計一種新的陸軍大衣和一種新的作戰背包，他現在要親自觀看成果。密謀分子安排二十四歲的步兵上尉阿克西爾·馮·丹·布舍（Axel von dem Bussche）來當希特勒的模特兒。爲了避免重蹈格斯道夫的覆轍，布舍決定在他試穿的大衣口袋裡裝上兩顆在點燃引線之後幾秒鐘就會爆炸的德國炸彈。他的計畫是趁希特勒檢查新大衣的時候，一把抓住他，這樣兩人就同歸於盡。

但在預定的試穿日期前一天，盟軍的炸彈把這些新式大衣和作戰背包炸毀了。布舍就返回俄國前線他的連隊。十二月間，他又來到希特勒的大本營，打算再利用試穿的機會，進行謀害。但元首忽然決定到貝希特斯加登去度聖誕節假日。不久，布舍在前線受了重傷，於是調來另一個在前線作戰的年輕步兵軍官代替他。這個年輕軍官就是海因里希·馮·克萊施特（Heinrich von Kleist），資格最老的密謀分子之一埃瓦爾德·馮·克萊施特（Ewald von Kleist）的兒子。試穿新大衣的日子訂在一九四四年二月十一日，但元首由於某種原因並沒有來。杜勒斯說是因爲空襲。克萊施特父子後來都被捕，其父於一九四五年四月十六日被殺，其子倖免於難。

到了這時，密謀分子已經得出這樣的結論：由於希特勒採取經常改變日程的手法，他們的計畫必須大加修改。希特勒常同他的老黨羽討論這種手法。一九四二年五月三日他在大本營談話，根據速記記錄，他說：「我完全懂得，爲什麼歷史上的謀殺案件，百分之九十都能夠成功。唯一能採取的預防辦法就是不規則的生活——步行、乘車、旅行，都要在不規則的時間內進行，而且要出人意外……我盡量做到乘車外出時，出人意外地下車，並且事先不告訴警察。」（《希特勒祕密談話錄》，頁三六六）。

前面曾經談過，希特勒一直知道他可能遇刺。在一九三九年八月二十二日，即進攻波蘭前夕的一次軍事會議上，他對他的將軍們強調指出，他得善盡自己的責任，以防「有可能隨時遭到一個罪犯或白癡殺害」。

一九四二年五月三日，在閒談這個問題的時候，他又說：「要防備狂熱分子和理想主義者，永遠也不會有絕對的安全辦法……要是有什麼狂熱分子想開槍打死我或者用炸彈炸死我，那麼我坐著不會比站著更安全些。」但他認爲：「爲了某種理想而要謀害我的狂熱分子，爲數要比以前少得多了……唯一眞正危險的分子，除了那些被卑怯的傳教士煽惑起來的狂熱分子，就是我們所佔領的某一國家內有民族主義思想的愛國分子。即使對這些人，我多年的經驗也會使他們的事情相當難辦。」（同上書，第頁三六七）。

密謀分子們發現，希特勒肯定會出現的場合是每天兩次同最高統帥部和陸軍總司令部的將軍們的軍事會議。必須在這樣的一次會議上殺掉他。一九四三年十二月二十六日，一個名叫史陶芬堡（Claus von Stauffenberg）的青年軍官，代表歐布里希特將軍來到臘斯登堡大本營，準備參加中午的會議，報告陸軍後備事務。在他的皮包裡，有一顆定時炸彈。這次會議臨時取消了，因爲希特勒到上薩爾斯堡度聖誕節去了。

這是這個少年英俊的中校第一次進行這樣的暗殺行動，但不是最後一次。因爲反納粹的密謀分子終於找到了史陶芬堡伯爵這樣一個他們所需要的人。從此以後，他不但擔負起唯一可能成功殺害希特勒的任務，並且把新的生命和光輝、希望和熱情注入密謀集團。他成爲密謀集團的眞正的領袖，儘管從來不是名義上的領袖。

史陶芬堡伯爵的使命

史陶芬堡伯爵具有職業軍官所需要的驚人才能。他於一九〇七年出生於德國南部一個著名世家。他的母親是烏克斯庫爾—吉倫伯蘭德女伯爵（Countess von Uxkull-Gyllenbrand）。他的外曾祖父是抵抗拿破崙戰爭中的軍事英雄之一格奈斯瑙（August Neidhardt von Gneisenau），後者曾同沙恩霍斯特（Gerhard von Scharnhorst）一起創建了普魯士陸軍參謀總部。在他母親這方面，他又是另一個拿破崙時代名將約克·馮·瓦爾登堡（Yorck von wartenburg）的後裔。他的父親曾經做過符騰堡（Württemberg）末代國王的樞密大臣。這個家庭虔誠地信仰羅馬天主教，氣氛融洽且有很高的文化教養。

史陶芬堡就是在這樣的家庭背景和氣氛中長大的。他體格健壯，所有見過他的人都說他十分英俊。他才氣橫溢，好學不倦，頭腦冷靜周密。他喜好馳騁馬術和體育運動，也熱愛文學和藝術，博覽群書，涉獵頗廣。他在青年時代接受了天才詩人斯蒂芬·格奧爾格（Stefan George）浪漫神祕主義的影響。這個年輕人一度想以音樂爲職業，後來又想從事建築，但在一九二六年十九歲的時候，參加了陸軍，在著名的第十七班堡騎兵團當見習軍官。

一九三六年，他入柏林陸軍大學。他全面的才華引起了教官們和總司令部的注意。兩年以後，他成爲參謀總部的一個年輕軍官。他雖然像許多同一階級出身的人一樣，思想深處是保皇派，但到那時爲止，並不反對國家社會主義。顯然是一九三八年的排猶行動，使他第一次對希特勒產生了懷疑。

一九三九年夏天，他就看出元首正在把德國引向一場長期的、傷亡慘重的、最後歸於失敗的戰爭。這時更加深他對元首的不信任。

儘管如此，當戰爭來臨的時候，他以特有的精力投入了戰爭。在波蘭和法國戰役中，他在霍普納（Erich Hoepner）將軍的第六裝甲師當參謀，聲名卓著。看來是在到了俄國之後，他對第三帝國的幻想完全破滅了。一九四〇年六月，即進攻敦克爾克的前夕，他被調回陸軍總司令部。在對俄國作戰的最初十八個月中，他大部分時間是在蘇維埃領土上，協助在俄國戰俘中組織俄羅斯「志願」部隊和擔任其他等等工作。據他的朋友說，史陶芬堡這時認爲，當德國人要推翻希特勒的暴政時，這些俄國人的軍隊可以用來推翻史達林的暴政。也許這可以說明格奧爾格的糊塗思想如何影響他。

黨衛隊在俄國的暴行，更不用說希特勒的槍殺所有布爾什維克政治委員的命令，打開了史陶芬堡的眼睛，使他清楚地看到他所爲之服務的主子是個什麼樣的人。由於機緣巧合，他在俄國遇到了決心殺掉這個主子的兩個主要密謀分子——崔斯考夫和施拉布倫道夫。據後者說，他們後來碰了幾次面，就使他們相信史陶芬堡是他們的人。史陶芬堡於是成了一個積極的密謀分子。

但是他還只是一個低階軍官。他很快發現，那些陸軍元帥們不是膽子太小，就是太沒有主意，不可能有什麼作爲，來推倒希特勒或者停止納粹對猶太人、俄國人和戰俘的可怕屠殺。史達林格勒災禍也使他感到厭惡，他認爲這些都是可以避免的。一九四三年二月，這次災禍結束之後，他請求派往前線，被調到在突尼西亞的第十裝甲師當作戰參謀。他參加了凱塞林山口戰役的最後階段，在這次戰役中，他所屬的部隊把美國人趕出了山口。

四月七日，他乘的汽車開進一處布雷的戰地，也有人說，還受到低飛的盟軍飛機掃射。史陶芬堡受了重傷。他的左眼瞎了，左手的兩個指頭和整個右手都炸掉了，左耳和左膝蓋也受了傷。根據醫生最初幾個星期的觀察，他即使幸而能活下來，他的右眼也很可能瞎掉。他進了慕尼黑一所醫院，多虧沙爾伯魯赫教授的精心治療，他重獲生命。人們會認爲，任何人處在他的境地，一定會在傷癒之後退伍，從而也就退出了密謀集團。但他反覆練習用左手剩下的三個包紮起來的指頭拿筆。到了夏天，他寫了一封信給歐布里希特將軍，說他希望在三個月之內回去重新服役。在長期療養中，他有時間思考許多問題，最後得到了這樣的結論：雖然成了殘廢，他還有一個神聖的使命要完成。

有一天，他的妻子伯爵夫人尼娜（他們有四個年紀還小的孩子）到醫院去看他。他對坐在床邊的妻子說：「我覺得我現在必須做一點事情來挽救德國。我們參謀總部的所有軍官必須擔起我們應負的責任。」[10]

一九四三年九月底，他回到柏林，升任中校，擔任陸軍辦公廳主任歐布里希特將軍的參謀長。很快他就開始練習用他那隻還沒有完全殘廢的手的三個指頭，拿一把夾子引爆情報局收藏的英製炸彈。他所做的工作遠不止此。他勃勃的生氣、清楚的頭腦、寬闊的思路和傑出的組織才能，爲密謀分子們注入了新的生命和決心。但也產生了一些分歧。因爲史陶芬堡對於密謀集團老朽的領導人如貝克、戈德勒和哈塞爾所擬議成立的政府很不滿意。他反對在推翻國家社會主義之後建立一個因循保守、無聲無色的政權。他比他那些參加克萊索集團的朋友們講求實際多了。他要實行一種新的、充滿活力的社會民主主義，並且堅持反納粹政府成員中，要包括他的新朋友尤利烏斯．萊伯（Julius Leber）和威廉．劉希納（Wilhelm Leuschner），前者是一個卓越的社會民主黨人，後者是前工會幹部，兩人都是密謀集團的核心和積極分子。在這個問題上經過了許多爭論，但史陶芬堡很快就在密謀集團的政治領導人中取得了左右一切的地位。

在密謀集團的絕大多數軍人中間，他也同樣取得了成功。他曾經認爲貝克將軍在聲望上是這些軍人的領袖，對這位前任參謀總長表示很大尊敬。但在回到柏林之後，他看到剛經過一次癌症大手術的貝克，已經失去往日的精神，顯得疲憊並且有點沮喪。在政治上，貝克完全受戈德勒的影響，沒有什麼頭腦。在實行起義時，貝克在軍界的高聲望是有用的，甚至是必要的。但在提供和指揮所需要的部隊方面，必須找現役的青年軍官來幫忙。史陶芬堡很快就找到了他所需要的大部分關鍵人物。

除歐布里希特外，這些人是：史陶芬堡的上司、陸軍總司令部組織處長斯蒂夫將軍，陸軍第一後勤官愛德華·華格納（Eduard Wagner）將軍，最高統帥部通訊處長埃里希·費吉貝爾（Erich Fellgiebel）將軍，軍備局長弗里茨·林德曼（Fritz Lindemann）將軍，柏林衛戍司令保羅·馮·哈斯將軍（Paul von Hase，他可以爲接管柏林提供部隊），外籍軍隊科科長羅恩納（Alexis von Roenne）男爵上校，還有他的參謀長馬圖契卡（Michael Graf von Matuschka）伯爵上尉。

還有兩三個處於關鍵地位的將軍，其中主要的一個是弗洛姆。他是後備軍實際上的總司令。同克魯格一樣，他忽冷忽熱，不能完全算數。

密謀分子們也還沒有吸收到一個現役的陸軍元帥。維茨萊本（Erwin von Witzleben）陸軍元帥是最早參加的密謀分子之一，內定爲將來的武裝部隊總司令。但他現在已退爲後備役，手下沒有軍隊。他們曾向現在指揮西線所有部隊的倫德施泰特（Gerd von Rundstedt）陸軍元帥進行遊說，但倫德施泰特拒絕背棄他效忠元首的誓言，這至少是他的藉口。才能卓越然而見風轉舵的曼施坦因陸軍元帥也是如此。

在這個當兒——一九四四年初——一個十分活躍而且受人愛戴的陸軍元帥對密謀分子表示了善意。史陶芬堡起初不知道這件事情。這個陸軍元帥就是隆美爾。他參加反希特勒的密謀計畫，使反抗運動的領導人感到十分驚異。他們中間多數人把這個「沙漠之狐」看作納粹分子和機會主義分子，認爲他過去無恥地對希特勒獻媚、爭寵，現在只是因爲看到戰爭敗局已定，才想背棄他，因此他們不同意他加入。

一九四四年一月，隆美爾就任西線B集團軍司令，這支部隊主要是用來抵禦英美渡海進攻。在法國時，他開始同兩個老朋友往來很密切，一個是比利時和法國北部的軍事總督亞歷山大·馮·福肯豪森（Alexander von Falkenhausen）將軍，另一個是法國軍事總督海因里希·馮·史圖爾普納格（Karl Heinrich von Stuelpnagel）將軍。這兩個將軍都已經參加反希特勒的密謀集團，他們慢慢地把隆美爾也引進來。他們對隆美爾進行的工作，得到後者一個擔任文職的老朋友卡爾·施特羅林（Karl Stroelin）博士的協助。施特羅林是斯圖加特市長。同本書許多人物一樣，一度是一個熱心的納粹分子。但現在戰爭正走向失敗，許多德國城市，包括他自己的城市，正在盟軍轟炸下很快地成爲一堆堆廢墟，他就開始另做打算。他在這條道路上又得到了戈德勒博士的幫助。一九四三年八月，戈德勒曾勸他參加起草一個給內政部——現在由希姆萊擔任部長——的備忘錄，聯名要求停止迫害猶太人和基督教會，恢復公民權利和重新建立一個不受黨、黨衛隊和祕密警察干預的司法系統。施特羅林透過隆美爾夫人，把這個備忘錄送給這位陸軍元帥，這個備忘錄似乎對他產生了顯著的影響。

一九四四年二月底，他們兩個在烏爾姆（Ulm）附近赫林根（Herringen）的隆美爾家裡促膝談心。這位市長後來敘述道：

我告訴他，東方戰線上某些高階陸軍軍官提議逮捕希特勒，強迫他用廣播宣布退位。隆美爾同意這個想法。

我又告訴他，他是我國最偉大、最得人心的將領，在國外比任何其他將領都更受尊敬。我說：「你是唯一能夠使德國避免發生內戰的人。你必須以你的大名來贊助這一運動。」[11]

隆美爾遲疑了一下，最後做了決定。

他對施特羅林說：「我想，出來挽救德國是我的責任。」

在這次以及所有以後同密謀分子的會見中，他都反對謀殺希特勒——不是由於道德上的理由，而是由於實際考慮。他認爲，這個獨裁者如果被殺，就會成爲一個烈士。他堅決主張由陸軍逮捕希特勒，把他押上德國法庭，根據他對本國人民和佔領區人民所犯的罪行加以懲治[12]。

這時，命運又爲隆美爾帶來另一個影響。這種影響來自漢斯·斯派達爾（Hans Speidel）將軍。斯派達爾在一九四四年四月十五日擔任這位陸軍元帥的參謀長。他也是一個謀反分子，雖然與史陶芬堡分屬不同的密謀集團，但兩人都是不同尋常的陸軍軍官。他不但是一個軍人，還是一個哲學家，一九二五年以優異成績得過杜賓根大學哲學博士學位。他到任以後立即著手對他的上司下功夫。只過了一個月，即五月十五日，他就安排了隆美爾、史圖爾普納格以及他們的參謀長在巴黎附近一所鄉村別墅裡開會。斯派達爾說，會議的目的是擬定「停止西線的戰爭和推翻納粹政權的必要措施」。[13]

這是一件大事情。斯派達爾知道，在進行準備工作的時候，同國內反納粹分子，特別是同戈德勒—貝克集團建立更緊密的聯繫，是迫切需要的。有幾個星期，浮躁的戈德勒一直要求設法讓隆美爾同紐拉特舉行一次會談。不是別人，竟是紐拉特！我們知道紐拉特爲希特勒的骯髒勾當盡過力，起初當外交部長，後來又當第三帝國駐波希米亞的保護長官。不過現在，由於可怕的災難快要降臨祖國了，他也開始清醒過來了。隆美爾認爲同紐拉特和施特羅林見面太危險，就決定派斯派達爾將軍去。五月二十七日，在弗洛伊登斯塔特（Freudenstadt）的斯派達爾家裡舉行了會議。出席的三個人——斯派達爾、紐拉特和施特羅林都是來自施瓦本（Swabian，施瓦本是中世紀時的一個大公國，現在巴伐利亞的一部分仍稱施瓦本）。這種親密關係不僅使會議開得融洽，並且很容易就達成協議。他們的協議是這樣：必須盡快推翻希特勒，隆美爾必須準備出任國家的臨時首腦或武裝部隊總司令。應該說明，隆美爾自己從來也沒有想當這兩個職務。他們還擬定了許多細節，包括同西方盟國擬訂停戰計畫以及國內密謀分子同隆美爾總部的通訊密碼。

斯派達爾將軍強調，隆美爾已經把要做的事情坦白地告訴他在西線的頂頭上司倫德施泰特陸軍元帥，而且還說，後者也已「完全同意」。不過，這個陸軍高階軍官的性格是有缺陷的。斯派達爾後來寫道：

在討論起草聯名給希特勒的要求的時候，倫德施泰特對隆美爾說：「你年輕，你瞭解和熱愛人民。你幹吧！」[14]

後來，在春末又舉行幾次會議，擬訂了下面的計畫。在參與密謀的西線陸軍軍人中，斯派達爾幾乎是唯一倖免於死的人。他這樣敘述這個計畫：

立即與西方盟國停戰，但不是無條件投降。德國人從西線撤回本國。盟國立即停止對德國本土的轟炸。逮捕希特勒，由德國法庭進行審判。推翻納粹統治。在貝克將軍、戈德勒和工會代表劉希納領導下的各個階層反抗團體，暫時接管德國的行政權。不實行軍事獨裁制度。在「歐洲合眾國」的結構內，準備實行「建設性的和平」。在東方，繼續戰爭。縮短戰線，守住多瑙河口、喀爾巴阡山、維斯杜拉河（Vistula）、米美爾（Memel）一線[15]。

將軍們似乎毫不懷疑，在實行這個計畫之後，英美就會同他們一起進行反對俄國的戰爭，以防止——照他們說法——歐洲布爾什維克化。

在柏林，貝克將軍同意了這個計畫，前提是對東方繼續進行戰爭。五月初，他透過吉斯維烏斯，給杜勒斯送去一個備忘錄，提出了一個異想天開的計畫。在英美進攻西歐之後，西線上的德國將軍們將把他們的部隊撤到德國邊境。在這過程中，貝克要求西方盟國進行三項戰術行動：派出三個空運師到柏林地區，協助密謀分子守住首都；在漢堡和不來梅附近的德國海岸，舉行大規模海上登陸；派出相當大量的部隊渡過英吉利海峽在法國登陸。與此同時，可靠的反納粹德國部隊將佔領慕尼黑地區，把希特勒包圍在上薩爾斯堡的山間別墅之中。對俄國的戰爭將繼續進行。杜勒斯說，他毫不遲延地叫柏林的密謀分子別做夢了。他告訴他們，同西方單獨媾和是不可能的[16]。

史陶芬堡、他那些參加克萊索集團的朋友以及像前駐莫斯科大使舒倫堡（Friedrich Werner von

der Schulenburg）這樣一些密謀分子，早已認識到了這一點。事實上，他們之中絕大多數人（包括史陶芬堡在內）都是「東方派」——雖然反對布爾什維克，但是親俄。有一個時期，他們認爲同俄國達成較有利的和平協議，比同西方盟國還可能容易一些。俄國透過史達林本人的多次聲明，在它的廣播宣傳中，一再強調它不是對德國人民作戰，而是對「希特勒分子」作戰；而西方盟國卻只是口口聲聲地講「無條件投降」。邱吉爾和羅斯福在卡薩布蘭卡（Casablanca）會議時，於一九四三年一月二十四日發表宣言要求德國無條件投降。戈培爾自然大大利用這一點來驅使德國人民進入全面抵抗的狀態。但照筆者看來，爲數多得令人驚異的西方作者，對於戈培爾在這方面所得到的成功，未免估計過高了。但在一九四三年十月，蘇聯政府在盟國外長莫斯科會議上正式宣布完全贊同卡薩布蘭卡宣言，要求德國無條件投降，這時密謀分子才放棄了這種主觀願望。

現在，當決定命運的一九四四年夏季快要來臨的時候，他們瞭解到：由於紅軍迫近德國邊境，英美軍隊也已經部署好大規模渡海進攻，在義大利，亞歷山大（Harold Alexander）率領盟軍進攻，德國的抵抗正在瓦解，他們必須趕快除掉希特勒和納粹政權，才能夠取得某種和議，以免德國被佔領和消滅。

在柏林，史陶芬堡和他的同夥終於擬就了他們的計畫。這些計畫總體代號是「華爾奇麗亞」（Valkyrie）。這是一個很恰當的名稱，因爲華爾奇麗亞是北歐—日耳曼神話中一些美麗而可怕的少女，據說她們飛翔在古戰場上，尋找那些該殺死的人。這一次，要殺死的是希特勒。十分含有諷刺意味的是，卡納里斯海軍上將在垮臺之前，使元首同意了「華爾奇麗亞」。原來他把「華爾奇麗亞」僞裝成這樣一個計畫：一旦在柏林和其他大城市服勞役的千百萬外國勞工暴動時，後備部隊就接管這些城市的治安工作。這樣的暴動很少可能發生，可以說是不可能發生的，因爲那些外國工人既沒有武器，也沒有組織。但是好疑的希特勒這時已感到草木皆兵，而且當時幾乎所有精壯的士兵都不在國內，有的在前線，有的在遼闊的佔領區內鎮壓當地人民，因此他很容易地就接受了這個想法：後備部隊應該防範這群心懷不滿的奴隸勞工，以保障國內的治安。這樣，「華爾奇麗亞」成了軍中密謀分子的一個絕好的掩護，使他們可以公開地擬訂這種計畫：希特勒被暗殺後，後備部隊將接管首都和維也納、慕尼黑、科隆等城市。

在柏林，密謀分子主要的困難是手上的軍隊太少，人數不及黨衛隊部隊。在城內和城外四周還有爲數不小的空軍防砲部隊。除非後備部隊採取迅雷不及掩耳的行動，否則，即使希特勒死了，這些部隊將會繼續忠於戈林，爲他們頭子領導下的納粹政權而戰。他們的高射炮可以當一般大炮用，以此來對付後備部隊。另一方面，柏林的警察部隊因爲它們的頭子赫爾道夫（Wolf-Heinrich Graf von Helldorf）伯爵參加了密謀集團，已爲密謀分子所掌握。

鑒於黨衛隊和空軍部隊的實力，史陶芬堡十分重視控制首都的行動時間。最初兩小時將是最關鍵的時刻。在這短短的時間裡，陸軍部隊必須奪佔全國廣播總局和兩個本市電臺、電信局、總理府、政府各部和黨衛隊——祕密警察總部。戈培爾是唯一很少離開柏林的納粹顯要人物，必須首先逮捕他和黨衛隊軍官。在這時間裡，希特勒一死，他在臘斯登堡的大本營必須立刻同德國其他地方隔絕，不論是戈林、希姆萊、凱特爾或約德爾這些納粹將領，都無法接管政府或試圖糾集警察或軍隊來延續納粹政權。這項工作由長駐元首大本營的通訊處長費吉貝爾將軍負責。

只有到了這個時候，在政變發動後兩小時內完成了這一切事情之後，才能夠透過廣播、電話和電報，把先期擬好的公報發給其他城市的後備部隊指揮官以及在前線和佔領區指揮軍隊的最高階將領。公報內容是宣布希特勒已死，一個新的反納粹政府已在柏林成立。在二十四小時內，起義就應該結束——成功地結束，新政府鞏固地建立起來。否則，那些搖擺不定的將軍們就可能會反悔。戈林和希姆萊可能把他們爭取過去，那就會發生內戰。在這種情況下，前線就會潰退，而密謀分子希望防止的混亂和崩潰就將不可避免。

一切都在於密謀分子有沒有能力在希特勒被暗殺之後——這件事情將由史陶芬堡親自負責——以最快的速度和最大的努力，運用柏林市內和四周的後備部隊，爲他們的目的服務。這是一個困難的任務。

在一般的情況下，只有後備部隊總司令弗洛姆將軍，才能下令執行「華爾奇麗亞」。而他的態度如何，直到最後還是一個問號。一九四三年整整一年裡，密謀分子都在對他下工夫。他們最後的結論是，只有等到起事已經成功之後，這個謹慎的軍官才會全心投入。但他們對起事成功自以爲是有把握的，所以就瞞著他，動手起草了一系列以他名義發布的命令。如果他在關鍵時刻動搖，就用霍普納將軍代替弗洛姆。霍普納就是那個卓越的坦克部隊指揮官，在一九四一年莫斯科戰役之後被希特勒撤職，並且被禁止再著軍服。

柏林的另外一個重要將領也使密謀分子很傷腦筋。這是柯茨弗萊契（Joachim von Kortzfleisch）將軍。他是一個徹頭徹尾的納粹分子，指揮著包括柏林和布蘭登堡在內的第三軍區。密謀分子決定把他逮捕，由圖恩根（Karl von Thuengen）男爵將軍代替。柏林衛戍司令哈斯將軍已經參加了這個密謀，可以指望他領導衛戍部隊完成佔領柏林這個重要的第一步工作。

除了起草控制柏林的詳細計畫之外，史陶芬堡和崔斯考夫在戈德勒、貝克、維茨萊本等人的合作下，起草了給各軍區司令的命令，指示他們如何接管轄區的行政權、鎮壓黨衛隊、逮捕納粹首要分子和佔領集中營。此外，還寫好幾個動人的文告，準備在適當時機發給武裝部隊、德國人民、報界和電臺。這些文告有的由貝克以新國家元首的名義簽署，有的由維茨萊本陸軍元帥以武裝部隊總司令名義簽署，有的由戈德勒以新總理的名義簽署。這些命令和文告都在班德勒街陸軍總部由兩個參加密謀的勇敢婦女在深夜裡十分祕密地用打字機打出許多副本。這兩個婦女，一個是對密謀活動貢獻很大的崔斯考夫的夫人艾莉卡・馮・崔斯考夫（Erika von Tresckow），另一個是瑪格麗特・馮・奧文（Margarete von Oven），她是一個退休將軍的女兒，多年擔任前任陸軍總司令漢默斯汀（Kurt von Hammerstein）將軍和弗立契將軍忠實的祕書。這些文件準備好之後都藏在歐布里希特將軍的保險櫃裡。

這樣，計畫都安排好了。事實上，這些計畫在一九四三年底就已安排好了，但有好幾個月，並沒有採取什麼行動來實現這些計畫。然而形勢的發展卻不等待密謀分子。到一九四四年六月，他們意識到時間已經所餘無幾了。首先，祕密警察盯得很緊。參加密謀的人被逮捕，一星期比一星期多，其中有毛奇伯爵和克萊索集團成員，同時被處決的人也很多。密謀集團的核心分子貝克、戈德勒、哈塞爾、維茨萊本等，因爲希姆萊的祕密警察盯梢盯得太緊，連見面都越來越困難。這年春天，希姆萊曾警告已經下臺的卡納里斯說，他知道得很清楚，有些將軍們和他們的文職朋友正在圖謀反叛。他提到正在監視貝克和戈德勒。卡納里斯把這個警告轉達給歐布里希特[17]。

對密謀分子來說，軍事形勢也同樣有著不祥之兆。一般人都認爲，俄國人就要在東線發動一次全面反攻。羅馬在六月四日失守，雙手送給盟軍。在西線，英美登陸迫在眉睫。德國可能很快就要遭受軍事失敗——在還沒有來得及推翻納粹之前。也許是由於克萊索集團的思想影響，確實有越來越多的密謀分子，開始認爲還不如取消原定計畫，讓希特勒和納粹分子去負擔這場災難的責任。現在推翻他們，可能只是重演「背後中了暗箭」的神話，第一次世界大戰之後，「背後中了暗箭」的神話曾使許多德國人深信不疑。

英美的進攻：一九四四年六月六日

史陶芬堡本人並不相信西方盟國會在那年夏天嘗試登陸法國。從情報局轉到希姆萊的軍事情報局工作的格奧爾格．漢森（Georg Hansen）上校，曾經在五月初提醒過他，進攻可能在六月的任何一天發生。但是他還是不相信。

德國陸軍本身對於進犯的日期和地點也狐疑不定。在五月裡有十八天，不論氣候、海洋或潮汐都適於登陸，但德國人注意到，艾森豪將軍沒有利用這些有利條件。五月三十日，西線總司令倫德施泰特向希特勒報告，沒有跡象說明進犯已經「迫在眉睫」。六月四日，駐巴黎的空軍氣象站認爲，由於氣候惡劣，至少在半個月內盟軍不會採取行動。

這時，德國空軍已不能對英國南部海岸港口進行空中偵察，而艾森豪的軍隊就是在這一時刻在這裡大批登船。德國海軍也因爲海浪太大，撤回了在海峽中的巡邏船艇。因此隆美爾只能依靠他所得的少量情報和駐巴黎的空軍氣象站。他在六月五日早晨起草了一個形勢報告，向倫德施泰特報告說，進犯不會立刻發生，接著就乘汽車回到赫林根家裡，同家人一起過了夜，然後於第二天去貝希特斯加登，同希特勒會談。

隆美爾的參謀長斯派達爾將軍後來回憶道，六月五日是「平靜的一天」。看來隆美爾這麼優哉游哉地回德國去一趟，並不是什麼不應該做的事。雖然德國特工人員發回來的一些例行報告提到盟軍登陸的可能性。這一次說是在六月六日到十六日之間。但是自從四月份以來，這樣的報告已經有過上百份了，所以沒有人認眞地看待。六月六日，駐防諾曼第的第七軍團司令弗雷德里希・杜爾曼（Friedrich Dollmann）將軍竟下令暫時解除戒備狀態，召集高階將領在雷恩（Rennes）進行「圖上作業」，這裡離盟軍即將登陸的海灘南方約一百二十五英里。

德國人對英美進攻的日期既心中無數，對入侵的地點也完全蒙在鼓裡。倫德施泰特和隆美爾都肯定地認爲，進攻的地點將在海峽最狹處的加萊（Calais）地區。他們在這裡集中了最強的第十五軍團，它在春天裡已由原來的十個步兵師增加到十五個步兵師。但到三月底，希特勒的不可思議的直覺，使他感到進犯的主要地點可能在諾曼第。在以後幾個星期，他命令大量增援部隊開進塞納河和羅亞爾河（Loire）之間的地區。他不斷告誡他的將軍們：「注意諾曼第！」

但德軍實力的絕大部分，不論是步兵師還是裝甲師，仍然留在塞納河以北，在勒哈佛（Le Havre）和敦克爾克之間。倫德施泰特和他的將軍們首先注意的還是加萊海峽而不是諾曼第。在四五月間，英美最高司令部又在這裡舉行了一系列虛張聲勢的行動，使他們更加相信自己的估計是正確的。

六月五日這一天是在比較平靜的情況下度過的——就德國人方面來說是如此。英美的猛烈空襲，繼續破壞著德國的彈藥庫、雷達站、V－1飛彈發射場和交通運輸線，但這樣的空襲多少星期以來一直在日夜不停地進行，這一天看來也不比以往更加緊張。

夜色初降，倫德施泰特的總部接到報告說，BBC正在給法國反抗運動發出數量多得異乎尋常的密碼電訊，從瑟堡（Cherbourg）到勒哈佛的德國雷達站遭到了干擾。夜間十時，第十五軍團截獲到BBC發給法國反抗運動的一份密碼電訊，第十五軍團相信內容是告訴他們進攻即將開始。該軍團遂立即進入戒備狀態，但倫德施泰特卻認爲不必對第七軍團發出警報。而盟軍在此刻——快到午夜時分——正在向這個軍團防守的西端海岸（在開恩〔Caen〕和瑟堡之間），千船齊發，蜂擁而來。

直到六月六日凌晨一時十一分，第七軍團才意識到正在發生什麼事情。當時該軍團司令在雷恩參加「圖上作業」，還沒有回來。兩個美國空運師和一個英國空運師已開始在他的防地著陸。一時三十分發出了全面警報。

四十五分鐘之後，第七軍團參謀長馬克斯·貝姆賽爾（Max Pemsel）少將，用電話向隆美爾總部的斯派達爾將軍報告：這一次看來像是「大規模行動」。斯派達爾不相信，但把情況轉報給倫德施泰特，後者也同樣表示懷疑。這兩個將軍認爲，空降傘兵只不過是盟軍一種聲東擊西的手法，它的主要登陸地點仍是在加萊附近。他們在二時四十分告訴貝姆賽爾，倫德施泰特「並不認爲這是一次大規模行動」[18]。六月六日拂曉後不久，在諾曼第海岸的維爾河口（Vire）和奧恩河口（Orne）之間的地區，在一個龐大艦隊的猛烈炮火掩護下，大批盟軍部隊正從無數船艦上登岸。當這一消息傳到之後，這位德軍西線總司令仍然認爲，這不是盟軍的一次主要攻擊。斯派達爾後來說，直到六月六日下午，情況才算判明。到了這時，美軍已經在兩處海灘、英軍在一處海灘取得了立足點，並且向縱深推進了二到六英里。

斯派達爾在上午六時打電話到隆美爾的家中。這位陸軍元帥立刻取消了謁見希特勒的計畫，乘汽車從家裡動身。但直到下午，他才回到B集團軍司令部（由於盟軍在西線的空中優勢，希特勒禁止高階指揮官乘飛機旅行）。在這段時間裡，斯派達爾、倫德施泰特和他的參謀長布魯門特里特（Günther Blumentritt）將軍，都在用電話同當時在貝希特斯加登的最高統帥部聯繫。由於希特勒發布過一個愚蠢的命令，非經元首的特許，即使是西線的總司令也不能調用裝甲師。這三個將軍在六日清晨要求批准急調兩個坦克師到諾曼第去，約德爾答覆說，希特勒先要看一看形勢的發展。然後希特勒就上床了，儘管西線將領的告急電話響個不停，但沒人敢去打擾他。

當下午三時這個納粹統帥醒來時，已經傳到的壞消息使他立刻行動起來。他批准派遣裝甲教導師（Panzer Lehr）和黨衛隊第十二裝甲師到諾曼第去，但後來事實證明，這個命令已下得太遲了。他還發了一道著名的命令，這道命令一直保存在第七軍團的作戰日記裡，傳給了後代：

一九四四年六月六日十六時五十五分

西線指揮部參謀長強調，最高統帥部要求在六月六日傍晚前，消滅橋頭陣地的敵軍，因爲敵方部隊可能繼續由海空登陸進行支援……灘頭陣地必須至遲在今晚肅清。

希特勒幾個月來一直在說，德國的命運將在西線決定。現在，他想從上薩爾斯堡來指揮這場迄今爲止最有關鍵性的戰役。在陰涼的山間氣氛中，他把這個異想天開的命令當作是一件十分嚴肅的事情，還要約德爾和凱特爾副署這個命令。隆美爾在從德國回到總部一小時之後，於當天下午五時前不久用電話轉達這個命令時，他也用嚴肅的態度看待它。因爲他命令第七軍團總部派第二十一裝甲師、也就是這個地區唯一的德國裝甲部隊立即發動攻擊，「不管增援部隊已否到達」。

這個師早在隆美爾下令之前已經發動攻擊了。當隆美爾同第七軍團總部通話時，接電話的貝姆賽爾將軍，對希特勒要求「至遲在今晚肅清」盟軍灘頭陣地（現在已有了三處）的命令，直截了當地回答道：「這是不可能辦到的。」

希特勒大肆宣傳的「大西洋壁壘」在幾小時之內就被突破了。一度吹噓得不可一世的德國空軍已經完全從天空中被趕走了，德國海軍從海洋上被趕走了，德國陸軍也冷不防受到襲擊。戰事還遠沒有結束，但它的結局已經不再有什麼疑問。斯派達爾後來說：「從六月九日以後，主動權已落在盟軍手中了。」

倫德施泰特和隆美爾認爲，現在是當面把眞相告訴希特勒並且要求他承受一切後果的時候了。他們勸誘他在六月十七日到蘇瓦松（Soissons）北面的馬吉瓦爾（Margival）同他們開會。開會的地點是在一所建築堅固的地下碉堡裡。這座碉堡原來是準備在一九四〇年夏天進攻英國時作爲元首的大本營，但一直沒有使用。現在，過了四個夏天，這個納粹統帥第一次在這裡出現了。斯派達爾後來寫道：

他臉色蒼白而疲憊，神經質地弄著他的眼鏡和夾在手指裡的色鉛筆。他彎著腰坐在一隻凳子上，陸軍元帥們站著。他原來那種使人跟著走的魔力似乎消失了。他簡單地、冷冰冰地同大家打了個招呼，然後憤憤地大聲說，他對盟軍登陸成功十分氣惱，要戰地指揮官們對這件事情負責[19]。

但是，想到再一次遭到大敗的前景，將軍們的膽子壯了起來，至少隆美爾是這樣。在希特勒疾言厲色的責罵告一段落的時候，倫德施泰特讓隆美爾當主要發言人。當時在場的斯派達爾說：「隆美爾毫不容情地坦率指出……對盟軍空中、海上和陸上優勢，死拼硬鬥是沒有希望的。」[20]

在不到二個月之前，四月二十三日，隆美爾給約德爾將軍的信上曾說：「儘管敵人擁有空中優勢，如果我們能夠在最初幾小時內，在受威脅的海岸防區內，把我們大部分的機動部隊投入戰鬥，我相信敵人對海岸的攻擊在第一天就會徹底潰敗。」（哈特編：《隆美爾文件》〔Liddell Hart ed., *The Rommel Papers*〕頁四六八）。希特勒的嚴格命令使得裝甲師「在最初幾小時內」，甚至最初幾天內，不可能投入戰鬥。它們最後到達時又被分散使用，終告失敗。眞的，如果希特勒放棄他寸土不讓、驅敵下海的荒唐決定，那麼形勢也許不會那麼沒有希望。在倫德施泰特贊同下，隆美爾建議德軍撤至敵軍猛烈的海軍炮火射程之外，把裝甲部隊暫時撤出戰鬥，加以整編，留作以後發動攻擊之用。他認爲，「在敵人海軍炮火射程之外」進行一場戰鬥，可能把盟軍打敗。

但是最高統帥對任何撤退的建議都聽不進去。德國士兵必須堅持抵抗。他對後撤的問題顯然感到不愉快，於是很快就轉變了話題。斯派達爾說希特勒當時的表現可謂是「犬儒主義和虛假直覺的奇怪混合」，他竟對將軍們保證，新的V-1武器（嗡嗡飛彈）已在前一天第一次向倫敦發射，它「對大不列顛將起決定作用……使英國人願意議和」。當這兩個陸軍元帥要希特勒注意德國空軍在西線的慘敗時，元首反駁說，「成群的噴射戰鬥機」——當時盟軍還沒有噴射機，而德國已在生產——很快就會把英美飛行員趕出天空。他說，那時英國就要垮臺。談到這裡，盟軍飛機來了，他們只好暫時停止會議，躲到元首的地下碉堡裡。

進了鋼骨水泥的地下室之後，談話又繼續進行。會談從上午九時一直延續到下午四時，中間只在吃午飯時中斷了一下。斯派達爾追述說：「午飯只是一盤連飯帶菜的便餐。希特勒吃了滿滿一盤，吃之前先由別人嘗過。他的面前擺滿了各種藥片和藥水瓶子，他一樣一樣服下去。二個黨衛隊員站在他椅子背後，擔任警衛。」

這時，隆美爾堅持要談一談政治問題。斯派達爾說：

> 他預言，德軍在諾曼第的防線將要崩潰，盟軍突入德境是難以阻止的……他對俄國方面的防線能否守住也表示懷疑。他指出德國在政治上的完全孤立地位……他最後……竭力主張結束戰爭。

在隆美爾說話的時候，希特勒打斷了他好幾次，最後索性不讓他說下去：「你不用爲戰爭的未來發展操心，還是爲你自己受到進攻的防線操操心吧！」

不論在軍事方面還是政治方面，這二個陸軍元帥的意見都沒有得到什麼結果。約德爾將軍後來在紐倫堡回憶說：「希特勒對他們的警告根本不加注意。」最後，二位將軍請求這位最高統帥至少到隆美爾的B集團軍總部去一次，同幾個戰地指揮官談一談他們在諾曼第的作戰情況。希特勒勉強同意，日期定在二天之後，即六月十九日。

但結果他並沒有去。六月十七日下午，兩個陸軍元帥從馬吉瓦爾走後不久，一個向倫敦發射的

V–1飛彈，因機件失靈，轉過頭來，掉在元首地下碉堡上面。沒有人炸死，甚至連受傷的人都沒有，但是希特勒卻嚇壞了，他立刻動身向比較安全的地方轉移，馬不停蹄地一直奔進貝希特斯加登的山裡。

在那裡又接到更壞的消息。六月二十日，期待已久的俄軍攻勢在中路開始了。攻勢十分猛烈，希特勒最精銳的中央集團軍幾天之內被完全擊潰，防線被撕了一個很大的缺口，通往波蘭的道路被打開了。七月四日，俄國人越過了一九三九年波蘭東部邊境，向東普魯士推進。最高統帥部迅速調集所有可用的後備部隊，趕去保衛祖國本土，在第二次世界大戰中，這還是第一次。這使西線德軍更加陷於無可挽救的命運，因爲從現在起，他們不可能再指望得到任何爲數較大的增援部隊了。

六月二十九日，倫德施泰特和隆美爾再一次籲請希特勒面對東線和西線的現實，趁很大一部分德軍部隊還存在的時候，設法結束戰爭。這次會議是在上薩爾斯堡舉行的。在會上，最高統帥對兩個陸軍元帥冷若冰霜，乾脆地拒絕了他們的請求，然後就來了長篇大論的獨白，說他將用新的「奇蹟般的武器」贏得戰爭。斯派達爾後來說，希特勒的談話「越說越遠，越說越離奇，最後不知說到哪裡去了」。

兩天之後，克魯格陸軍元帥代替倫德施泰特任西線總司令。倫德施泰特會被撤職，可能是前一天晚上他對凱特爾直率說話的結果。後者打電話問他前線情況。那時，德軍四個黨衛隊裝甲師對英軍防線的全面進攻剛剛受挫，倫德施泰特心情很沉重。凱特爾大聲問他：「我們怎麼辦？」倫德施泰特接口說：「議和，你們這些蠢材，你還能有什麼別的辦法？」極大多數陸軍戰地指揮官都叫凱特爾爲「搬弄是非的馬屁精」，看來他馬上把這些話告訴希特勒了。這時，元首正在同克魯格談話，克魯格因翻車受傷，這幾個月請了病假，他立即受命代替倫德施泰特。納粹統帥就是這樣更動高級指揮官的。布魯門特里特將軍把這次電話的通話情形告訴了澳洲記者威爾莫特。詳見威爾莫特的著作《爭奪歐洲的鬥爭》（Chester Wilmot, *The Struggle for Europe*）頁三四七，以及哈特《德國將領談話錄》頁二〇五。七月十五日，隆美爾寫了一封長信給希特勒，用陸軍電傳打字機發出。他在信上寫道：「部隊正在各地英勇作戰，但是這場寡不敵眾的戰鬥即將結束。」他用親筆寫了一段附言：

我必須請求您毫不遲延地做出恰當的結論。我作為集團軍的司令官，感到有責任清楚地說明這一點[21]。

隆美爾當時對斯派達爾說：「我已經給了他最後的機會。如果他不利用這個機會，我們就要行動。」[22]

兩天之後，七月十七日下午，隆美爾在從諾曼第前線返回總部途中，他的軍官轎車受到低飛的盟軍戰鬥機掃射，他身受重傷，當初以為活不過當天。這對密謀分子是個不幸，因為隆美爾這時已經義無反顧地下定決心，要在以後幾天裡，盡他的力量推翻希特勒對德國的統治，儘管他仍然反對暗殺希特勒[23]。斯派達爾說他敢保證隆美爾確已下了決心。事實證明，陸軍軍官中間極其缺少隆美爾的魄力和勇氣。而這些陸軍軍官，當東西兩線德軍在一九四四年七月都告崩潰的時候，才終於要想打倒希特勒和國社黨。

斯派達爾說，密謀分子「痛感自己失去了力量的支柱」。

恩斯特・榮格爾（Ernst Jünger）的作品曾在納粹德國風行一時，但他最後轉變了，而且參加了巴黎的密謀集團[24]。斯派達爾引述這個作家的話說：「七月十七日隆美爾在利伐羅（Livarot）路上倒下，使我們失掉了一個重要的人，他是唯一有足夠力量能同時承擔內外戰爭巨大重擔的人。」（斯派達爾：《一九四四年的入侵》〔*Invasion 1944*〕頁一一九）。

最後關頭的密謀活動

盟軍在諾曼第登陸成功，使柏林的密謀分子陷於極大的混亂。如前所述，史陶芬堡並不認爲盟軍會在一九四四年登陸，即使登陸，成敗的可能性也各居一半。他似乎希望登陸失敗，因爲美英政府在受到這樣一次流血犧牲、代價重大的挫折之後，會更願意在西線同他的反納粹新政府議和，在這種情況下他的政府就可以取得更好的議和條件。

形勢顯示進攻已經成功，德國已經遭受又一次決定性的失敗，在東線也有即將遭受一次新的失敗之勢。這個時候，史陶芬堡、貝克和戈德勒就開始考慮繼續執行他們的計畫還有沒有用處。如果他們成功，只會讓他們受到譴責，人們會說是他們促成最後的災難。雖然他們明白這種災難現在已經不可避免，但德國人民還沒有認識到這一點。貝克的最後結論是，雖然反納粹起義成功不能使德國免遭敵人的佔領，但至少可使戰事結束，使祖國不再流血和受到摧毀。現在議和還可以防止俄國人打進德國，避免德國布爾什維克化。議和還可以向全世界表明，除了納粹德國以外，還有「另一個德國」。而且——誰知道呢？——說不定西方盟國對被征服的德國不會太過分苛刻，儘管它們已提出了無條件投降的條款。戈德勒同意這種看法，他對西方民主國家甚至還寄予更大的希望。他說，他知道邱吉爾多麼害怕「俄國的全面勝利」所帶來的危險。

以史陶芬堡爲首的年輕人卻沒有完全被說服。他們去徵求崔斯考夫的意見。後者現在是駐防在崩潰中的俄國戰線上的第二軍團參謀長。他的答覆使得那些躊躇不決的密謀分子重新走上正軌：

> 必須不惜任何代價進行刺殺任務。即使失敗，也必須在首都攫奪權力。我們必須向全世界和我們的後代證明，德國反抗運動的成員敢於走出決定性的一步，而且不惜爲此冒生命的危險。同這個目標相比，其他任何事情都是無足輕重的[25]。

這個啓發性的答覆使問題得到了解決，使史陶芬堡和他的青年朋友們的精神重新振作起來，懷疑也冰釋了。俄國、法國和義大利戰線的崩潰迫在眉睫，促使密謀分子立即行動。促使他們加緊執行計畫的，還有另一個事件。

從一開始，貝克—戈德勒—哈塞爾集團就拒絕同共產黨地下組織發生任何關係，後者對前者也是如此。在共產黨看來，密謀分子的反動性質不下於納粹分子，如果他們獲得成功，國社黨德國雖然被推翻了，他們卻會阻止一個共產黨德國的出現。貝克和他的朋友們很明白這條共產黨路線。他們也知道，共產黨的地下活動由莫斯科指揮，它的主要作用是爲俄國人提供情報。他們還知道，共產黨的地下組織中混進了不少祕密警察的特務。祕密警察頭子海因里希·繆勒把這種特務分子稱作「V人」。繆勒本人是蘇聯內務人民委員會（Narodny Komissariat Vnutrennikh Del, 簡稱NKVD）的仿效者和崇拜者。

一九四二年的「紅色交響樂團」（Rote Kapelle）事件讓許多德國共黨同情者曝光。當時情報局發現大批位居重要崗位的德國人，其中許多人出身於名門世家，參加了爲俄國人服務的一個大規模情報網。有一段時間，他們透過設在德國本土和西歐佔領區的約一百座祕密電臺，把情報發給莫斯科。

這個「紅色交響樂團」的領袖是海軍元帥提爾皮茨（Alfred von Tirpitz）的外孫哈羅德·舒爾茲─波森（Harold Schulze-Boysen）。他是第一次世界大戰後「迷失的一代」中一個不同凡俗的領袖，當年在柏林爲人所熟悉的波希米亞式人物。他黑色的運動衫、又濃又密的一頭金髮以及對革命詩歌和政治的熱情，引起了人們的注意。雖然他認爲自己是左翼分子，但他對當時的納粹主義和共產主義都表示反對。戰爭爆發時，他透過母親的關係，在空軍裡當一名中尉，鑽進了戈林的「研究所」，前面敘述德奧合併時說過，這個機構的職責是竊聽電話。他很快地就組織起一個爲莫斯科服務的巨大情報組織，在柏林各部和各軍事機關都有可靠的同夥。在他的同夥中有著名神學家的侄子阿爾維德·哈爾納克（Arvid Harnack）。哈爾納克在經濟部工作，是個年輕有爲的經濟學家，妻子是他在威斯康辛大學結識的美國女孩米德麗·費許（Mildred Fish）；還有外交部的弗朗茲·施里哈（Franz Scheliha）；宣傳部的霍爾斯特·海爾曼（Horst Heilmann）；勞工部的艾莉卡·馮·柏洛克道夫（Erika von Brockdorff）伯爵夫人。

兩個在德國跳傘降落的蘇聯特務在被捕之後，供出了「紅色交響樂隊」，接著就發生了大規模的逮捕。在被控犯叛國罪的七十五名領導人中，五十人被判死刑，包括舒爾茲─波森和哈爾納克。哈爾納克夫人和柏洛克道夫伯爵夫人被判有期徒刑，但希特勒堅持要處死刑，因此也被殺害。爲了儆戒那些可能叛國的人，元首命令以絞刑處決死刑犯。但是柏林沒有絞架，那裡傳統的處死辦法是用斧頭砍。因此，就在犧牲者的頸上套好繩索，繩頭結在一個從屠宰場借來的賣肉鉤子上，然後慢慢地吊起來，就這樣把人勒死。從此以後，對於膽敢對元首大不敬的人，就用這種辦法絞死，作爲一種特殊的酷刑。

六月間，密謀分子違背戈德勒和一批老人的勸告，決定同共產黨人接觸。這是出於社會民主黨方面，特別是阿道夫·萊希維恩（Adolf Reichwein）的建議。萊希維恩是社會民主黨的哲學家，以當時的社團運動「候鳥」（Wandervodel）著稱，現任柏林民俗博物館館長。他同共產黨人保持著曖昧的關係。雖然史陶芬堡本人對共產黨人是懷疑的，他的社會民主黨朋友萊希維恩和尤利烏斯·萊伯說服了他。他們說，同共產黨人保持某些聯繫現在是必要的，因爲這樣可以瞭解他們在幹些什麼以及如果政變成功，他們打算怎麼辦，而且還可以在最後時刻，如果可能的話，利用他們來擴大反納粹反抗運動的基礎。史陶芬堡勉強同意萊伯和萊希維恩在六月二十二日同共產黨的地下領袖們會見。但他警告他們，儘量少告訴共產黨人有關的情況。

會見在東柏林舉行。萊伯和萊希維恩代表社會民主黨人，名叫弗朗茲·雅可布（Franz Jacob）和安東·沙夫科夫（Anton Saefkow）的兩個人，自稱是——也可能確實是——共產黨地下組織的領袖。他們還有另一個同志做伴，他們介紹這個人名叫「蘭博」（Rambow）。這些共產黨人對反對希特勒的密謀看來知道不少內情，他們還想進一步的瞭解。他們要求在七月四日同密謀集團的軍事方面負責人會見。史陶芬堡拒絕了這個要求，但授權萊希維恩代表他在那一天同他們繼續會談。萊希維恩一到那裡，就同雅可布、沙夫科夫一起被捕了。原來「蘭博」是祕密警察的密探。第二天，萊伯也被捕了，而史陶芬堡原來是指望他在新政府裡成爲主要的政治力量。所有這四個人——萊伯、萊希維恩、雅可布和沙夫科夫，都被處決。

萊伯被捕使史陶芬堡大受打擊，因爲他同萊伯已經建立了親密的私人友誼，並且認爲萊伯是擬議中的新政府所不可缺少的人物。不僅如此，他立刻想到，現在希姆萊的部下已經緊緊跟蹤，整個密謀組織已有隨時敗露的危險。他認爲，萊伯和萊希維恩是勇敢的人，可以期望他們即使在酷刑之下也不吐露任何機密。但他們到底能不能這樣？有些密謀分子覺得並不能完全肯定。即使是最勇敢的人，當他們的身體被難以忍受的痛苦折磨的時候，他們能夠保持沉默的時間也許是有限度。萊伯和萊希維恩被捕是促使密謀分子立即採取行動的又一個動力。

一九四四年七月二十日的政變

快到六月底時，密謀分子交上了一個好運。史陶芬堡被提升爲上校，而且被任命爲後備部隊總司令弗洛姆將軍的參謀長。這個職位不但使他可以用弗洛姆的名義對後備部隊發布命令，而且使他可以直接和經常地見到希特勒。事實也確是如此，元首每星期總有兩三次要召令後備部隊司令或其代表到大本營去，要給在俄國傷亡慘重的師團補充兵員。史陶芬堡想在一次這樣的會議上放置炸彈。

史陶芬堡現在成了密謀集團的中心人物。成功的唯一希望完全在他身上。在密謀分子中，只有他能夠進入警衛森嚴的元首大本營，因此殺掉希特勒非他莫屬。由於弗洛姆還沒有完全爭取過來，不能肯定算數，所以在搞掉希特勒之後，指揮軍隊佔領柏林，也是他作爲後備部隊參謀長的任務。他要在同一天裡，在相距兩三百英里的兩個地方——元首在上薩爾斯堡或臘斯登堡的大本營和柏林——實現這兩個目標。在第一個和第二個行動之間，他還必須花兩三個小時，乘飛機回首都，而他在飛機上的這段時間裡，什麼也不能做，只能指望他在柏林的同夥已經放手執行了他的預定計畫。我們在下面就會看到，這是困難之一。

還有其他的困難。其中之一是一種幾乎是完全不必要的考慮，但是在那些現在已決心豁出去的密謀分子心裡卻產生了這種考慮。他們得出了這樣的結論，即僅僅把希特勒殺掉是不夠的。他們必須同時殺掉戈林和希姆萊，以保證這兩個人所掌握的兵力，不會用來反對他們。他們還認爲，如果把希特勒這兩個主要的助手搞掉，那些還沒有爭取過來的前線高階將領會更快地響應他們。由於戈林和希姆萊常常在元首大本營參加每日軍事會議，密謀分子覺得用一顆炸彈同時幹掉這三個人，也許並不是太困難。這一愚蠢的決定，使史陶芬堡喪失了兩個寶貴的機會。

七月十一日，他奉召到上薩爾斯堡去向元首報告前線急需補充兵員。他在到貝希特斯加登的飛機上，帶了一顆情報局的英製炸彈。密謀分子前一天晚上在柏林舉行的會議上，決定趁這個機會殺掉希特勒——還有戈林和希姆萊。但希姆萊那天沒有出席會議。史陶芬堡抽出一會兒功夫，從會場出來，打電話給柏林的歐布里希特，告訴他這個情況，並強調說，他還是能把希特勒和戈林幹掉。但是這位歐布里希特將軍卻力勸他還是改日連希姆萊一起幹掉。那天晚上，史陶芬堡回到柏林，碰到貝克和歐布里希特，堅決主張下一次他一定要下手搞掉希特勒，不管戈林和希姆萊在場與否。貝克和歐布里希特都同意了。

下一次的機會很快就來了。七月十四日，史陶芬堡奉命在第二天向希特勒報告補充兵員的情況，因爲俄國戰線上的中央集團軍在喪失了二十七個師之後，已經不能成爲一支作戰力量了，所以必須徵調每一個能夠徵調的新兵去塡充俄國戰線上的缺口。那一天——十四日——希特勒已經把他的大本營遷回臘斯登堡的「狼穴」，親自負責恢復中路戰線的陣地。在中路戰線，紅軍已經到達離東普魯士只有六十英里的地方了。

七月十五日早晨，史陶芬堡上校再度乘飛機到元首總部去。皮包裡裝著一顆炸彈。這一次，密謀分子認爲已有十分把握會成功，所以一致同意第一個「華爾奇麗亞」信號——通知軍隊開始向柏林進軍，坦克部隊開始從克拉姆普尼茨（Krampnitz）裝甲學校馳向首都——應在希特勒會議開始（預定下午一時）之前二小時發出。接管工作不得有絲毫延誤（究竟史陶芬堡是去臘斯登堡還是上薩爾斯堡，歷史家的說法不一。在這方面最有權威的兩位德國學者艾伯哈德·齊勒〔Eberhard Zeller〕和格哈德·里特〔Gerhard Ritter〕教授的敘述是矛盾的。齊勒認爲希特勒仍在貝希特斯加登，但里特認爲這是錯誤的，元首已經回到臘斯登堡了。不幸的是，筆者在以上各章中賴以作爲主要依據的希特勒行事曆，在繳獲時已殘缺不全，沒有這一時期的記載。但最好的材料，包括七月二十二日元首大本營關於史陶芬堡動態的報告，都確切地指明，七月十五日希特勒是在臘斯登堡，史陶芬堡正是在那裡計畫謀害他。當時柏林被炸得很厲害，希特勒難得出現在那裡。他常在臘斯登堡或貝希特斯加登指揮戰事。這兩個地方同柏林的距離都差不多遠，但貝希特斯加登位置更適中一些，而且靠近慕尼黑。慕尼黑的陸軍衛戍部隊據信是忠於貝克的，所以貝希特斯加登對密謀分子來說，在某些方面比臘斯登堡有利一些）。

七月十五日星期六上午十一時，歐布里希特將軍對柏林發出「華爾奇麗亞」一號指示。中午以前，軍隊就向首都中心移動，奉命佔領威廉街。下午一時，史陶芬堡挾著皮包，來到元首的會議室，報告關於兵員補充的問題，然後離開會議室，去同柏林的歐布里希特將軍通電話，用事先準備好的密語告訴後者說希特勒在場，他打算回到會場，讓炸彈爆炸。歐布里希特通知他，柏林的軍隊已在移動。這件偉大事業的成功終於似乎就要到手了。但是，當史陶芬堡回到會議室的時候，希特勒已經走了，而且沒有再回來。悶悶不樂的史陶芬堡趕快再打電話，告訴歐布里希特這一新的情況。這位將軍馬上撤銷了「華爾奇麗亞」信號，命令軍隊進快地、盡可能不引人注意地回到軍營。

還有一個失敗的消息也沉重地打擊了密謀分子。史陶芬堡回到柏林之後，他們集會商討下一步怎麼辦。戈德勒主張採取所謂「西方解決辦法」。他向貝克建議，他們兩人飛到巴黎去，同克魯格陸軍元帥計議在西線停戰，由西方盟國同意不再推進到德法邊界線以東，這樣就可以把西線的德軍騰出來而開到東線去，使德國免於淪入俄國人和布爾什維克主義之手。貝克的腦筋比較清醒。他知道，如果有人還認為現在能同西方單獨媾和，那人一定是白日做夢。貝克的意見是，即使從挽救德國的榮譽考慮，殺害希特勒和推翻納粹主義的計畫，也必須不計一切代價地實行。史陶芬堡表示同意。他發誓說，下一次他絕不會失敗。歐布里希特將軍因為把軍隊調進柏林，受到了凱特爾的責備，所以表示他不能再幹這樣冒險的事情，這樣做會使整個密謀暴露。在凱特爾和弗洛姆面前，他好不容易才把上次的事情勉強搪塞過去，說「這是一次演習」。在確切知道希特勒已死的消息之前，再也不敢下令調動軍隊，這種心理，將在下一個關鍵性的星期四造成災難性的後果。

七月十六日星期天晚上，史陶芬堡邀請了一些知友和親戚到他在汪西湖的家裡去。其中有他的弟弟伯特霍爾特（Berthold von Stauffenberg），一個不大說話的、內向的、有學者風度的年輕人，在海軍總司令部任國際法顧問。有凱撒·馮·霍法克（Caesar von Hofacker）中校，他是史陶芬堡的表兄弟，密謀集團同西線將領的聯繫人。有弗里茨·馮·德·舒倫堡（Fritz von der Schulenberg）伯爵，他是一個前納粹分子，現在仍任柏林警察局副局長。還有特羅特·佐·索爾茲。霍法克剛從西線回來，他曾在那裡同福肯豪森、史圖爾普納格、斯派達爾、隆美爾和克魯格等許多將領進行過商談。他報告說，德國在西線馬上就要完全崩潰，但更重要的是，隆美爾雖然仍舊反對殺害希特勒，但是不管克魯格跳向哪一邊，他將支持密謀集團。經過了長時間討論之後，這些青年密謀分子一致同意，結束希特勒的生命現在是唯一的出路。他們現在已經沒有這樣的幻想，即認為他們孤注一擲的行動會使德國免於無條件投降。他們甚至於一致認為，德國不但要向西方民主國家也要向俄國人無條件投降。他們表示，重要的是，讓德國人自己而不是外國征服者把德國從希特勒的暴政下解放出來[26]。

　　但是他們已經太晚了。納粹暴政已經存在了十一年，到了德國在自己發動的戰爭中敗局已定的形勢下，他們才開始採取行動。而在這以前，他們並沒有用實際行動來反對發動戰爭，在許多情況下，也根本沒有表示反對。不過，晚行動總比不行動好。無論如何，他們的時間已經不多了。前線的將領告訴他們，在東線和西線的崩潰可能只是幾星期裡的事情。

　　對密謀分子來說，行動時間看來只有很少幾天了。七月十五日那次過早地往柏林調兵已經引起了最高統帥部的懷疑。在這一天，密謀集團在西線的領袖之一福肯豪森將軍突然被免去比利時和法國北部地區軍事總督的職務。他們擔心，一定有人出賣了他們。七月十七日，他們聽說隆美爾受傷甚重，他們便不能再把他考慮在計畫內了。第二天，戈德勒在警察總部的朋友傳消息給他，希姆萊已經下命逮捕他。雖然戈德勒不同意躲藏，由於史陶芬堡的堅持，也只得躲藏起來。同一天，史陶芬堡一個在海軍中工作的朋友、也是極少幾個參加密謀集團的海軍軍官之一阿爾弗雷德・克朗茲菲爾德（Alfred Kranzfelder）上校告訴他，柏林流傳著謠言，說是元首的大本營將在以後幾天內被炸毀。這再一次使人感到，密謀集團中一定有人洩露了風聲。一切都顯示出，祕密警察正在向密謀集團的核心逼進。

七月十九日下午，史陶芬堡再度奉召去臘斯登堡，向希特勒報告編組新部隊「人民步兵師」（Volksgrenadier）的進展情況。後備單位正在加緊地訓練這些師，以便投入正在瓦解的東線。他要在第二天即七月二十日的下午一時，在元首大本營舉行的第一次每日會議上提出報告。陸軍總司令部作戰處長阿道夫・豪辛格（Adolf Heusinger）將軍敘述道，七月十九日，烏克蘭戰線傳來的壞消息，他詢問最高統帥部，有沒有任何正在波蘭訓練的部隊，可以投入東線作戰。凱特爾建議，第二天把史陶芬堡召來和他們商量（豪辛格：《互相矛盾的命令》〔*Befehl im Widerstreit*〕頁三五〇）。

史陶芬堡通知住在柏林遠郊的維茨萊本陸軍元帥和霍普納將軍，必須及時進城。貝克將軍做了最後的準備工作，以便在史陶芬堡進行暗殺工作後飛回柏林前負責指揮政變。柏林城內和四周駐軍的重要軍官都接到了通知，七月二十日就是「那個日子」。

史陶芬堡在班德勒街起草給希特勒的報告，直到黃昏時分。八時稍過，他離開辦公室回到在汪西湖的家中。在回家途中，他在達倫姆（Dahlem）的一個天主教堂做了禱告（菲茲吉朋〔Constantine FitzGibbon〕說：「據信他先前已懺悔過這次行爲，但當然不能得到赦免。」史陶芬堡曾告訴柏林的普雷辛〔Konrad von Preysing〕樞機主教他想做什麼。主教回答說，他尊敬這位青年人的動機，覺得沒有理由用宗教的立場去約束他。見菲茲吉朋的著作《七月二十日》〔*20 July*〕頁一五〇、一五二）。他平靜地在家中同他的弟弟伯特霍爾特一起度過了這個晚上，很早就休息了。每個在那天下午和晚上見過他的人都回憶道，他的態度和藹可親，心情平靜鎮定，看不出有什麼不尋常的事情就要發生。

一九四四年七月二十日

一九四四年七月二十日早晨，陽光燦爛，天氣很熱。六點剛過，史陶芬堡上校由他的副官瓦爾納·馮·哈夫登（Werner von Haeften）中尉陪同，驅車經過柏林城裡一排排被炸毀了的房屋，到倫格斯道夫（Rangsdorf）機場去。在他那鼓鼓的皮包裡，裝著有關「人民步兵師」的文件。他將根據這些文件於下午一時在東普魯士臘斯登堡的「狼穴」向希特勒做報告。在這些文件中間，用一件襯衣裹著一顆定時炸彈。

這顆炸彈，同去年崔斯考夫和施拉布倫道夫放在元首飛機裡、後來沒有爆炸的那一顆是完全一樣的。如前所述，這種英國製造的炸彈其爆發裝置是這樣的：先打破一個玻璃管，讓裡面的藥水流出來，把一根細的金屬線腐蝕掉，於是撞針就彈出來，擊發雷管。金屬線的粗細決定從發動到爆炸所需時間長短。這天早上，炸彈裡裝的是最細的線，腐蝕掉它最多只要十分鐘。

在機場上，史陶芬堡碰到了昨天晚上給他炸彈的斯蒂夫將軍。他們在機場上找到一架等候他們的飛機。這是陸軍第一後勤官、密謀集團首腦分子之一愛德華·華格納將軍的私人座機。他特意安排好讓他們使用這架飛機來擔任這次極其重要的飛行。七點鐘，飛機起飛，十點剛過就到了臘斯登堡。哈夫登囑咐駕駛員在過了中午十二點鐘之後，準備好隨時起飛回去。

一輛軍官轎車把他們從機場載往狼穴大本營。它位於東普魯士一處陰暗、潮濕、林木茂密的地方。這地方要進去頗不容易，而且正如史陶芬堡曾經注意到的那樣，要出來也是不容易。它的建築分成內外三層，每層都有地雷區、碉堡和通電的帶刺鐵絲網，日夜不停地由忠心的黨衛隊士兵巡邏。要進入防衛森嚴的希特勒起居和工作的內院，即使是最高級的將領，也必須持有限用一次的特別通行證，並且要由黨衛隊大隊長拉登休伯（Johann Rattenhuber，希姆萊手下負責保安的頭子兼黨衛隊隊長）或他的副手之一親自查驗。但是由於史陶芬堡是希特勒本人要召見的，他和哈夫登雖然被擋下來查驗通行證，沒有什麼困難就通過了三道檢查哨。史陶芬堡同大本營營地司令的副官莫倫道夫（von Moellendorf）上尉共進早餐之後，就找到了最高統帥部通訊處長費吉貝爾將軍。

費吉貝爾是密謀集團中的關鍵人物之一。史陶芬堡同他約妥，他隨時準備好把爆炸的消息立即傳給柏林的密謀分子，以便他們立即開始行動。費吉貝爾然後就切斷所有電話、電報和無線電通訊，使元首大本營同外界隔絕。要做這些工作，再沒有人比最高統帥部通訊網主管處在更有利的位置了，所以密謀分子都覺得十分幸運能把他爭取了過來。整個密謀計畫的成功，沒有他就不行。

訪晤了陸軍駐最高統帥部代表布爾（Walther Buhle）將軍、討論了後備部隊的事情之後，史陶芬堡走到凱特爾的辦公處，把他的帽子和皮帶放在會客室，就走進這位最高統帥部長官的辦公室。在那裡，他發現他必須比原定計畫更急速地行動才行。現在是中午十二點剛過。凱特爾告訴他，因爲墨索里尼要在下午二點半坐火車到達，元首的第一次每日會報從下午一點提前到十二點半舉行。凱特爾叮囑他，必須報告得簡短一些。希特勒要求會議盡快結束。

在炸彈爆炸之前就結束嗎？史陶芬堡心裡一定感到納悶：這可能是他最後一次的嘗試，命運是否將再一次把成功從他手上奪去。他原來顯然還希望，這次會議會在元首的地下碉堡舉行，在那裡炸彈的爆炸力將會比在地面建築中增加幾倍效力。但是凱特爾告訴他，會議將在會議室舉行。許多歷史研究者都說，希特勒在臘斯登堡的每日軍事會報，一般是在地下室舉行，七月二十日開會時因爲地下室正在修理，而且天氣又熱又潮濕，所以搬到地上的屋子裡舉行。亞倫・布洛克說：「這次突然改換地點救了希特勒的命。」（《希特勒》〔Alan Bullock, *Hitler*〕頁六八一）。筆者懷疑這次改換地點並非突然。根據筆者掌握的材料，每日會報經常在會議室舉行，只有在空襲的時候，才移到地下室去舉行。而且，在這炎熱的日子，在地下室比在地面房屋裡還更涼快一些（齊勒：《自由魂》〔Eberhard Zeller, *Geist der Freiheit*〕頁三六〇注四）。這個會議室遠不是像一般所說的那樣是一間簡陋的木造小屋。在上一年冬天，希特勒已下令在這木頭結構房屋的四周築起了十八英寸厚的鋼骨水泥牆，以防止起火和防禦可能落在近處的炸彈碎片。這些厚實的牆壁將會增加史陶芬堡炸彈的威力。

他必須馬上就發動炸彈內的裝置。他把準備向希特勒報告的內容先對凱特爾簡述了一下。快說完的時候，他注意到這位最高統帥部長官在不耐煩地看錶。離十二點半還有幾分鐘，凱特爾說，他們必須馬上去開會了，否則就會遲到。他們走出屋子沒有幾步，史陶芬堡說他把帽子和皮帶忘在會客室了，乘凱特爾還來不及要他的副官（一個名叫約翰的中尉，這時正和他們在一起走著）替他去取，就馬上轉身跑回去。

在會客室裡，史陶芬堡很快地打開皮包，用他僅有的三個指頭拿住鑷子，打破玻璃管。除非再發生機械故障，這類炸彈在十分鐘之內就要爆炸。

慣於媚上欺下的凱特爾爲這一耽誤很生氣。他轉身回到房子外面，叫史陶芬堡快一點。他喊道：

「我們要遲到了！」史陶芬堡爲這一耽誤表示歉意。凱特爾也知道像上校這樣肢體傷殘的人束起皮帶來會比別人要慢一點。當他們走向希特勒的小屋時，史陶芬堡看來心情很好，凱特爾那點小小的不快也消散了。他還沒有絲毫起疑心的跡象。

但是，正如凱特爾所擔心的，他們遲到了。會議已經開始，當凱特爾和史陶芬堡進屋的時候，史陶芬堡在前廳停了一下，對管電話總機的上士說，他在等候柏林辦公室打給他的緊急電話，以便得知最新資料來補充他的報告（這是說給凱特爾聽的），電話一來立刻去叫他。這也不大尋常，因爲凡是希特勒在場的時候，除非希特勒親自下令某人離開、或希特勒在會議後率先離席，不然誰都不敢隨便走開，即使是陸軍元帥也一樣。但這也沒有引起凱特爾的懷疑。

他們二人走進了會議室。從史陶芬堡把手伸進皮包、拿鑷子夾破玻璃管之後，已經過去四分鐘了。還有六分鐘。房間很小，大約三十英尺長、十五英尺寬，十扇窗戶都敞開著，因爲天氣悶熱，這樣可以有點風吹進來。這麼多的窗戶開著，當然會減少任何炸彈爆炸的效力。房間正中，有一隻長方形桌子，十八英尺長，五英尺寬，用很厚的橡木板製成。這個桌子的構造很特別，它沒有桌腳，而是在桌子的兩頭用兩塊與桌面同寬的厚重底座撐起桌面。這個有趣的構造將改變往後的歷史。

當史陶芬堡進去的時候，希特勒正坐在靠近桌子長邊的中央處，背對著門。他右手邊是陸軍副參謀總長兼作戰處長豪辛格將軍、空軍參謀總長科爾登（Günther Korten）將軍和豪辛格的參謀長海因茲．布蘭特上校。凱特爾馬上站到元首的左邊，他的旁邊是約德爾將軍。還有三軍和黨衛隊的其他十八個軍官站在桌子四周，但戈林和希姆萊沒有在場。只有希特勒和兩個速記員坐著。希特勒在弄著他的放大鏡。地圖攤開在他面前，他現在得用放大鏡才看得清楚上面印的細線條。

豪辛格正在進行的報告十分令人沮喪。他談到俄國中路戰線被突破的最新情況，中路、北路和南路戰線上的德軍將因此陷入危險處境。這時凱特爾插話，報告史陶芬堡已經到場，並簡述他今天來的任務。希特勒對這個只有一條肩膀、一隻眼還蒙上罩子的上校看了一眼，冷淡地打了個招呼，接著說他聽完豪辛格的報告後，再讓史陶芬堡發言。

史陶芬堡於是站到桌子旁邊、在科爾登和布蘭特的中間，離希特勒右邊約幾英尺遠。他把皮包放在地上，把它推到桌子下面，讓它靠著那個堅實橡木底座的裡面一邊。它離希特勒的腿約六英尺遠。時間現在是十二點三十七分。還有五分鐘。豪辛格繼續講，不時指著攤在桌上的作戰形勢地圖。希特勒和軍官們俯身在地圖上仔細地看著。

沒有人注意到史陶芬堡這時已偷偷溜了出去，也許除了布蘭特上校之外。這位軍官正在全神貫注地聽他的將軍講話。他俯身到桌子上去，想更清楚地看一看地圖，發現史陶芬堡那只鼓鼓囊囊的皮包礙事，先用腳想踢到旁邊去，最後還是用手把它拾起來放到那個厚厚底座的靠外一邊。這樣一來，在炸彈和希特勒之間就隔著這個厚厚的底座了。據那時在場的庫特．阿斯曼（Kurt Assmann）海軍少將向盟軍審訊人員描述，史陶芬堡曾小聲對布蘭特說：「我要去打電話。留神我的皮包，那裡面有機密文件。」也許就是這個看來無足輕重的舉動救了元首的命，而送了布蘭特的命。這是難以解釋的命運在作怪。讀者當還記得，一九四三年三月十三日晚上，當他要搭希特勒的飛機從斯摩棱斯克回臘斯登堡時，崔斯考夫騙他，託他帶兩瓶「白蘭地酒」。他當時絲毫沒有懷疑這兩瓶酒實際上是一顆炸彈。現在他隨手在桌子底下挪開的炸彈（還挪得離最高統帥遠一些），也有著同樣的裝置。它的化學藥水此時已經快要蝕盡拉住撞針的金屬線了。

召見史陶芬堡這件事情是由最高統帥部長官凱特爾負責。他沿著桌子往這位上校原先站的地方看去，因爲豪辛格黯淡的會報快講完了，他要暗示史陶芬堡，準備好接下去會報。也許史陶芬堡還要別人幫忙把文件從皮包裡拿出來。但使他十分生氣的是，年輕的上校並不在那裡。凱特爾想起史陶芬堡在進來的時候對電話接線員說過的話。就悄悄地退出房間，打算去把這個行動唐突的青年軍官找回來。

史陶芬堡並不是在打電話。管總機的上士說，他匆匆忙忙地走出大樓去了。凱特爾無可奈何地回到會議室。豪辛格正在結束他的會報，說到當天的不利形勢。他正在說：「俄國人正以強大兵力在杜那河（Düna）西面向北推進。他們的前鋒已到杜那堡（Dünaburg）西南。如果我們在貝帕斯湖（Petpus）周圍的集團軍不立即撤退，一場災禍……」27

這句話永遠沒有說完。

就在這一瞬間——中午十二點四十二分，炸彈爆炸了。

史陶芬堡看到了當時發生的情況。他正和費吉貝爾將軍站在第八十八號地下室的辦公室前面，離會議室有二百碼遠。他焦急地先看看手上的錶，時間一秒秒過去，然後抬頭看會議室。他看到會議室在轟然一聲中煙火大作。他後來說，當時的情景像是會議室中了一個一百五十五毫米的炮彈。人體從窗戶裡被拋出來，碎片飛到空中。在史陶芬堡興奮的心裡，以爲毫無疑問，會議室裡每一個人都已經被炸死或者命在旦夕了。他匆忙地同費吉貝爾告別。現在暗殺已經成功，費吉貝爾要立即通知柏林的密謀分子，然後切斷通訊線路，直到首都的密謀分子接管了柏林，並且宣布新政府的成立。許多歷史研究者說，費吉貝爾將軍應該在這時把通訊中心炸毀。他沒有能這樣做，因而給密謀集團帶來了災難性的後果。惠勒—班奈特寫道：「費吉貝爾將軍可悲地未能完成他的任務。」（《權力的報應》，頁六四三）。由於各種通訊中心分別設置在幾處地下室裡，由黨衛隊嚴密戒備，史陶芬堡要求把它們炸毀是十分不可能的——這是費吉貝爾不可能完成的任務。他答應在他把爆炸的消息發給柏林之後，把大本營同外界的聯絡切斷兩三小時。這一點他是做到了，除了有一兩個難免的疏忽。

史陶芬堡的下一個任務是安全而迅速地走出臘斯登堡大本營。檢查哨的衛兵已經看到或者聽到元首會議室的爆炸，立即封鎖了所有出口。在離費吉貝爾的地下室幾碼遠的第一道崗哨，史陶芬堡的汽車被擋住了。他跳下車子，要求見哨所的值班軍官。在後者的目擊下，他給什麼人——不知道是誰——打了個電話，簡短地說了幾句話，掛上電話，轉身對那個軍官說：「尉官先生，上頭批准我通行了。」這完全是蒙人的，但起了作用。這個尉官負責地在他的登記簿上記下了「十二點四十四分，史陶芬堡上校通過」之後，還通知了下一個檢查哨，讓汽車通過。到了第三個、也是最後一個檢查哨，困難就更大了。這裡已經收到了警報，擋車的欄杆已經放下，衛兵加了雙崗，不准任何人出入。史陶芬堡和他的副官哈夫登中尉，發現他們的汽車被一個名叫科爾伯（Kolbe）的頑固上士擋住了。史陶芬堡又要求打電話，向營地司令的副官莫倫道夫上尉抱怨，「因爲發生了爆炸」，衛兵不讓他通過。「我有急事。弗洛姆將軍正在飛機場等我。」這也是蒙人的。史陶芬堡知道得很清楚，弗洛姆在柏林。

上校掛上電話，轉身對上士說，「上士，你聽到了，批准我通行」。但上士不管他那一套，自己打電話給莫倫道夫核對。莫倫道夫上尉證實了史陶芬堡的話[28]。

他們的汽車於是向飛機場飛馳而去。在路上，哈夫登中尉急急忙忙地把他放在自己皮包裡的另一個炸彈拆開，把零件丟在路邊（後來都被祕密警察找到）。機場指揮官還沒有收到任何警報。當這兩個人的汽車開進機場的時候，他們的飛機已經發動。一兩分鐘之內，飛機便騰空而去。

現在是一點剛過。後來這三個小時，也是一定是史陶芬堡一生中最長的三小時。當這架速度不高的亨克爾（Heinkel）飛機在平坦多沙的德國平原上向西飛去的時候，他只能希望，費吉貝爾已經同柏林聯繫上並且傳遞了最重要的訊息；他在首都的同夥已經立即行動起來接管這個城市，並且發出早已準備好要給德國本土和西線軍事指揮官的文告。此外，他還祈求他的飛機不會被接到警報的德國空軍戰鬥機攔截，或者被東普魯士上空四處巡弋的俄國飛機趕到地上。除了這樣希望以外，他什麼也不能做。他自己的飛機沒有長距離的無線電通訊設備，如果有這種設備，也許能使他聽到從柏林發出的最早幾篇激動人心的廣播。他預期在柏林降落之前，這樣的廣播一定已經播出。因爲沒有這種設備，他也不能親自同首都的盟友們通訊，費吉貝爾將軍也許沒有能把發出的訊號發給他們。

他的飛機在這個夏日的下午繼續飛行。它在下午三點三刻在倫格斯道夫機場降落。史陶芬堡興高采烈地奔向機場上最近處的一個電話，打電話給歐布里希特將軍，以便確切瞭解在這決定命運的三小時裡（一切都靠這三小時）已經完成了哪些工作。當他一聽說什麼也沒有完成時，不禁大驚失色。原來一點剛過，費吉貝爾的電話就來了，告訴了柏林的密謀分子關於爆炸的消息，但是因爲線路不好，他們沒聽清楚，究竟希特勒被炸死了沒有。因此，他們什麼也沒有做。「華爾奇麗亞」命令是從歐布里希特的保險箱裡拿出來了，但是並沒有發出去。在班德勒街，大家都無所事事地在等待史陶芬堡回來。將在新政府裡分別擔任國家首腦和武裝部隊總司令的貝克將軍和維茨萊本陸軍元帥，本來預定在得訊之後要立即發出準備好的文告和命令，並且透過廣播宣告德國新時代的開始。但此時他們還沒有露面。

史陶芬堡在倫格斯道夫機場上給歐布里希特打電話時，強調他確信希特勒已被炸死了。但事實與此相反，希特勒並沒有死。布蘭特上校把皮包推到結實的橡木桌子底座外面，這一幾乎是無意識的行動，救了希特勒的一命。他受了極大的驚嚇，但受的傷並不重。他的頭髮燒焦，兩腿灼傷，右臂瘀血後暫時不能動作，耳膜震壞，脊背也被落下來的一根椽子劃破了。有一個目擊者後來回憶道，當凱特爾攙扶著希特勒走出這所被炸壞、正在燃燒的屋子時，外表幾乎認不出是他了——臉是黑的，頭髮在冒煙，褲子裂成碎片。凱特爾絲毫沒有受傷，也眞是奇蹟。但爆炸時離炸彈較近的那些人，絕大多數不是已死，就是受了重傷。速記員伯格爾當場炸死。布蘭特上校、希特勒的副官施蒙特將軍和科爾登將軍傷重而死。其他人包括約德爾將軍、戈林的參謀長包登夏茨（Karl Bodenschatz）將軍和豪辛格都受了程度不等的重傷。

在驚魂未定的最初時刻，大家對爆炸的來源有過幾種猜測。希特勒起初認爲可能是一架敵方的戰鬥轟炸機偷襲。約德爾按著濺滿了血的頭——吊燈架子和別的東西正掉在他頭上——說，他相信是些建築工人在屋子地板下放了定時炸彈。史陶芬堡的炸彈在地板上炸了個很深的窟窿，所以看起來頗有點像。過了一些時候，人們才懷疑到這個上校身上。希姆萊聽見爆炸就奔到現場，他也感到莫名其妙。他的第一個行動就是在費吉貝爾關閉通訊聯絡之前一兩分鐘打電話給柏林刑事警察頭子阿圖爾·奈比（Artur Nebe），要他派一批鑑識人員搭飛機來進行偵查。

在驚惶和混亂之中，起初沒有人記起史陶芬堡剛在爆炸發生之前溜出會議室。起初人們以爲他一定在房子裡，一定是在那些受了重傷、急送醫院的人裡面。希特勒要求對醫院進行檢查，但當時他還沒有懷疑到史陶芬堡。

大約在爆炸發生之後二小時，漸漸有了線索。在會議室管理電話交換機的上士報告說，有一個「獨眼上校」說他在等柏林的長途電話，結果他從會議室出來後，不等電話就急急忙忙地出了房子。參加會議的有些人這時想起來，史陶芬堡曾經把他的皮包放在桌子底下。檢查哨的衛兵室報告，史陶芬堡和他的副官在爆炸剛剛發生之後通過了這些崗哨。

希特勒對史陶芬堡開始懷疑了。同臘斯登堡機場通話後，他就知道這個十分有意思的訊息：史陶芬堡在下午一點剛過就從機場起飛，說是去倫格斯道夫機場。希姆萊立即下令，等他在那裡一降落就加以逮捕。但由於費吉貝爾關閉通訊聯絡的勇敢行動，這個命令始終沒有傳到柏林。直到這時，大本營似乎還沒有人懷疑到柏林會發生什麼不幸的事情。大家都認爲這是史陶芬堡的單獨行動。除非他在俄國敵後降落，否則抓到他並不難。在當時那種情況下，希特勒看來表現得很鎮靜。他心裡還有別的事情。他還要去迎接墨索里尼。墨索里尼乘的火車誤點，下午四點才能到達。

一九四四年七月二十日下午，這兩個法西斯獨裁者舉行的最後一次會見，是頗爲怪誕可笑的。他們視察了已經成爲瓦礫場的會議室，卻還在欺騙他們自己，認爲他們手創的、要統治歐洲大陸的軸心聯盟，並沒有同樣成爲一片瓦礫。曾經趾高氣揚、不可一世的義大利領袖，現在只不過是被納粹打手從監禁中救出來、由希特勒和黨衛隊支撐起來的一個倫巴底地方領袖而已。但是對這個已經垮臺的義大利暴君，希特勒從沒動搖過對他的友誼和尊敬。他盡一切可能地熱烈接待他，帶他看那還在冒煙的、幾小時前他幾乎在這裡送命的會議室殘跡，而且預言他們的共同事業，不管遭到多少挫折，將很快取得勝利。當時在場當翻譯的施密特博士回憶了這個場面[29]：

墨索里尼簡直嚇壞了。他不懂這種事情怎麼能在大本營發生……。

希特勒追述道：「我當時正站在這張桌子旁邊；炸彈就在我腳前爆炸……很明顯，我絕不會碰到什麼不幸的意外。這無疑是命運要我繼續前進，完成我的事業……今天在這裡發生的事情是一個轉捩點！大難已經過了……我現在比過去更加確信，我所從事的偉大事業必然將渡過目前的危機，一切都會得到很好的結果。」

墨索里尼過去經常一聽希特勒的話就像喝了迷魂湯，據施密特說，這一次也是這樣。領袖說：

我們的處境很壞，甚至於可以說是近乎絕望。但是今天在這裡發生的事情給了我新的勇氣。在這一奇蹟之後，我認爲我們的大業將不再有任何阻礙。

這兩個獨裁者和他們的隨從走去喝茶。這時大約是下午五點鐘。跟著就出現了一個滑稽、令人意想不到場面。第三帝國發生的這個最大危機，讓我們看到這些狼狽不堪的納粹頭子們的眞面目。這時，根據希特勒的手令，臘斯登堡的通訊系統已經恢復，開始收到來自柏林的報告，說明在柏林，同時也可能在西線，已經爆發了軍事叛變。元首手下高階將領之間爆發了壓抑已久的互相埋怨。他們爭吵的聲音震動屋頂，希特勒若有所思沉默地坐著，墨索里尼則不好意思地紅著臉。

鄧尼茨海軍上將聽到謀刺案的消息就乘飛機趕到臘斯登堡。他到達的時候，茶會已經開始。他一來就大罵陸軍的背叛行爲。戈林代表空軍站在鄧尼茨那邊。但鄧尼茨接著又向戈林開火，責罵德國空軍一敗塗地。那位肥胖的帝國元帥爲自己辯護了一陣，轉而攻擊他的老政敵里賓特洛甫（Joachim von Ribbentrip），說德國的外交政策完全破產。說到一個地方，他威脅說要用他那根元帥杖把這個妄自尊大的外交部長揍一頓。戈林大喊：「你這下流的賣香檳酒的小掮客！閉上你的臭嘴！」這是里賓特洛甫最受不了的。他要求對他尊重一點，即使是帝國元帥也罷。他喊道：「我現在還是外交部長，我的姓名是馮．里賓特洛甫！」（里賓特洛甫曾經當過香檳酒推銷員，後來娶了德國最大酒廠老闆的女兒。一九二五年，他三十二歲的時候，過繼給姨母葛楚．馮．里賓特洛甫，因此在姓上有了「馮」字）。

接著有人提起過去反對納粹政權的「叛亂」，就是一九三四年六月三十日的羅姆「陰謀」案。希特勒本來愁眉不展地待著，呑服江湖醫生西奧多．莫勒爾（Theodor Morell）給他的各種顏色的藥片，一聽說這件事情，就火冒三丈。據當時在場的人說，他從椅子上跳起來，滿嘴唾沫，尖聲叫喊，大發雷霆。他說，同他這一次將要對付叛徒們的手段比較起來，他過去對付羅姆和其他叛國從犯的手段就根本不算什麼。他要把他們全都連根剷除。他咆哮說：「我要把他們的老婆孩子都關進集中營，一點也不寬恕！」在這一點上，同其他許多類似的情況一樣，他是說到做到的。

一半是由於聲嘶力竭，也由於柏林來的電話開始傳來軍事暴動的更多情況，希特勒中止了他那發狂的獨白，但是怒氣並未平息下去。他送墨索里尼上了火車，這是他們最後一次見面。然後他回到住處。大約六點鐘的時候，據報告政變還沒有平定。他抓起電話，尖聲地命令柏林的黨衛隊，對任何可疑分子格殺勿論。「希姆萊在哪兒？他爲什麼不在那裡！」他大喊著，忘記了剛剛一小時以前，當他們坐下來喝茶的時候，他才命令這個黨衛隊頭子飛往柏林對叛亂進行無情鎮壓，此刻他的頭號警察還沒有趕到那裡哩！[30]

史陶芬堡於下午三點三刻在倫格斯道夫降落時大爲沮喪，原來是經過長期周密準備的柏林起義，到現在遲遲沒有開始。關係重大的寶貴三個小時白白過去了，而在這段時間裡，元首大本營是同外界隔絕的。

史陶芬堡永遠沒有弄清楚這究竟是什麼原因，任何歷史學家也無法有系統地整理出在這命運攸關的一天究竟發生哪些事件。天氣悶熱，也許起了一定影響。主要的密謀分子知道史陶芬堡在當天早上去臘斯登堡，參加下午一時的元首大本營會報，而且像有人告訴霍普納將軍的那樣，史陶芬堡「皮包沉重」。儘管如此，快到中午的時候，只有少數幾個主要的密謀分子，而且大部分是低階軍官，開始懶懶散散地跨進班德勒街上的後備部隊總部，也是密謀集團的總部。我們記得，史陶芬堡上次在七月十五日打算謀害希特勒的時候，在預定炸彈爆炸時間之前兩小時，歐布里希特將軍曾下令柏林衛戍部隊開始進軍。但在七月二十日，也許是鑒於上次所冒的風險吧，他並沒有發出同樣的命令。在柏林以及在附近的杜伯立茲（Döberitz）、裕特堡（Jeuterbog）、克拉姆普尼茨和伍恩斯道夫（Wuensdorf）等訓練中心的指揮官，曾在前一天晚上得到通知，他們很可能在二十日會接到「華爾奇麗亞」命令。但是歐布里希特決定，在收到費吉貝爾從臘斯登堡發來的確鑿消息之後，再讓他的部隊行動。霍普納將軍在皮包裡放著希特勒禁止他穿著的制服，在十二點半鐘，正好是史陶芬堡打破炸彈裝置內玻璃管的時候來到班德勒街。他和歐布里希特一同出去午餐，互相敬酒，祝賀他們的事業成功，一共喝了半瓶。

他們回到歐布里希特的辦公室不久，陸軍總司令部通訊處長弗里茨．提爾（Fritz Thiele）將軍衝了進來。他激動地說，他剛剛同費吉貝爾通了電話，雖然線路不好，加以費吉貝爾講得非常含蓄，聽來爆炸已經發生，但希特勒並沒有炸死。既然如此，提爾認爲「華爾奇麗亞」命令不應該發。歐布里希特和霍普納都表示同意。

因此，從下午一點十五分到三點四十五分，即史陶芬堡在倫格斯道夫降落並匆忙趕去打電話的時候，根本沒有採取什麼行動。部隊沒有集結，給其他城市軍事司令部的命令沒有發出，而且最奇怪的是，沒有人想到要去佔領無線電廣播局或者電話局、電報局。兩個主要的軍事首領貝克和維茨萊本還沒有露面。

史陶芬堡的到達，終於推動密謀分子們行動起來。他在倫格斯道夫打電話敦促歐布里希特將軍立即按「華爾奇麗亞」行事，不必等他到達班德勒街再動手，因爲從飛機場到那裡要走三刻鐘。密謀分子最後總算有了發號施令的人，開始行動了。而沒有命令，一個德國軍官，即使是一個反叛的德國軍官，即使是處在這樣關鍵性的日子，似乎也不知怎麼才好。歐布里希特的參謀長、史陶芬堡的密友梅爾茨．馮．基爾海姆（Mertz von Quirnheim）上校取來「華爾奇麗亞」命令，開始用電傳打字機和電話發出這些命令。這些命令都是好幾個月之前準備好的。第一道命令要求柏林城內和四郊的部隊立即戒備。第二道命令由維茨萊本以「國防軍總司令」名義簽署、由史陶芬堡上校副署，宣布元首已經死亡，維茨萊本「把行政權力轉移」給國內的各軍區司令和前線的戰鬥部隊司令。這時維茨萊本陸軍元帥還沒有到達班德勒街，他到遠在柏林西南二十英里的措森（Zossen）去會晤第一後勤官華格納了。密謀分子只好派人去請他和貝克將軍。密謀集團中這兩個高階將領在這決定命運的一天，行動竟這麼從容不迫。

命令發出去了。有些命令是用弗洛姆的名義發布出去，但他本人並不知情。歐布里希特接著就到這位後備部隊總司令的辦公室去告訴他，據費吉貝爾報告，希特勒已經遇刺，勸他負責「華爾奇麗亞」行動，保證國內的治安。密謀分子認爲，下面的人一定會遵守弗洛姆的命令。他此刻對他們是十分重要的。但弗洛姆同克魯格一樣，有騎牆的天才；但是他要先看清楚自己將落在什麼地方才會跳下去。他要求得到希特勒已死的確切證明後再決定行動。

在這關頭，歐布里希特犯了密謀分子在這一天所犯的又一個災難性的錯誤。根據史陶芬堡從倫格斯道夫打來的電話，他認爲元首已死無疑。他也知道，這天整個下午，費吉貝爾已經成功地切斷了通往臘斯登堡的電話線路。因此，他大膽地拿起電話，要總機給他接通一個「閃電」電話給凱特爾。使他大吃一驚的是，他不知道通訊已經恢復，凱特爾幾乎立刻就來聽電話了。

弗洛姆：「大本營出了什麼事情？柏林流傳著許多聳人聽聞的謠言。」

凱特爾：「你問的是什麼？這裡一切如常。」

弗洛姆：「我剛收到報告，說元首被刺死了。」

凱特爾：「胡說八道。確實有人行刺，但幸運的是行刺失敗了。元首安全，只是受了點輕傷。順便問你，你的參謀長史陶芬堡伯爵上校在哪兒？」

弗洛姆：「史陶芬堡還沒有回來。」[31]

從這一刻起，密謀集團就失去了弗洛姆，由此而產生的後果極其嚴重。歐布里希特愣了一下，一言不發地溜出了辦公室。這時，貝克將軍到了。他穿著一身深色的便服來負責全局，也許這是為了使這次起義減少一些軍事色彩。但是，正如大家很快所意識到的那樣，真正負責大局的是史陶芬堡上校。他在下午四點半鐘的時候，帽子也不戴，氣喘吁吁地奔上戰爭部的樓梯。他簡短地報告了爆炸的情況，特別強調他在相距二百碼的地方親眼看見爆炸。歐布里希特插進來說，凱特爾本人剛剛接了電話，發誓說希特勒只受了輕傷。史陶芬堡答道，這是凱特爾說謊，為的是藉此爭取時間。他說，最低限度希特勒一定受了重傷。他接著說，不論情況怎麼樣，他們現在能做的只有一件事情，那就是抓緊時間來推翻納粹政權。貝克同意這個意見。他表示，這個專制魔王是死是活，對他說來並沒有什麼兩樣。他們必須幹下去，摧毀他的罪惡統治。

當前的困難在於：遭到致命的延誤之後，目前又處於混亂之中，他們雖然計畫周密，這時竟不知下一步應該如何進行是好。即使提爾將軍帶來了消息，說希特勒遇刺無恙的新聞即將透過德國全國廣播網廣播，這些密謀分子竟仍然沒有想到，他們該做的第一件事情就是立即佔領廣播電臺，阻止納粹廣播他們的消息，而讓他們自己的新政府文告響徹四方。要是他們手上沒有部隊來做這個工作，柏林的警察也能夠幹得了。密謀集團的核心人物之一、警察局長赫爾道夫伯爵（Wolf-Heinrich Graf von Helldorf），從中午過後就不耐煩地等待著要帶領他那支不小的、已經處於戒備狀態的部隊投入行動。但一直沒有命令傳來。最後在四點鐘的時候，他乘車趕到班德勒街，去看看究竟是怎麼一回事。歐布里希特告訴他，他的警察部隊要聽陸軍的指揮。但是現在還沒有一支反叛的軍隊——只有一些不知所措的軍官們在總部裡打轉轉，卻沒有兵士可以指揮。

這件事，史陶芬堡該做而不做，反而忙於打緊急電話給他的表兄弟——在巴黎史圖爾普納格將軍總部工作的霍法克中校，敦促那邊的密謀分子行動起來。這一著無疑是重要的，因爲密謀集團的工作在法國組織得比較好，並且得到柏林以外其他地方更爲重要的陸軍軍官支持。史圖爾普納格確實比他在起義中心的同僚們表現得更有魄力。在天黑之前，他已經逮捕和禁閉了巴黎全部一千二百名黨衛隊和黨衛隊保安處的官兵，包括他們那個可怕的司令官黨衛隊少將卡爾·奧伯格（Karl Oberg）。如果這天下午在柏林表現出同樣的魄力，把這種魄力用在正確的方面，歷史的發展可能會有所不同。

對巴黎發出警報之後，史陶芬堡就把注意力轉移到頑固的弗洛姆身上。他是弗洛姆的參謀長。自從弗洛姆從凱特爾那裡聽說希特勒還活著的消息之後，他就拒絕同叛亂分子合作。這樣就使密謀計畫的成功受到嚴重的危害。貝克不敢在這場賭局中這樣早就同弗洛姆爭吵，所以在史陶芬堡和歐布里希特去看他的時候，托詞不同他們一起去看弗洛姆。歐布里希特對弗洛姆說，史陶芬堡能夠證實希特勒的死亡。

「這是不可能的。」弗洛姆說得很乾脆：「凱特爾保證過情況正好相反。」

史陶芬堡插進來說：「凱特爾是在撒謊，他向來是撒謊的。我親眼看見希特勒的屍體抬出來了。」

這話是出自他的參謀長又是目擊者之口，弗洛姆不能不想一想。他沉默了一陣。歐布里希特想利用他的猶豫不決。對他說，不管怎麼樣，「華爾奇麗亞」信號已經發出去了。弗洛姆一聽就跳了起來，大聲喊道：「這簡直是犯上！誰發布這命令的？」聽說是基爾海姆上校發的，他就把這個軍官召來，宣布加以逮捕。

史陶芬堡爲爭取他的上級加入，做了最後一次努力。他說：「將軍，是我自己在希特勒開會時引爆這顆炸彈。這次爆炸就像中了一顆十五釐米炮彈一樣。屋子裡沒有人能夠倖免。」

但是，弗洛姆這樣一個機靈又見風使舵的人不會因此上當。他答道：「史陶芬堡伯爵，行刺已經失敗了。你立即自殺吧。」史陶芬堡冷然加以拒絕。弗洛姆這個紅臉胖子立即宣布把他這名三個客人——史陶芬堡、歐布里希特和基爾海姆——逮捕。

歐布里希特答道：「你在欺騙自己。現在是我們要來逮捕你。」

接著在袍澤之間發生了一場不合時宜的廝打。據一個說法，弗洛姆打了獨臂的史陶芬堡一記耳光。但這個將軍很快就被制服，關在他副官的房間裡。路德維希·馮·利昂羅德（Ludwig von Leonrod）奉命看守（幾星期之前，利昂羅德曾經問他的朋友、隨軍神父赫爾曼·韋爾勒〔Hermann Wehrle〕，天主教是不是寬恕殺戮暴君。他得到的答覆是否定的。人民法庭審訊利昂羅德時，他供出了這一段對話。韋爾勒神父因爲沒有向當局報告而被捕，同利昂羅德一樣被處決）。爲了以防萬一，他們還把室內電話線切斷。

史陶芬堡回到辦公室，正碰上黨衛隊大隊長皮弗雷德（Piffraeder）來逮捕他。皮弗雷德是一個黨衛隊流氓，在俄國人推進到波羅的海區域之前，特別行動隊趕緊殺害了二十二萬一千名猶太人，他就是因爲監督焚屍滅跡的工作而出了名。皮弗雷德和兩個黨衛隊保安處便衣特務被鎖進了旁邊一間空的辦公室。接著，負責指揮柏林—布蘭登堡區（第三軍區）軍隊的柯茨弗萊契將軍來到，詢問到底發生了什麼事情。這個徹頭徹尾的納粹將軍堅持要見弗洛姆。他被帶去見歐布里希特，但拒絕同後者談話。於是，貝克接見了他。他由於頑固不化，也被鎖了起來。按照預定計畫，圖恩根將軍奉派接替他的職位。

皮弗雷德的出現提醒了史陶芬堡，密謀分子忘記在這座建築物四周布置警衛。於是從大德意志警衛營（Guard Battalion Großdeutschland，這時它應該擔任警戒任務，但卻沒有值勤）調來了一個分遣隊在大門口擔任警衛。這樣，下午五點多，叛亂分子總算控制了他們的總部。但這是柏林城中他們唯一能夠控制的地方。那些預定要佔領首都並把它交給新的反納粹政府的陸軍部隊，究竟遇到了什麼事情呢？

下午四點剛過，在史陶芬堡回來之後，密謀分子終於活躍起來。柏林衛戍司令哈斯將軍打電話給駐在杜伯立茲精銳的大德意志警衛營營長，命令他下令全營戒備，並立即到菩提樹下大街（Unter den Linden）的司令部來報到。警衛營營長是新近任命的奧托．雷莫（Otto Remer）少校。他在這一天要起關鍵作用，雖然他並不是密謀分子原來指靠的人。他們已對他進行過審查，因爲該營被分派擔任一項極端重要的任務。他們調查了以後認爲他是一個不問政治的軍官，只知服從頂頭上司的命令。他的勇敢是無可置疑的。他曾負傷八次，最近還得到希特勒親手頒發的橡葉騎士十字勳章——這是難得的榮譽。

雷莫遵命下令全營戒備，並且立即進城來接受哈斯的具體指示。將軍告訴他，希特勒遇刺，黨衛隊企圖發動政變；命令他封鎖威廉街的政府各部以及設在附近恩哈爾特（Anhalt）車站的黨衛隊保安處總部。下午五點半鐘，行動迅速的雷莫已經完成了任務，回來向菩提樹下大街報告，等候新的任務。

現在另一個次要人物擠到這個戲劇性事件中來，幫助雷莫成爲密謀集團的送命閻王。他就是中尉漢斯．哈根（Hans Hagen）博士，是一個容易激動和自視甚高的年輕人，擔任雷莫警衛營的國社黨指導員。他也在宣傳部戈培爾博士手下擔任工作。這時他實際上被宣傳部派駐在拜羅伊特（Bayreuth），協助希特勒的秘書馬丁．鮑曼（Martin Bormann）寫一本名叫《國家社會主義文化史》的書。他在柏林出現只是偶然。他來爲一個在前線犧牲的不知名作家發表紀念演說，同時他想乘這個機會在下午給全營官兵發表演說，談論「國家社會主義指導問題」，他十分喜歡在公共集會上講演，即便那天天氣悶熱。

在去杜伯立茲途中，這個容易激動的中尉確信自己從一輛駛過的陸軍汽車裡看到了身著全副軍裝的布勞希契（Walther von Brauchitsch）陸軍元帥。他立刻想到，這些老將軍們一定在幹什麼叛國的勾當。布勞希契很久以前就被希特勒一腳踢出了他的司令部。不管有沒有穿軍裝，布勞希契那一天其實並不在柏林，但是哈根發誓說他見到了布勞希契。他與雷莫少校談話時，後者正好接到佔領威廉街的命令。這個命令引起了他的懷疑，他向雷莫要了一輛摩托車，上車立即趕到宣傳部去向戈培爾報信。

部長剛接到希特勒打來的第一個電話。希特勒告訴他發生了謀刺的事情，命令他盡快地把謀刺失敗的消息在電臺上廣播。這似乎是一向警覺的宣傳部長最早得到的關於臘斯登堡的消息。不一會兒，哈根給他帶來了最新消息，柏林方面有事即將發生。戈培爾起初還有點不信，他認爲哈根有點無事生非。有一種說法是，正當他要把這個客人趕走的時候，中尉請他親自看看窗外發生的事情。他見到的情景比哈根那些歇斯底里的話更有說服力。陸軍部隊正在宣傳部四圍布哨。戈培爾雖然是個愚蠢的人，這次腦子卻轉得特別快。他要哈根通知雷莫立刻來見他。哈根遵命辦了。在這以後這個人就退出了歷史舞臺。

這樣，當班德勒街的密謀分子正在同全歐洲的將軍們聯繫，卻完全沒有注意像雷莫這樣一個擔負著重大任務的低階軍官。戈培爾正在同這個人聯繫，不管他的軍階多麼低，在這個特定的時刻他卻佔了舉足輕重的地位。

他們之間的接觸是不可避免的，因爲這時雷莫奉命去逮捕這個宣傳部長。這樣，少校的手上既有抓戈培爾的命令，又有戈培爾邀請他去會見的通知。雷莫帶了二十個人走進宣傳部。他囑咐他們，如果過了幾分鐘他不出來，他們就到部長辦公室去接他。然後他同副官握著手槍，走進辦公室，去逮捕當天在柏林最重要的納粹官員。

戈培爾在德意志第三帝國所以能夠飛黃騰達，原因之一是他在困難局面下有快速應變的天才，而現在正是他充滿風浪的一生中最困難最危急的局面。他提醒這個青年少校對最高統帥的效忠宣誓。雷莫乾脆地答稱：「希特勒已經死了。」戈培爾說，元首生龍活虎似的活著，他剛同元首通過電話。他可以證明這一點。他一面說一面就拿起電話同臘斯登堡最高統帥緊急通話。密謀分子沒有佔領柏林的電話總局或者至少切斷它的線路，這個失誤再一次加重了災難。據說，戈培爾後來曾經這樣叫喊過：「這些革命黨甚至於連切斷電話線這點聰明都沒有！我的小女兒也會想到這一點的。」（雷斯：《戈培爾：魔鬼的辯護士》〔Curt Riess, *Joseph Goebbels: The Devil's Advocate*〕頁二八〇）。

過不了一兩分鐘，希特勒的聲音便出現在電話裡了。戈培爾很快地把話筒遞給雷莫。少校聽得出他的聲音嗎？最高統帥問道。在德國，人們千百次在電臺裡聽他講話，誰聽不出他那嘶嗄的聲音呢？而且，在幾星期之前受勳的時候，他還直接聽到元首講話。據說，少校在電話裡聽到希特勒的聲音立刻立正。希特勒命令他鎭壓叛亂，並且只服從戈培爾、希姆萊（他已被任命爲後備部隊總司令，正乘飛機去柏林）和萊因納克將軍（Hermann Reinek，他正巧在柏林，已奉命接管全市所有部隊的指揮權）的命令。元首還立即提升少校爲上校。

對雷莫來說，這就夠了。他已經接到了最高當局的命令，接著就以班德勒街的人們所缺乏的魄力去執行這些命令。他從威廉街撤回全營部隊，佔領了菩提樹下大街的衛戍司令部，派出巡邏隊去阻擋任何其他可能正向柏林進發的部隊，自己則出發偵查密謀集團的總部所在地，以便把首犯一網打盡。

反叛的將軍們和上校們爲什麼把這樣重大的任務交給雷莫，他們爲什麼不在最後關頭用一個全心全意支持密謀集團的軍官去替代他的位置，或者他們可以派一個可靠的軍官同警衛營一起行動以監視雷莫是否執行命令，但他們連這樣的事情都沒有做。這些問題都是七月二十日事件中的謎。還有，爲什麼當時不立即逮捕在柏林的最重要、最危險的納粹官員戈培爾？宣傳部一個武裝警衛也沒有，只要赫爾道夫派出手下二名警察就可以在二分鐘之內完成這個工作了。還有，爲什麼密謀分子不佔領位於艾爾布萊希特親王街（Prinz Albrechtstraßse）的祕密警察總部，這樣不僅鎭壓住祕密警察，還可把關在那裡的他們許多同夥（包括萊伯在內）釋放出來？祕密警察總部事實上並沒有武裝警衛，黨衛隊和黨衛隊保安處的神經中樞——德國中央保安局的辦公處也是這樣。人們會認爲，這些機關一定會被首先佔領，但卻沒有這樣做。這些問題也都無法解釋。

雷莫的迅速轉變，班德勒街的人們過了一些時間之後才知道。很顯然，柏林發生的情況，他們知道得太少，也知道得太遲了。由於目擊者的報導充滿了令人莫名其妙的矛盾，即使今天也難以弄清一些問題的眞相。例如坦克部隊到哪兒去了呢？在城外駐防的部隊到哪兒去了呢？

下午六點半鐘剛過，全歐洲都能聽到功率強大的德意志廣播電臺播送了一則簡短的公告，宣布有人行刺希特勒，但已失敗。這對班德勒街那些心神不定的人們是一個嚴重的打擊，但這也是一個警告，使他們知道原定佔領廣播大廈的部隊沒有能完成任務。戈培爾在等待雷莫的時候，已把公告的內容用電話通知了廣播電臺。七點差一刻，史陶芬堡用電傳打字機給陸軍司令官們發出一個通報，告訴他們，廣播的公告是假的，希特勒已經死了。但是這則廣播對政變分子造成的損失怎麼也補救不了。布拉格和維也納的司令官們本來已經著手逮捕黨衛隊和納粹黨的首領，現在又開始縮回去了。接著在下午八點二十分，凱特爾設法通過陸軍電傳打字機，給陸軍各部隊的司令部發出一個元首大本營的通告，宣布希姆萊已被任命爲後備部隊總司令，「只許服從他和我本人所發的命令」。凱特爾又加上一句：「由弗洛姆、維茨萊本或霍普納所發的任何命令均屬無效。」德意志廣播電臺宣布希特勒無恙，也轉達凱特爾的簡單命令：各級單位只需服從他的指揮，不用管那些密謀分子，這對於遠在法國、正要投向密謀分子一邊的克魯格陸軍元帥起了決定性的作用。這一點下面就要談到。

爲什麼密謀沒有佔領柏林電臺，後來有許多相互矛盾的說法。有一種說法是：被指定擔負這個任務的是杜伯立茲步兵學校的一支部隊，由它的司令官、參加了密謀集團的希茨菲爾德（Otto Hitzfeld）將軍負責。但密謀分子事前沒有通知他在七月二十日這天起事，因此他到巴登參加一個親戚的葬儀去了。他的副司令官，一個名叫繆勒的上校，也因爲軍事任務出差去了。當繆勒終於在下午八時回來之後，他發現最精銳的一營人已經出發去做夜間演習了。等他把人集合起來，已是深夜，時間來不及了。另一種說法是：一個名叫雅可布的少校成功地帶著步兵學校的士兵，包圍了廣播大廈，但得不到歐布里希特關於具體行動的明確指示。當戈培爾打電話發來第一次文告全文的時候，雅可布讓它廣播出去，未加干涉。後來這個少校爭辯說，如果歐布里希特給了他必要的命令，密謀分子就可以輕而易舉地掌握德國廣播網，不讓納粹使用。第一種說法出自齊勒（《自由魂》頁二六七至二六八），此人是熟悉七月二十日密謀最權威的德國歷史家。第二種說法出自惠勒—班奈特（《權力的報應》頁六五四至六五五）和魯道夫．沙姆勒（《戈培爾：僅次於希特勒的人》〔Rudolf Sammler, *Goebbels: The Man Next to Hitler*〕頁一三八），他們都說雅可布少校證實了上述說法。

就是反叛軍官們寄予很大希望的坦克部隊也沒有能到達。有人可能以爲，著名的裝甲部隊將軍霍普納抓得住坦克指揮權，但他並沒有做到這一點。密謀分子曾下令克拉姆普尼茨裝甲兵學校校長沃爾夫岡．格拉斯麥（Wolfgang Gläsemer）上校把他的坦克開進城，他本人也應到班德勒街報到待命。但這個坦克兵上校不願意參加任何反納粹的軍事政變。歐布里希特勸說無效，只好把他也拘留在大廈裡面。但格拉斯麥還是有機會小聲地指示他沒有被捕的副官去對在柏林的裝甲兵督察部（它對坦克部隊有管轄權）報告情況，並叫他要只服從督察部的指揮。

這樣，雖然有幾輛坦克開到了市中心動物園（Tiergarten）的勝利碑附近，但大部分沒有落入叛亂分子手中。格拉斯麥後來用欺騙手段逃脫禁閉。他對衛兵說，他決定接受歐布里希特的命令，打算親自去指揮坦克，於是就溜出了大廈。坦克很快從城裡撤退了。

在那些因爲拒不參加謀反而被馬馬虎虎、客客氣氣地看管起來的人中間，這個裝甲兵上校並不是唯一溜走的軍官。這種情況對叛亂的迅速平息也有影響。

維茨萊本陸軍元帥在快到八點鐘的時候終於來了。他身著正式制服，揮動著元帥節杖，準備接受國防軍新任總司令的職務。但他似乎立即發覺，政變已經失敗了。他對貝克和史陶芬堡大發脾氣，說他們把事情全都搞糟了。在被審訊的時候，他對法官說，當他聽說連廣播電臺都未佔領時，他已清楚看出，起事沒有得手。其實，這時他以陸軍元帥的權威本來是可以號召柏林和國外更多的部隊司令官。但他並沒有盡到力量。他在班德勒街那座大樓裡只待了四十五分鐘，就又大踏步地離開了——離開了現在看來敗局已定的謀反。他乘著他的賓士汽車，回到措森，他在這決定性的一天曾在哪裡白白消磨掉七小時。他對第一後勤官華格納將軍說，起事已經失敗，然後又乘車回到三十英里外的鄉村別墅。第二天，他在那裡被一個名叫林納茨的陸軍將領逮捕了。

現在，最後一幕的幕布拉開了。

下午九點過後不久，德意志廣播電臺宣布，元首將在當天深夜向德國人民廣播。到處碰壁的謀反分子聽到這個消息，不禁呆若木雞。幾分鐘之後，他們獲悉柏林衛戍司令哈斯已被補，就是他當初錯派雷莫少校——現在已是上校了——來執行任務。納粹將軍萊因納克在黨衛隊支持下已接管對柏林所有部隊的指揮權，正在準備襲擊班德勒街。

黨衛隊終於集結起來了。這主要得歸功於強悍的黨衛隊頭子奧托·斯科爾茲內，他曾把被俘的墨索里尼救出，由此可見他的勇敢。他根本不知道那天出了什麼事情，所以在下午六時搭上了去維也納的夜間快車。當火車在利希特菲爾德（Lichterfelde）郊區停靠的時候，他在黨衛隊保安處的第二號頭子、黨衛隊將軍瓦爾特·施倫堡（Walter Schellenberg）的敦促下下了車。斯科爾茲內發現毫無戒備的黨衛隊保安處總部正處在一種極其歇斯底里的狀態。但他是一個頭腦冷靜的人，而且又是一個能幹的組織者，很快就把他的武裝隊伍集合起來，著手工作。最先說服坦克學校的部隊仍舊效忠於希特勒的就是他。

臘斯登堡方面的有力對策、戈培爾爭取雷莫和迅速決定利用廣播電臺、黨衛隊在柏林恢復活動，以及班德勒街那些謀反分子令人難以置信的混亂和無所作爲，這一切使得許多正要投向反對陣營的人躊躇了起來；甚至有些已經決定謀反的軍官也猶豫起來。其中之一是奧托・赫爾福特（Otto Herfurth）將軍，此人是已被逮捕的柯茨弗萊契將軍的參謀長。他開始時已同班德勒街合作，設法集合部隊，後來看到風勢不對，就改變了立場，於下午九點半左右打電話給希特勒大本營，說他正在鎮壓軍事政變。他的變節並沒有能救自己一命，仍然以參加謀反而被捕並被絞死。

弗洛姆將軍拒絕加入，這曾使起義一開始就陷入危機，他也遭到拘禁。他現在卻活躍起來了。約在下午八時，即當他在副官的房間裡被拘禁了四小時之後，他請求允許他到樓下自己的房間裡去休息。他以一個軍官的榮譽保證絕不設法逃跑或同外界通消息。霍普納將軍不但同意，而且由於弗洛姆說他又餓又渴，還給他送來了夾肉麵包和一瓶酒。在此以前不久，弗洛姆幕僚中有三個將軍到了這裡，他們拒絕參加叛亂，並且要求把他們送到他們的上司那裡去。令人費解的是，他們居然被送到弗洛姆的屋子裡，雖然也是被拘禁起來。他們一到，弗洛姆就告訴他們，這屋子有一個很少使用的後門，他們可以從那裡逃走。他背棄了對霍普納的誓言，命令這些將軍們出去組織力量，攻打這座大廈，把他救出來，並平定叛亂。這些將軍們乘人不備，溜了出去。

歐布里希特手下的一群低階軍官，起初有的附和了叛亂分子，有的留在班德勒街觀看風色，到了這時他們已經開始看到，叛亂正在失敗。他們還開始意識到，如果叛亂失敗，而他們沒有及時起來反對叛亂，他們就都會被當作叛徒絞死。有一個中校名叫弗朗茲・赫爾伯（Franz Herber），他原本是一個警官，又是一個眞心實意的納粹分子。他從斯本道（Spandau）軍火庫搞來了一些衝鋒槍和彈藥，祕密地放在二樓。大約十點半鐘的時候，這些軍官去見歐布里希特，要求他明確地告訴他們，他和他的朋友們究竟想達到什麼目的。這位將軍做了說明，他們也不爭辯，就退出來了。

過了二十分鐘，他們又回來了。大約有六個或者八個人，由赫爾伯和波多·馮·德·海德（Bodo von der Heyde）中校帶頭，手裡舉著武器，要求歐布里希特做進一步的解釋。史陶芬堡聽見聲音，進來觀看究竟，就被抓住了。當他奪門而逃，走下樓梯的時候，他那僅有的一條胳臂中了槍彈。這些反叛亂分子開始胡亂地開槍，雖然除了史陶芬堡以外，他們並沒有打著什麼人。接著他們在被反對集團當作總部的那層樓上跑來跑去，搜捕謀反分子。貝克、霍普納、歐布里希特、史陶芬堡、哈夫登和基爾海姆都被趕進了弗洛姆那間空的辦公室。一會兒，弗洛姆本人在他的辦公室裡出現了，手裡拿著手槍。

「諸位先生，」他說：「我現在要以你們對待我的辦法來對待你們。」但他並沒有這樣做。

「放下武器！」他命令說，並且告訴剛才逮捕他的這些人，他們已經被捕了。

貝克平靜地回答，伸手去摸手槍。「我是你從前的司令官，你不能這樣要求我。我自己對這個不幸局面的後果負責。」

「好，讓槍對準你自己。」弗洛姆警告說。這個才能出眾、文雅有禮的前參謀總長非常缺乏行動的意志力。這使他在一生中最重大的考驗面前最後歸於滅亡。直到臨死，他都是如此。

「在這一刻，我想起了從前……」他開始說，但弗洛姆不讓他說下去。

「我們現在不想聽你這一套。我要求你停止說話而採取行動。」

貝克採取了行動。他扣動扳機，但是子彈只擦傷了他的頭。他倒在椅子上流了一點血。

「給這位老先生幫點忙。」弗洛姆命令兩個青年軍官。但當他們去拿武器的時候，貝克不讓他們開槍，請求再給他一次機會。弗洛姆點頭同意。

接著，弗洛姆轉向其他謀反分子。「你們各位，如果想要寫信的話，我給你們幾分鐘時間。」歐布里希特和霍普納要了紙筆，坐下來給他們的妻子寫封短短的訣別信。史陶芬堡、基爾海姆、哈夫登和別人沉默地站著。弗洛姆大步走出了房間。

他很快下定決心要消滅這些人。他雖然拒絕積極參加謀反活動，但好幾個月以來他對謀反活動一直知情，並且庇護了行刺的兇手，也沒有上報他們的計畫。因此他要消滅這些人，不但為了滅口，還要使自己成為鎮平叛亂的人，向希特勒邀功。在納粹匪徒世界裡，要想這樣做已經太遲了。但當時弗洛姆並沒有意識到這一點。

過了五分鐘，他又回來，宣布他已「以元首的名義」舉行了一次「軍法審判」（至今沒有發現有什麼證據證明他確實執行法律程序），判處以下四名軍官死刑：「參謀總部上校梅爾茨·馮·基爾海姆、歐布里希特將軍，還有那兩個我不想再提他們姓名的上校和中尉（指史陶芬堡和哈夫登）。」

那兩位將軍歐布里希特和霍普納還在給妻子寫信。貝克將軍癱在椅子上，子彈擦傷處流出來的血滿臉都是。那四個「被判死刑」的軍官，像電線桿似的沉默地站著。

弗洛姆對歐布里希特和霍普納說：「先生們，你們準備好了嗎？我必須要求你們快一點，這樣才不至於使別人太為難。」霍普納寫完信，把信放在桌上。歐布里希特要一個信封，把信放進去，封好口。貝克現在恢復了一點神智，要求再給他一支手槍。史陶芬堡（他那只好胳臂的袖子浸透了槍傷流出來的血）和三個「被判死刑」的同伴被帶了出去。弗洛姆叫霍普納跟出去。

在樓下的院子裡，一輛軍車的車燈套上了防空罩，射出了微弱的光線。這四個軍官很快地被行刑隊打死了。目擊者說，當時人聲嘈雜，主要是衛兵們的吆喝聲。他們急急忙忙，因爲怕空襲。那年夏天，英國飛機幾乎每晚都飛臨柏林上空。史陶芬堡在臨死時喊道：「我們神聖的德國萬歲！」[32]

這時，弗洛姆給霍普納將軍自己選擇。三星期之後，在絞刑架的陰影下，霍普納對人民法庭說出了當時經過。弗洛姆當時說：

> 唉，霍普納，這件事情眞使我傷心。你知道，我們一直是好朋友和好同志。你讓自己捲進了這件事情，不能不承擔它的後果。你要同貝克走同樣的路嗎？要不然，我就要立即逮捕你。

霍普納當時回答說，他並「不感到這樣有罪」，他認爲他能爲自己「辯白」。弗洛姆握一握他的手回答：「我理解。」霍普納被送進了摩亞比特（Moabit）的軍人監獄。當他被帶走的時候，他聽見從隔壁房間門口傳來貝克疲憊的聲音：「這次要是不行，那就請幫忙吧！」接著傳來手槍射擊的聲音。貝克第二次嘗試自殺又告失敗。弗洛姆從門口伸進頭去，再一次要一個軍官「給這位老先生幫一幫忙」。這個不知姓名的軍官拒絕幫這個忙，而讓一個上士去做。這個上士把第二次受傷後昏迷過去的貝克拉出房間，頸上加了一槍，結果了性命[33]。

這時已過午夜。在德意志第三帝國十一年半的時間中，這僅有一次的重大反希特勒行動，在十一個半小時內就被平息了。斯科爾茲內帶了一隊武裝的黨衛隊來到了班德勒街。他是一個警官，知道不應該殺掉那些人。因爲只要嚴刑拷打，他們就會供出十分有價值的證據，因而得知有多少人涉及謀反行動。因此，他禁止再處決人，把另外的謀反分子加上手銬，送進了艾爾布萊希特親王街的祕密警察監獄。他又命令鑑識人員收集那些謀反分子來不及毀掉的犯罪文件。希姆萊在這以前已經到了柏林，在戈培爾的宣傳部裡成立了一個臨時總部，宣傳部現在已由雷莫警衛營的部隊保衛著。他打電話給希特勒，報告叛亂已經平定。在東普魯士，一輛廣播車正從柯尼斯堡向臘斯登堡疾馳，以便元首發表預告已久的廣播演說。德意志廣播電臺從下午九時起，每隔幾分鐘就預告一次元首即將發表廣播演說。

快到深夜一點的時候，阿道夫・希特勒斷啞的聲音在夏天夜空中響起來了：

我的德國同志們！

我今天對你們講話，第一是爲了使你們聽到我的聲音，知道我安然無恙；第二是爲了使你們瞭解在德國歷史上從未有過的一次罪行。一些野心勃勃、不負責任又愚蠢無知的軍官組成一個小小集團，合謀殺害我，以及與我一起的國防軍最高統帥部的將領。

史陶芬堡伯爵上校放置的炸彈在離我右邊兩米的地方爆炸。它使我的許多眞誠的、忠貞的合作者受了重傷，其中一人已經去世。我本人除了一些很輕微的碰傷、擦傷和燒傷之外，安然無恙。我把這看作是上天降大任於我的證明……。

這些篡奪者的圈子是很小的。它同德國國防軍、特別是同德國人民的精神毫無共同之處。這是一個犯罪分子的匪幫。這個匪幫將加以無情消滅。

因此，我現在命令，任何軍事當局……都不得服從這群篡奪者的命令。我同時命令，人人都有義務逮捕任何散發或持有他們命令的人，如果遇到抵抗，可當場格殺勿論……。

這一次，我們將以國家社會黨人常用的方法來清算他們。

血腥的報復

這一次，希特勒也是說到做到。

納粹對待自己德國同胞的野蠻，這時達到了頂點。在瘋狂的逮捕之後，接著進行令人毛骨悚然的嚴刑拷打，在草率審判後宣布死刑。執行死刑的方式大多數是緩慢地絞死，用鋼琴弦把受害者吊在從肉鋪和屠場借來的肉鉤子上。嫌疑犯的親戚朋友，成千上萬地被抓起來送進集中營，許多人就死在集中營裡。少數有勇氣掩護逃犯的人都被立即處死。

希特勒在萬分震怒和難以饜足的報復欲望支配之下，拼命督促希姆萊和卡爾登布魯納，更加努力去搜捕所有敢於謀害他的人。他親自定下了處理這些人的辦法。

在臘斯登堡爆炸發生後舉行的最初幾次會議中，有一次他咆哮說：「這回對罪犯要毫不客氣地幹掉。不用開軍事法庭。我們要把他們送上人民法庭。別讓他們發表長篇演說。法庭要用閃電速度進行審判。判決宣布兩小時之後立即執行。要用絞刑——別講什麼慈悲。」[34]

這些來自上面的指示，都由人民法庭庭長弗萊斯勒嚴格地執行了。弗萊斯勒是一個卑鄙惡毒的狂人。在第一次世界大戰期間，他當了俄國的戰俘，成了一個狂熱的布爾什維克。後來，雖然他在一九二四年成了狂熱的納粹分子，他還是熱烈崇拜赤色恐怖，一心學習那種恐怖統治方法。在三〇年代中，在莫斯科曾舉行過多次審判，許多「老布爾什維克」和大部分高階將領都以「叛國罪」被清算。這些審判的總檢察長是安德烈·維辛斯基（Andrei Wishinsky）。弗萊斯勒就曾專門研究過維辛斯基的審判手法，所以希特勒在上面提到的那次會議上曾讚歎道：「弗萊斯勒是我們的維辛斯基。」

人民法庭的第一次審訊於八月七日、八日在柏林舉行。受審判的七月二十日事件謀反分子有維茨萊本陸軍元帥、霍普納將軍、斯蒂夫將軍和哈斯將軍，還有一些同自己所崇拜的偶像史陶芬堡密切合作的下級軍官——哈根、克勞辛（Friedrich Karl Klausing）、伯納第斯（Bernardis）、瓦爾登堡伯爵。由於在祕密警察的刑訊室裡飽受折磨，他們已經不像樣子。又由於戈培爾下令把審判的每一個細節都拍攝下來，使這部電影在軍隊和社會上放映時可以作爲一個教訓——也作爲一個警告——所以更是千方百計地把被告弄得狼狽不堪。他們穿著破爛的衣服，舊衣服和舊絨衫，走進法庭的時候，鬍子也沒有刮，沒有領子，不帶領帶，褲子上沒有背帶，也沒有腰帶，只好提著。特別是曾經威風凜凜的那個陸軍元帥，看上去像是一個精神頹喪的、牙齒脫光的老頭子。他的一口假牙被拿掉了。當他站在被告席上受盡惡毒的首席法官刻薄揶揄的時候，他一直用手抓著褲子，怕它掉下來。

弗萊斯勒對他喊道：「你這不要臉的老傢伙，爲什麼老弄著你的褲子？」

儘管他們知道自己的命運已定，這些被告在弗萊斯勒的不停侮辱前面，還是表現出了尊嚴和勇氣。最勇敢的大概要算史陶芬堡的表兄弟、年輕的彼得·約克。他冷靜地回答那些最侮辱性的問題，而且從不掩飾他對國家社會主義的鄙視。

弗萊斯勒問道：「你爲什麼沒有入黨？」

伯爵回答：「因爲我不是而且永遠不可能是一個納粹分子。」當弗萊斯勒愣了一陣之後又追問這個問題的時候，約克想解釋：「庭長先生，我在偵訊時已經說過，納粹主義是這樣一種思想，我——」

法官打斷：「——不能同意……你不同意國家社會主義根除猶太人是符合公平正義嗎？」

約克答道：「重要的是，造成這一切問題的是國家的極權主義，它迫使個人放棄他在道德上和宗教上對上帝的責任。」

「廢話！」弗萊斯勒大聲叫道，他不讓這個年輕人說下去。這樣的話可能破壞戈培爾博士的電影，也可能讓元首生氣，因爲元首已經下令：「別讓他們發表長篇演說」。

法庭所指定的辯護律師簡直可笑極了。從審判記錄可以看到，他們的卑怯令人難以置信。例如，維茨萊本的律師，一個名叫威斯曼博士的人，比國家檢察官還厲害，幾乎同弗萊斯勒一樣地申斥他的當事人是一個「謀殺的兇手」，完全有罪，應受極刑。

八月八日審判一結束，就宣判極刑。希特勒命令：「他們全都該像牲口那樣被絞死。」他們確實這樣被絞死了。在普洛岑湖（Plötzensee）監獄，這八個被判死刑的人被趕進一個小房間，房裡天花板上掛著八個肉鉤子。他們一個一個被剝光上衣，綁起來，用鋼琴琴弦做成一個圈子套在他們脖子上，另一頭掛在肉鉤子上。當攝影機沙沙響起的時候，這些人被吊起來，絞死了。他們身上那沒有褲帶的褲子，在他們掙扎的時候，終於掉了下來，使他們赤身露體地現出臨死時的痛苦[35]。審訊的照片和電影都奉命立即沖洗出來，趕送給希特勒，使他在當天晚上就可以看到。據說，戈培爾在看這些影片時用雙手按住眼睛，才沒有暈過去[36]。

後來盟軍找到了審訊的影片（並在紐倫堡放映，筆者也是在那裡第一次看到這些影片），但是行刑的影片卻一直沒有發現，據推測可能是希特勒怕它落入敵人手中，下令銷毀了。艾倫．杜勒斯說，戈培爾把這兩部影片放在一起，膠卷原長三十英里，剪到八英里，拿到某些部隊中去放映，作爲教訓和警告。但是士兵們不願意看，在利希特菲爾德士官學校，它一開演，觀眾就走出場。這些影片後來很快就停止放映了（杜勒斯：《德國的地下運動》〔*Germany's Underground*〕頁八三）。

這年的整個夏天、秋天和冬天，直到一九四五年初，猙獰的人民法庭一直在開庭，匆匆忙忙地進行陰風慘慘的審訊，羅織罪狀，判處死刑。一九四五年二月三日早晨，正當施拉布倫道夫被帶進法庭的時候，一顆美國炸彈炸死了弗萊斯勒法官，炸毀了當時還活著的被告中大多數人的案卷。這樣審訊才算停止。施拉布倫道夫奇蹟似的保住了性命。他是交上好運的極少幾個密謀分子之一。最後美國軍隊在提羅爾把他從祕密警察的魔爪中解放出來。

另外那些人的下落應該在這裡做個交代。

在七月二十日事件發生之前三天，準備在新政權中擔任總理的戈德勒由於得到警告，說祕密警察已經對他發出逮捕的命令，就躲起來了。他在柏林、波茨坦和東普魯士之間，流浪了三個星期，很少在同一個地方住上兩夜。那時希特勒已懸賞一百萬馬克通緝他，但總還有朋友或是親戚冒著生命危險掩護他。八月十二日早晨，他在東普魯士日夜不停地步行了幾天之後，已經筋疲力盡、饑腸轆轆，就撞進波蘭北部馬里安瓦爾德（Marienwerder）附近康拉斯瓦德村（Konradwalde）的一家小旅店裡。當他正在等候給他端來早點的時候，他發現有一個穿著德國空軍婦女輔助隊（Luftwaffe WAC）制服的女人正在注意他，於是他也不等早點了，溜出旅店，走向近處的樹林裡去。這時已經太遲了。這個女人名叫海倫．施瓦爾斯爾（Helene Schwärzel），是戈德勒家裡的一個老相識。她很容易地就認出了他，偷偷地告訴了同她坐在一起的幾個空軍人員。戈德勒很快就在樹林裡被捕了。

人民法庭在一九四四年九月八日把他判處死刑，但直到第二年的二月二日，才同波比茨同時被處死。克萊索集團的成員、耶穌會神父阿爾弗雷德·臺爾普（Alfred Delp）和他們同時被處決。戈德勒的兄弟弗里茨幾天後被絞死。克萊索集團的首腦毛奇伯爵雖然同暗殺案無關，也在一九四五年一月二十三日被處死。這個集團和密謀集團的領袖人物之一索爾茲於一九四四年八月二日被絞死。希姆萊所以遲遲沒有絞死波比茨和戈德勒，是因爲考慮到他們兩人與西方盟國的聯繫。他們兩人透過瑞典和瑞士同西方盟國建立，戈德勒的影響更大。希萊姆認爲這可能會對自己有幫助，如果他要來收拾國家殘局的話——這個前景這時已開始在他心裡滋長[37]。

前駐莫斯科大使舒倫堡伯爵和前駐羅馬大使哈塞爾，原定在新的反納粹政府中接管與指導外交政策，分別在十一月十日和九月八日被處死。舒倫堡伯爵在八月十日死於絞刑架下。最高統帥部通訊處長費吉貝爾將軍也在同一天被處決，七月二十日他在臘斯登堡所起的作用前面已經談過。

死者的名單是很長的。有一個材料說，共處死了四千九百八十人。祕密警察的記錄上是七千人被捕[38]。在本書提到過的反抗運動領導人中，被處死的有林德曼將軍、波斯拉格上校、潘霍華牧師、情報局的格奧爾格·漢森上校、赫爾道夫伯爵、霍法克上校、詹斯·彼得·耶森（Jens Peter Jessen）博士、奧托·基普、卡爾·蘭格本（Carl Langbehn）博士、尤利烏斯·萊伯、利昂羅德少校、威廉·劉希納、阿圖爾·奈比（刑事警察頭子）、阿道夫·萊希維恩教授、伯特霍爾德·馮·史陶芬堡伯爵（克勞斯的兄弟）、提爾將軍（陸軍總司令部通訊處長）和圖恩根將軍（在政變的那天貝克任命他繼任柯茨弗萊契將軍的職務）。

還有一批共二十個被判死刑的人，希姆萊遲遲沒有執行，顯然是因爲他認爲，如果他接管政權並進行議和的話，這些人可能對他有用處。但在四月二十二日夜間，當俄國人開始打到首都中心區的時候，他們都被匆匆打死了。這批罪犯們當時從利爾特街（Lehrterstraße）監獄轉移到艾爾布萊希特親王街的祕密警察地牢中去——在第三帝國的末日期間，許多罪犯都在這時利用燈火管制的機會逃跑了——一隊黨衛隊人員見到他們，就叫他們排在一堵牆前面，開槍掃射了一陣，只有兩個人逃出性命。事情的經過就是他們說出來的。這次被殺的伯恩斯多夫伯爵、克勞斯·潘霍華（潘霍華牧師的兄弟）和艾爾布萊希特·霍斯霍弗（Albrecht Haushofer，赫斯的好友。他的父親卡爾·豪斯霍弗是一個著名的地緣政治學家，不久便自殺了）。

弗洛姆將軍雖然在決定命運的七月二十日晚上有那些表現，還是沒有逃掉一死。第二天，希姆萊接替弗洛姆擔任後備部隊總司令，並下令逮捕他。他於一九四五年二月間被押上人民法庭，以「怯懦」罪受審，並被判處死刑。施拉布倫道夫在艾爾布萊希特親王街監獄裡同弗洛姆常常見面。他後來敘述道：「這個判決使弗洛姆感觸很深。他沒有想到落得這樣下場。」（施拉布倫道夫：《他們幾乎殺死了希特勒》頁一二二）。也許爲了小小補償他，感謝他協助挽救納粹政權，他沒有像被他在七月二十日晚上逮捕的那些人一樣用肉鉤子吊死，而是在一九四五年三月十九日由行刑隊槍斃。

被革職的情報局局長卡納里斯海軍上將，幫助過許多密謀分子的活動，但是並沒有直接參加七月二十日事件。他生涯充滿許多祕密，他死亡的確切情況也是多年不明。人們只曉得，在謀害希特勒的事情發生之後，他被捕了。但是凱特爾設法不讓他被送上人民法庭。凱特爾在最高統帥部的工作中，只做過很少幾件好事，這是其中一件。元首對於這一延誤大發雷霆，命令把卡納里斯交給黨衛隊的即決法庭審判。這個程序也拖延了一個時期，直到一九四五年四月九日，即大戰結束之前一個月，卡納里斯和他從前的助手奧斯特上校以及其他四個人，終於在弗洛森堡（Flossenburg）集中營受審，並被判處死刑。但是卡納里斯是否已被處決，則不能肯定。十年之後，這個謎才被解開。一九五五年，處理這個案件的祕密警察檢察官被捕受審，許多目擊者出庭證明，他們看見卡納里斯在一九四五年四月九日被絞死。有一個目擊者丹麥人倫丁上校說：他看見卡納里斯光著身子，從牢房被拖到絞架上。奧斯特也同時被處決了。

有些被捕的人死裡逃生，最後被盟軍先頭部隊從祕密警察手中解放出來。在這些人中間有哈爾德（Franz Halder）將軍和沙赫特（Hjalmar Schacht）博士。沙赫特同七月二十日的叛亂並沒有關係，但他在紐倫堡法庭上說，他曾「加入過」。哈爾德被關在一個不見天日的單人牢房裡幾個月。這兩個人以及一批著名的德國和外國犯人，包括許士尼格（Kurt von Schuschnigg）、萊昂・布魯姆（Léon Blum）、施拉布倫道夫和福肯豪森將軍，都是一九四五年五月四日在南提羅爾的下多夫（Niederdorf）被美軍解救出來，當時看守他們的祕密警察正打算把他們全部處決。福肯豪森後來被比利時人作爲戰犯審訊，在監獄中候審，關了四年。一九五一年三月九日，他被判十二年勞役，但兩個星期之後就被釋放回國。

許多牽涉進這次謀反事件中的陸軍軍官，爲了不讓自己被送上人民法庭受罪，都選擇自殺了結。崔斯考夫將軍是密謀集團在東線軍官中的靈魂，他在同他的朋友和副官施拉布倫道夫訣別時說了一些話。施拉布倫道夫記得最後幾句話是：

現在，大家都會來攻擊我們，咒罵我們。但是我的信心並沒有動搖——我們做的事情是正當的。

> 希特勒不但是德國的頭號敵人，也是全世界的頭號敵人。幾小時之內，我將要在上帝面前，就我的行爲和失責進行申辯。我認爲，我能帶著一顆無愧的良心，爲我在反對希特勒的戰鬥中所做的一切進行辯護……。
>
> 參加反抗運動的人必得穿上涅索斯（Nussus）的血衣。一個人只有甘願爲他的信仰而犧牲自己的生命，他才是有價值的[39]。

那天早晨，崔斯考夫乘車到第二十八步槍師的陣地，悄悄地到前沿無人地帶，拉開了一顆手榴彈，炸掉了自己的腦袋。

五天之後，陸軍第一後勤官華格納也自盡了。

在西線的陸軍高階將領中，有二個陸軍元帥和一個將軍自殺。前面已經敘述，在巴黎的起義行動一開始進行得很順利，駐法軍事總督史圖爾普納格將軍逮捕了黨衛隊和黨衛隊保安處—祕密警察的全部人馬。現在一切都要看克魯格陸軍元帥的動向了。克魯格是新任西線總司令。崔斯考夫在俄國戰線工作時，花了兩年勸說他，想努力使他成爲一個積極的密謀分子。雖然克魯格忽冷忽熱，但最後總算同意——或者說，密謀分子這樣認爲——等希特勒一死，他將支持叛亂。

七月二十日晚上，克魯格在拉羅歇—基揚（La Roche-Guyon）的B集團軍總部——隆美爾出事後，這個集團軍也由克魯格指揮——舉行了一次決定命運的晚餐會。他想同一些主要的顧問討論關於希特勒生死的各種消息。這些顧問是：參謀長布魯門特里特將軍、B集團軍參謀長斯派達爾將軍、史圖爾普納格將軍和霍法克上校。史陶芬堡在下午稍早一些時候曾用電話通知霍法克，他已在臘斯登堡引爆炸藥，柏林的起義行動開始了。當這些軍官們齊集進晚餐的時候，有些人覺得，這位素來謹愼的陸軍元帥眼看就要下決心和叛亂分子同命運了。晚餐快要開始的時候，貝克和他通了電話，懇求他的支持，不管希特勒是死是活。接著就接到了維茨萊本陸軍元帥簽署的第一號通令。克魯格已被深深地打動了。

但是，他還想得到有關形勢發展的更多消息。對叛亂分子來說，不幸的是，新的消息來自斯蒂夫將軍。斯蒂夫在當天早上同史陶芬堡一起到臘斯登堡，不僅預祝他成功，還看到了爆炸，但他後來判定希特勒沒死。於是到了晚上，他就想辦法毀滅與起義活動有關的各種線索。斯蒂夫打電話給布魯門特里特，告訴他眞相，有些事情發生了，但有些事情失敗了。

「這樣看來，已經失敗了。」克魯格對布魯門特里特說。他似乎是眞的很失望，因爲他接著說，如果計畫成功，他就要馬上與艾森豪接觸，要求停戰。

晚餐時的氣氛十分沉重，斯派達爾後來回憶說：「他們好像坐在一間死神降臨的屋子裡。」克魯格聽著史圖爾普納格和霍法克激動地申辯，就算希特勒還活著，也不能放棄起義行動。布魯門特里特描寫了當時的情況：

當他們申述了理由以後，克魯格帶著顯然失望的語氣說：「先生們，任務已經失敗了。一切全完了。」史圖爾普納格喊道：「元帥，你知道原定的計畫。我們必須要有所行動。」

克魯格否認他知道任何計畫。他命令史圖爾普納格釋放在巴黎被捕的黨衛隊保安處人員。然後，他又勸史圖爾普納格說：「我看你最好換上便服躲藏起來。」

但是，像史圖爾普納格這樣有自尊的高階將領是不會選擇這種方式逃開。克魯格在巴黎的拉菲爾旅館舉行了詭異的通宵酒會，奧伯格將軍居然率領被釋放的黨衛隊和保安處軍官與先前逮捕他們的陸軍將領們握手言歡（如果叛變成功，這幫黨衛隊人員肯定要被槍決）。史圖爾普納格在酒會結束以後便坐車回德國去，因爲他已接到命令要他回柏林去報到。路過凡爾登（Verdun）時，他請司機停車，第一次世界大戰時他曾在這裡著名戰場指揮過部隊，他想再看一眼，也想在這裡執行他個人的某個決定。接著他的司機和護衛聽到一聲槍響，隨即發現他在一旁的運河裡掙扎。子彈打穿了一隻眼睛，另一隻也受了重傷。他被送到凡爾登陸軍醫院，受傷的那只眼睛也被切除了。

但這並沒有使史圖爾普納格免於厄運。在希特勒的火急命令下，這位雙目失明、處於絕望之中的將軍被押解到柏林。他被押上人民法庭，躺在一張小床上聽弗萊斯勒的辱罵。八月三十日，他在普洛岑湖監獄被絞死了。

克魯格元帥拒絕參加叛變，這一決定性行動並沒有能夠使他得救，正如弗洛姆在柏林所採取的類似行動不能使自己得救一樣。斯派達爾在評論到這位遲疑不決的將軍時說道：「命運不會饒恕那些雖有信念但沒有足夠的決心把信念付諸實行的人。」現在已經得到證明，十二月二十日才被處決的霍法克上校在嚴刑拷打之下招出克魯格、隆美爾和斯派達爾曾參與叛變計畫。布魯門特里特說，奧伯格曾對他說過，霍法克在初次提審中「招出」克魯格。布魯門特里特還說，這位元帥從奧伯格那裡親自聽到這一消息後「開始顯得越來越憂慮起來」[41]。

從前線來的消息也不能使他精神振奮起來。

七月二十六日布萊德雷（Omar Bradley）將軍率領的美軍已經突破在聖洛（St.-Lô）的德軍陣地。四天以後巴頓將軍率領新建立的第三軍團越過這一缺口到達阿夫朗什（Avranches），打開通往布列塔尼（Brittany）和南方的羅亞爾河的道路。這是盟軍進攻的轉折點。七月三十日，克魯格報告希特勒大本營說：「整個西線已被突破……左翼已經崩潰。」到八月中旬，所有留在諾曼第的德軍都被圍在法萊（Falaise）附近的狹小袋形陣地內，希特勒下令不得再往後退。元首現在已十分討厭克魯格，責怪他使西線遭受挫敗，並且疑心他想要帶著隊伍投降艾森豪。

八月十七日瓦爾特．莫德爾（Walther Model）元帥來接替克魯格。克魯格事先並不知道自己已被免職，只是到莫德爾突然出現後才知道。希特勒通知克魯格，要他報告今後在德國的行蹤。這是一個警告，說明他已被懷疑與七月二十日的叛變有關。第二天他寫了一封長信給希特勒，然後就驅車回家了。他走到梅茨（Metz）附近服了毒藥。

在繳獲的德國軍事檔案中發現了他致希特勒的遺書。

> 當你看到這封信的時候，我已不在人間了……生命對我不再有意義了……隆美爾和我……早已預見到今天的形勢。我們的話沒有人聽……。
>
> 我不知道在各方面都受過考驗的莫德爾元帥是否能控制目前的局勢……如果他控制不住，如果你所期望的新武器不能成功，那麼，我的元首，下定決心結束這一場戰爭吧。德國人民所遭受的苦難實在太大了，現在已經到了結束這種恐怖的時候了。
>
> 我一直敬佩您的偉大……如果說命運比您的意志和天才還要強大的話，那麼上帝也是如此……希

望您現在也表現足夠的偉大，在必要時結束這一場毫無希望的掙扎……。

根據約德爾在紐倫堡的口供，希特勒一聲不響地看完了這封信，然後未加評論地交給約德爾。幾天以後，在八月三十一日的軍事會議上，希特勒說：「有充分的理由認爲，克魯格如果沒有自殺的話，無論如何也要將他逮捕起來。」[42]

接著就輪到德國群眾的偶像隆美爾陸軍元帥。當馮圖爾普納格將軍自殺未遂，雙目失明，神志不清地躺在凡爾登醫院手術臺上的時候，他喃喃地道出了隆美爾的名字。後來霍法克上校在柏林艾爾布萊希特親王街的祕密警察監獄中受不了酷刑，也招認隆美爾曾參與七月二十日陰謀。霍法克引證隆美爾元帥曾經對他說過的話：「告訴柏林的人，他們可以指望我。」希特勒聽了這句話以後十分震驚，他因此做出決定：他所寵信的、也是在德國最受歡迎的這位將軍必須死去。

隆美爾當時住在伯奈（Bernay）的野戰醫院裏。他的頭蓋骨、兩個太陽穴和顴骨受了重傷，左眼也受了嚴重的損害，腦袋上盡是炸彈碎片。爲了避免遭到進攻中的盟軍俘虜，他先從這個野戰醫院被遷至聖—歐爾曼（St.-Germain），在八月八日那天又遷到烏爾姆附近赫林根的自家住宅裡。他從前的參謀長斯派達爾到赫林根去訪問他。第二天，九月七日，斯派達爾就被捕了。這對隆美爾是第一個警告，說明會有什麼下場等待著他。

「那個病態的撒謊者現在已經完全瘋了！」隆美爾在與斯派達爾談話中談到希特勒的時候這樣說：「他正在對七月二十日案件的謀反分子發洩他的虐待狂！他不會就此罷手的！」[43]

隆美爾現在注意到，保安處的人員正在監視他的住宅。他十五歲的兒子原來在高射炮中隊服役，現在暫時告假回家來服侍他。當他和他的兒子一同在附近森林中散步的時候，他們兩人都帶著手槍。希特勒在臘斯登堡大本營收到霍法克的證詞副本後，得知隆美爾也有涉入判亂，於就下令處決他。但是辦法與眾不同。後來凱特爾對紐倫堡的提審人員解釋說，元首知道「如果這個赫赫有名的元帥，德國最得人心的將軍，被逮捕並押上人民法庭的話，這將是一件非常丟臉的事」。因此希特勒同凱特爾商量好，讓隆美爾得知他的叛亂證據，讓他選擇要麼自殺，要麼以叛國罪在人民法庭受審。如果他選擇自殺的話，他死後將舉辦隆重、完整的國葬儀式，而且可以保全他的家屬。

於是在一九四四年十月十四日中午，希特勒大本營的二位將軍驅車來到隆美爾的住宅，房子外面黨衛隊用五部裝甲車團團圍住。一位將軍是威廉·布格道夫（Wilhelm Burgdorf），一個長著酒糟鼻子、同凱特爾一樣對希特勒唯命是從的酒鬼；另一位是與他有著同樣性格、他在陸軍人事處的助手恩斯特·邁賽爾（Ernst Maisel）將軍。他們事先通知隆美爾，他們是從希特勒那裡來的，準備同他談一談他「未來的職務」問題。

凱特爾後來作證說：「我在希特勒的指使下，叫布格道夫帶著一份招出隆美爾的證詞到他那裡去。如果證詞是真的，他要對後果負責；如果是假的，他會得到法庭的開釋。」

「你還命令布格道夫帶一點毒藥給他，是不是？」檢察官問凱特爾。

「是的。我告訴布格道夫帶上毒藥。假如有此需要，隆美爾也好使用它。」

在布格道夫和邁賽爾到達以後，事實真相就清楚了：他們不是前來商談隆美爾的未來職務。他們要求和這位元帥單獨談話，於是三人到隆美爾的書房去

「幾分鐘以後」曼弗雷德·隆美爾（Manfred Rommel）後來追述道：「我聽見父親上樓到母親

的房間去。」他接著說：

父親同我走進我的房間。他開始緩慢地說：「我剛才不得不告訴你的母親，我將在十五分鐘內死去……希特勒指控我犯了叛國大罪。鑒於我在非洲服役有功，給了我一個服毒自殺的機會。那兩位將軍帶來了毒藥。這種毒藥在三秒鐘之內就能致人於死命。如果我接受的話，他們就不會用例行手段對付我的家人……我還可以得到國葬待遇。一切都準備妥當了。在十五分鐘內你將接到從烏爾姆醫院打來的電話，說我在赴會途中因腦病發作死去了。」

事情果然就是如此。隆美爾穿著他那件舊的非洲軍團皮夾克，手裡拿著元帥的節杖，跟著兩位將軍上了車。車行一、二英里後在森林旁的路上停下來，邁賽爾將軍和黨衛隊司機走下車來，隆美爾和布格道夫仍留在車上。一分鐘以後，當下車的那兩個人回來的時候，隆美爾已直挺挺地死在座位上。布格道夫不耐煩地走來走去，似乎擔心會誤了他的午餐和午茶時光。隆美爾夫人在與丈夫告別十五分鐘以後，接到預期的從醫院打來的電話。主治大夫報告說，兩位將軍帶來了元帥的屍體，他是因大腦栓塞致死，這顯然是前次他頭蓋骨受傷的結果。實際上布格道夫橫蠻地禁止解剖屍體。「不要動屍體，」他大叫道：「一切柏林都已經安排好了！」

一切的確是已經安排好了。

莫德爾元帥發布一道冠冕堂皇的命令，宣布隆美爾因「七月十七日受傷」不治身死，對「我國最偉大的指揮官之一」的犧牲表示哀悼。

希特勒給隆美爾夫人的電報說：「您丈夫的死給您帶來巨大的哀慟，請接受我最真摯的弔唁。」人們將記得隆美爾元帥的英名和他在北非戰役的英勇表現」戈林在電報中表示了「默哀」：

我們都希望您的丈夫能繼續活在德國，但是他卻因傷英勇地與世長辭了，這深深使我傷心。

希特勒下令舉行國葬。德國陸軍高階將領倫德施泰特在舉行國葬儀式時致悼辭。他站在裹著萬字旗的隆美爾屍體面前說：「他的心是屬於元首的。」（應該澄清一下，倫德施泰特也許並不知道隆美爾死亡的眞相，直到凱特爾在紐倫堡法庭上作證時，他才有所瞭解。他在庭上作證說：「我當時沒有聽到這種謠傳，否則我會拒絕在國葬時做希特勒的代表；那簡直是無法形容喪盡廉恥的行爲。」[44]可是，隆美爾的家人注意到，這位舊派的紳士拒絕在追悼儀式之後像其他的大多數將軍一樣去參加火葬典禮，也沒有到隆美爾的家裡去向他的夫人表示哀悼）。

斯派達爾後來說：「在那些在場的人看來，這個老軍人（指倫德施泰特）似乎精神頹喪，心情惶惑……命運給了他機會，讓他擔當馬克．安東尼（Mark Antony）這一角色。他一直保持著他這種道義上無動於衷的態度。」[45]

雖然斯派達爾將軍被監禁在柏林艾爾布萊希特親王街祕密警察監獄的地窖裡，而且受到不斷的訊問，但他的精神卻沒有頹喪，心情也沒有惶惑。他是軍人同時又是個哲學家，這一點也許對他有所幫助。雖然保安處的人折磨他，但他沒上當，既未招供，也沒有出賣別人。只是在他和霍法克上校對質時有點難過。因爲他相信，霍法克不但受到嚴刑拷問，而且用了迷藥使他開口。但是這一次霍法克沒有出賣他，並且否認了他以前說過的話。斯派達爾被關在祕密警察的監牢裡達七個月之久，可是從來沒有公審過。

當美軍即將到達德國南部康斯坦斯（Constance）湖附近他被監禁的地方時，他同另外二十個人設法逃出了監牢，躲在一個神父那裡，神父一直掩護他們到美軍到達。斯派達爾後來以客觀、第三者的角度撰寫二戰歷史，但在他的書中卻略去了他這一段經歷，但是他卻將這件事告訴了戴斯蒙・楊格（Desmond Young）。在楊格所寫的《隆美爾——沙漠之狐》（*Rommel-The Desert Fox*）一書中對此事有所描寫（平裝本，頁二五一至二五二）。斯派達爾不平凡經歷的最高峰，是他在五〇年代後期曾在北大西洋公約組織中擔任要職。

德國陸軍驕矜自負的軍官團受到了極大的羞辱。三個卓越的元帥——維茨萊本、克魯格和隆美爾——牽連進推翻希特勒的陰謀裡，一個被絞死，另外二個被逼自殺。它不得不眼看著它的數十名高階將領被押進祕密警察的監牢，在人民法庭上透過公審醜劇被合法地謀殺。軍官團雖然有著自豪的傳統，但在這史無前例的形勢下，並不能團結一致。它力圖要保持它的「榮譽」，但其方法，至少在一個外國觀察家看來，只會讓它丟臉和墮落。在那個奧地利下士的淫威下，驚慌失措的軍官團領袖們只好搖尾乞憐，卑躬屈膝。

因此，當倫德施泰特元帥站在隆美爾屍體前面致悼詞的時候精神頹喪、心情惶惑，就毫不足怪了。他同其他的將領一樣，已經夠低三下四了，但是希特勒現在還要逼著他們受盡一切屈辱。倫德施泰特親自接受了「軍事榮譽法庭」執行法官的任務，希特勒設立這個法庭的目的，是要開除所有涉嫌參與七月二十日案件的陸軍軍官，這樣他們就不能受軍事法庭的審問，而是作爲平民不光彩地移交給草草審判的人民法庭。這個「榮譽法庭」不允許被控告的軍官為自己辯護，它只是按祕密警察所提供的「證據」行事。倫德施泰特對於這種限制並沒有提出抗議，另一個法官古德里安（Heinz Guderian）將軍也沒有抗議過。古德里安在炸彈案發生以後被任命為陸軍參謀總長，在他的回憶錄中，他承認這是一個「不愉快的任務」，法庭的審問過程「淒涼哀傷」，而且使他面對「最困難的良心問題」。這無疑是實情，因為倫德施泰特、古德里安和其他法官——都是將軍——把數以百計的軍官從陸軍中開革出去，這樣侮辱他們不算，還要讓他們去送死。

古德里安幹的勾當還不止於此。他以參謀總長的名義發布過兩道堂皇的命令，向最高統帥保證全體軍官對他永遠效忠。第一道命令是七月二十三日發布的，它譴責謀反分子不過是「很少數的軍官，其中有一些已經退休了。這些人喪失了一切勇氣。他們由於怯懦和軟弱，寧願走恥辱的道路，而不走高尚軍人應該走的唯一道路——盡職和榮譽」。因此他嚴正地向元首保證「陸軍的將軍、軍官和士兵都將團結一致」。

同時那個早已被黜的布勞希契元帥趕緊發表一個聲明，強烈譴責這次政變，保證繼續向元首效忠，並歡迎希萊姆——他一向瞧不起將軍們，連布勞希契也不放在眼中——擔任後備部隊司令官。另一位失寵的人，退休的雷德爾海軍元帥，因為怕自己被人懷疑同情過那些謀反分子，也急急忙忙趕到臘斯登堡當面向希特勒表示忠誠。七月二十四日，老式的軍禮被強迫廢除了，代之以納粹式的敬禮，以「象徵陸軍對元首不可動搖的效忠和陸軍與納粹黨之間最緊密的團結」。

七月二十九日古德里安警告參謀總部的所有軍官，從此以後必須帶頭成為效忠於元首的好納粹分子：

參謀總部的每一個軍官也是國家社會主義的領袖……你們對政治問題的要有一致、標準的看法，而且要根據元首的思想積極投入對年輕指揮官進行政治教育。

上級軍官在評定和遴選參謀總部軍官的時候，應該首先考慮他們性格和精神的特徵，其次才是才智。品格不好的人也許有些小聰明，但在患難時期，他就經不起考驗，因爲他的品性不佳。

我希望參謀總部的每一個軍官馬上表示他自己的看法，如果支持我，請當衆宣布。凡是辦不到這一點的人，應該辭去參謀總部的職務。

據現在知道的材料，並沒有人申請辭職（古德里安在回憶錄裡經常強調他如何敢反抗希特勒並嚴厲地批評他，但對於自己所發布的這些命令卻隻字未提）。

一個德國軍事歷史學家評論道，這樣一來，「長久以來，參謀總部一直是獨立自主的單位，現在可以說是走入歷史了」[46]。參謀總部這個由優秀軍事人才組成的組織，是夏恩霍爾斯特和格奈斯瑙所創立，並由毛奇發展成爲國家支柱。它曾經在第一次世界大戰時統治德國，控制過威瑪共和國。它甚至逼使希特勒消滅衝鋒隊，殺害其領袖，因爲他們反對它。但是，到了一九四四年夏天，它卻被貶低爲一個搖尾乞憐、嚇破膽的可憐團體，對於希特勒不會再有任何反抗，連批評也不會再有了。曾經不可一世的陸軍，同第三帝國所有其他的機構一樣，與希特勒同流合污了。陸軍的將領們現在已麻木不仁，缺乏發動政變的那幾個人所具有的勇氣，以至於連提高嗓子說話（更不必說採取行動）來攔住那個屠夫的手都不敢。雖然他們現在完全認識到，這個屠夫正在迅速地把他們和德國人民帶到他們可愛的祖國有史以來最可怕的災難道路上去。

這些人在成長過程中，受到教會的洗禮，接受傳統美德的薰陶，以榮譽自豪，在戰場上視死如歸，然而他們精神上和意志上的麻木不仁一至於此，實在令人驚異。不過，如果讀者還記得本書最初幾章扼要講述過的德國歷史進程，這也許並不難於理解。他們把盲目服從塵世間的統治者看作是日耳曼民族的最高道德，並且鼓勵奴顏婢膝。現在這些將軍們知道，他們對之匍匐在地的人，根本上是個惡魔。古德里安後來回憶起希特勒在七月二十日事件以後的情況：

在他身上，嚴厲已變成殘酷，虛聲恫嚇已變成乾脆撒謊。他常常毫無顧忌地撒謊，卻一口咬定別人在撒謊。他再也不信任任何人。同他打交道一向是夠麻煩的，現在簡直成了一種痛苦，並且是越來越加劇的痛苦。他經常失去一切自我克制的能力，使用的語言越來越粗暴。他周圍的親信中，現在已沒有人能起約束、影響他了[47]。

雖然如此，現在只有這個人，這個半瘋癲、在身心方面迅速墮落了的人，能夠把敗退中的軍隊振作起來，並且使這個被打得一塌糊塗的國家打起精神來，正如他在一九四一年大雪紛飛的冬天在莫斯科所做的那樣。他運用了那種令人難以置信、在德國任何其他人——陸軍、政府和人民中間——都缺少的意志力量，幾乎是匹馬單槍地把這個痛苦的戰爭拖延了差不多一年之久。

一九四四年七月二十日叛變的失敗，有許多原因。這些陸軍和文職人員中最能幹的人，在行動時居然表現出難以理解的愚蠢；弗洛姆和克魯格性格上的致命弱點在關鍵時刻起了作用；還有這些叛變者在每一關頭碰到的壞運氣。更重要的是，所有使這個偉大國家得以運作的人——軍人、官員、平民百姓，沒有一個人準備想發動革命。事實上，儘管他們受盡苦難，未來可能被外國擊敗和佔領，但他們並不想革命。他們仍然接受並且支持國家社會主義，雖然它給德國和歐洲帶來了墮落。他們仍然把希特勒看作是國家的救星。古德里安後來寫道：

當時，無可駁辯的事實是，大多數德國人民仍然相信阿道夫·希特勒。他們認爲，如果希特勒被暗殺死身亡，就再也沒有人能夠使戰爭勝利結束[48]。

布魯門特里特將軍雖然沒有參加叛變計畫，但是如果他的上司克魯格能夠堅強些，他一定也會支持叛變。他在戰爭結束之後還發現，至少「在平民中有一半人在聽到德國的將軍們參加了推翻希特勒的計畫時大吃一驚，因此他們痛恨這些將軍們。在陸軍中間也表現同樣的情緒」[49]。

希特勒用一種無法解釋的催眠術——至少在我這個非德國人看來是如此——始終得到這一偉大民族對他的忠誠和信任。因此，德國人民像一群不會說話的家畜一樣，盲目地跟著他跳下懸崖。但是與動物不同的是，他們懷著是懷著一種虔誠信念，甚至熱情，投向國家的滅亡。

第六篇

第三帝國的覆亡

第三十章　征服德國

戰爭打到了德國本土。

希特勒還沒有來得及從七月二十日炸彈案的驚嚇中恢復過來，便又面臨著法國和比利時的丟失及東戰場的巨大攻勢。敵軍以壓倒優勢的兵力從四面八方向帝國進逼。

從一九四四年六月十日開始的俄國夏季攻勢，節節勝利，到八月中旬，紅軍打到了東普魯士邊境，在波羅的海地區包圍了德國五十個師，深入到芬蘭的維堡（Vyborg），消滅了中央集團軍，而且在六個星期內在這條戰線上推進了四百英里，到達維斯杜拉河與華沙隔河相望。同時，在南線從八月二十日開始發動新攻勢，月底就佔領了羅馬尼亞和德軍天然汽油唯一重要來源的普洛耶什蒂（Ploesti）油田。八月二十六日，保加利亞正式退出戰爭，德軍開始從該國倉皇撤退。九月間，芬蘭也退出戰爭，並向拒絕撤離其領土的德軍開火。

在西線，法國迅速解放了。在新近成立的美國第三軍團司令巴頓將軍身上，美國人找到了一位坦克將軍，與在非洲的隆美爾一樣驍勇善戰。七月三十日他攻克了阿夫朗什之後，即讓布列塔尼自生自滅，而開始向在諾曼第一線的德軍進行大包抄，向東南推進到羅亞爾河畔的奧爾良（Orleans），然後轉師向東推進到巴黎南面的塞納河。八月二十三日盟軍抵達巴黎東南方和西北方的塞納河，兩天以後，雅克・勒克萊克（Jacques Leclerc）將軍所率領的法國第二裝甲師和美國第四步兵師就攻進了巴黎。被德國佔領了四年之久、有法蘭西榮譽之稱的這一偉大城市解放了。人們發現法國反抗部隊基本上已經控制了巴黎，還發現塞納河上的橋樑——其中有許多都是藝術品——均未遭受破壞。

根據斯派達爾的說法，八月二十三日希特勒下令毀壞所有巴黎的橋樑和其他重要設備，「即使藝術紀念物遭受破壞也在所不惜」。斯派達爾拒絕執行這一命令。大巴黎市的新任衛戍司令肖爾鐵茨（Dietrich von Choltitz）將軍也拒絕了這個命令，他放了幾槍，滿足了自己的榮譽感之後便投降了。爲此肖爾鐵茨在一九四五年四月以叛國罪受到缺席審判，但是他的同僚把這一審判案一直拖到戰爭結束。斯派達爾還揭露說，巴黎失守以後，希特勒馬上命令用重炮和V－1飛彈摧毀該城，但是斯派達爾也拒絕了這一命令（斯派達爾：《一九四四年的入侵》頁一四三至一四五）。

在法國的德軍殘餘部隊現在正在全線撤退之中。在北非戰勝隆美爾的蒙哥馬利，於九月一日晉升爲元帥，率領加拿大第一軍團和英國第二軍團在四天內挺進二百英里，從塞納河下游通過有歷史意義的一九一四至一九一八年和一九四〇年的戰場進入比利時。九月三日攻陷布魯塞爾，次日又攻克安特衛普。盟軍進展神速，德軍甚至來不及破壞安特衛普的港口設備。這對盟軍來說是一件大喜事，因爲該港障礙一旦掃清之後，即可成爲英美軍隊的一個主要補給基地。

在英加軍隊的南面，科特尼・賀吉斯（Courtney H. Hodges）將軍率領的美國第一軍團以同樣速度攻入比利時的東南方，到達摩澤爾河（Moselle），一九四〇年五月德軍致命的突破就是從那裡開始。接著聯軍攻佔那慕爾（Namur）和列日的堡壘，使得德軍沒有時間進行防守。在第一軍的南面，巴頓的第三軍團攻佔了凡爾登，包圍梅茨，進抵摩澤爾河，並在貝爾福（Belfort）山峽與法美第七軍團會師；該軍團在亞歷山大．帕奇（Alexander Patch）將軍指揮下於八月十五日在法國南部海岸一帶登陸，迅速挺進到隆河流域。

到八月底，西線德軍已損失五十萬人，其中半數是被俘的；並且損失了幾乎全部的坦克、重炮和載重汽車。已經沒有什麼東西能用來保衛祖國了。德軍曾經大肆吹噓過的齊格菲防線實際上已無人防守，也沒有武器防守。西線絕大多數德軍將領都認為大勢已去。斯派達爾說：「地面部隊已經不再存在，更不要說空軍了。」[1]倫德施泰特在九月四日重新被任命為西線總司令，然而他在戰後對盟軍提審人員說：「就我個人來說，戰爭在九月間就結束了。」[2]

但對希特勒來說，卻不是如此。八月三十一日，他在大本營對一些將軍們訓話，試圖給他們灌輸鐵的意志並鼓舞士氣：

我們在必要時將在萊茵河上作戰。這沒有什麼了不起。我們在任何情況之下都要戰鬥下去，正如腓特烈大帝所說，要打倒那些該死的敵人，直到他們都精疲力竭不能再戰為止。我們要作戰到底，直到贏得優勢的和平局面，讓今後五十至一百年內德國民族的生命安全都能獲得保障。最重要的是，我們不能像一九一八年那樣再一次讓我們的民族榮譽被踐踏……我活著就是為了領導這一戰鬥，因為我知道，如果在這一戰鬥的背後沒有鐵的意志，我們就不能取得勝利。

希特勒嚴厲批評陸軍參謀總部缺乏鐵的意志之後，對將軍們透露他堅信前途有望的一些理由：

> 盟軍之間的關係變得十分緊張的時候，他們決裂的日子就要到來了。歷史上所有的聯盟遲早都會垮臺。不管怎樣艱難，唯一的辦法是等待恰當的時機。[3]

戈培爾受命組織「總動員」的工作。新被任命爲後備部隊總司令的希姆萊，著手建立二十五個人民步兵師以防守西線。在納粹德國，很多人討論過「總體戰」的計畫，但是政府卻沒有完全妥善利用自己的資源。由於希特勒的堅持，在整個戰爭時期，日用品的生產量仍然十分龐大，這顯然是爲了保持民心和士氣。而且他仍然遲遲未實行戰前制定的婦女動員計畫，讓她們進工廠工作。一九四三年三月，當斯佩爾（Albert Speer）打算要婦女進工廠時，他說：「犧牲我們最珍貴的理想，這個代價太高了！」[4]納粹思想認爲德國婦女應該待在家裡，而不是在工廠裡，因而她們就一直待在家裡。在戰爭的頭四年，當英國有二百二十五萬婦女從事戰時生產，德國只有十八萬二千名婦女幹著同樣的工作。德國在和平時期有一百五十萬人當家庭傭工，戰時居然還始終保持這一人數[5]。

現在敵人已經打到大門口，納粹首腦們慌起來了。十五歲到十八歲的孩子和五十歲到六十歲的男子都應召入伍。在大學、中學、機關和工廠裡到處搜尋入伍者。一九四四年九月到十月有五十萬人參加了陸軍，但是沒有規定要婦女進機關、工廠去替代這些入伍者。軍備和戰時生產部部長斯佩爾向希特勒抗議說，徵召技術工人入伍已經嚴重影響到軍火生產。

自從拿破崙時代以來，德國士兵就從來沒有需要去保衛祖國的神聖領土。那時以後的普魯士和德國的戰爭都是在別國領土上進行，受到破壞的也是別國的領土。現在軍隊已陷入困境，因此得大張旗鼓地激勵他們的士氣：

西線戰場的士兵們！……我希望你們保衛德國的神聖領土……堅持到底！……元首萬歲！

陸軍元帥 馮・倫德施泰特

集團軍的士兵們！……只要我們一息尚存，絕不放棄德國一寸土地……任何人不戰而退，都是民族的叛徒……士兵們！我們的家鄉，我們妻室兒女的生命繫此一戰！我們的元首和親人對他們的士兵是有信心的！……我們的德國和親愛的元首萬歲！

陸軍元帥 莫德爾

雖然如此，可是由於大勢已去，逃兵的數目一天比一天多。希姆萊爲了防止逃亡，採取了嚴厲措施，九月十日他下了一道命令：

某些不可靠的分子似乎相信，只要他們向敵人投降，戰爭對他們來說就結束了……每一個逃兵……都將受到應得的懲罰。而且他可恥的行爲會給他的家屬帶來極其嚴重的後果……他們統統要被槍斃。

第十八步兵師的霍夫曼—舒恩福恩（Günther Hoffmann-Schönborn）上校對部下說：

我們隊伍裡的叛徒逃到敵人那邊去了……這些雜種洩露了重要軍事祕密……騙人的猶太造謠者用小冊子來哄騙你們，想要把你們都變成雜種！讓這些猶太人放毒吧！……至於那些忘掉榮譽的可恥叛徒，他們的家庭必須爲他們的叛國行爲抵罪[6]。

九月間，發生了一件使德國將軍大惑不解的事情，他們稱之爲「奇蹟」。在斯派達爾看來，這是「一九一四年法國的『馬恩河奇蹟』在德國變相重演。盟軍的猛烈進攻突然沉寂下來」。

盟軍的司令官，上自艾森豪將軍開始，一直到今天還在爭論爲什麼當時進攻會沉寂下來；德國的將領們也無法理解。到九月的第二週，美軍已經進到阿亨（Aachen）前面和摩澤爾河上的德國邊境。德國已暴露在盟軍面前。蒙哥馬利（Bernard Law Montgomery）在九月初已經催促艾森豪把他全部的補給和儲備物資交給英加軍隊、美國的第九軍團和第一軍團，以便在他的指揮下在北方發起猛烈攻勢，急速插進魯爾區，奪取德國的主要兵工廠，打開通往柏林的道路並結束戰爭（艾森豪拒絕了這一建議。他在回憶錄中寫道：「我確信蒙哥馬利元帥會根據後來所發生的情況，同意這一意見是錯誤的。」〔《歐洲十字軍》〔*Crusade in Europe*〕頁三〇五〕。但是讀過蒙哥馬利回憶錄的人都知道，情況完全不是這樣。他要求在一條「寬闊的戰線上」向萊茵河推進）。

艾森豪的軍隊進展太快，補給卻跟不上。每一噸汽油和軍火必須要從諾曼第海灘上運進來，或者從瑟堡半島唯一的港口運進來，再由汽車運三四百英里才能到達前線。九月的第二週，艾森豪的軍隊便因缺乏供應停足不前。同時又碰到出乎意料的德軍抵抗。倫德施泰特在兩處重要據點集中了他能調動的兵力，因此在九月中旬至少暫時阻止了巴頓第三軍團在摩澤爾河前進，以及賀吉斯第一軍團在阿亨前進。

在蒙哥馬利催促下，艾森豪同意了一個大膽的計畫：奪取阿納姆（Arnhem）附近下萊茵河畔的橋頭堡，從而取得從北面包抄齊格菲防線的陣地。這一計畫和原來蒙哥馬利挺進魯爾區直搗柏林的意圖相差很遠，但它也可以提供一個戰略基地，以備日後之用。這一進攻在九月十九日開始，第一步行動是把從英國基地起飛的二個美國空降師和一個英國空降師大批空投下來。但是由於氣候不佳，由於空降部隊恰恰降落在他們事先沒弄清楚的兩個黨衛隊裝甲師之間，再加上沒有充足的陸軍從南面接應，進攻因此失敗了。經過十天猛烈的戰鬥之後，盟軍撤出阿納姆。降落在這一城市附近的英國第一空降師約九千人，只剩下二千一百六十三人。在艾森豪看來，這次挫折「充分證明更加艱苦的戰鬥還在後面」[7]。

可是他仍然沒有料到，在那年冬天聖誕節到來之前，德軍力量已經充分恢復，可以在西線發動一次令人猛吃一驚的襲擊了。

希特勒垂死的孤注一擲

一九四四年十二月十二日的晚上，一群西線戰場上的德國高階指揮官被召到倫德施泰特的總部去，他們被搜走了腰間佩帶的武器和手裡的公事包，然後被裝進一個大汽車裡，在沒有亮光的鄉野雪地裡開了半個鐘頭，目的是弄得他們暈頭轉向，最後停在一個很深的地下室通道前，原來這是希特勒在法蘭克福附近澤根堡（Ziegenberg）的大本營。在那兒，這些人才知道一個消息，而少數最高參謀官和指揮官一個月前就已經知道了：元首準備四天內在西線發動一次強大的反攻。

自從九月中旬艾森豪的軍隊在萊茵河以西德軍前線受阻以來，希特勒的腦子裡就盤算著反攻的念頭。雖然美軍第九、第一和第三軍團在十月間曾試圖再度發起攻勢，如艾森豪所說，要「猛撲」萊茵河，但是遇到阻礙，進展緩慢。十月二十四日在一場苦戰之後，查理曼大帝的帝國古都阿亨向盟軍投降了，這是盟軍佔領的第一個德國城市，但是美軍還是不能突破，攻到萊茵河的防線。不過，在整個戰線上，美軍以及在北方的英軍和加拿大軍正以消耗戰拖住越打越弱的德軍。希特勒意識到繼續這樣保持守勢只不過是拖延末日的到來。他那發熱的腦子裡湧現出一個大膽設想的計畫：奪回主動權，發動攻勢，切斷美軍第三和第一軍團，深入安特衛普，奪取艾森豪的主要補給基地，壓迫英加軍隊沿比利時和荷蘭邊境撤退。他認爲這一攻勢不但會使英美聯軍遭受慘敗，從而使德國西部邊疆不再感受威脅，而且使他能轉過來對付俄國軍隊。俄國軍隊雖然在巴爾幹半島方面仍在前進，但從十月以來已在波蘭和東普魯士的維斯杜拉河上受阻了。這一攻勢還會很快地打通亞爾丁森林，一九四〇年德軍的大突破就是從這裡開始的；而且德國情報人員知道這裡只有四個很弱的美軍步兵師防守著。

這是一個大膽的計畫。希特勒認爲這個計畫一定會使盟軍措手不及，在他們有機會整頓以前擊潰他們。

關於這個叫做「獅鷲」（Operation Greif）的計畫，有一個有趣的插曲，這似乎也是希特勒想出來的主意。元首委任斯科爾茲內來領導這件工作，此人曾經救出了墨索里尼，後來於一九四四年七月二十日夜晚又表現了果敢的行動，在這之後，他再一次表現了自己的才能。一九四四年十月，當匈牙利攝政者霍爾蒂（Miklós Horthy）海軍上將準備向進攻的俄軍投降時，斯科爾茲內將他綁走。

斯科爾茲內現在的新任務是指揮一個特種旅，其中全部二千名士兵都會講英語。他讓他們穿上美軍制服，駕駛繳獲來的美軍坦克和吉普車滲透到美國防線後面去切斷交通線，殺死傳令兵，搞亂交通運輸，到處造成混亂。小型部隊則深入到馬斯河（Meuse）各個橋邊，保護這些橋樑不受破壞，以便德國裝甲部隊主力能夠通過。

但是獅鷲計畫有一個問題：德軍比一九四〇年時的實力弱得多了，尤其是空軍力量，而且它碰到的對手是一個資源雄厚得多、裝備好得多的敵人。德國將軍們趕緊提醒元首注意這種情況。

倫德施泰特後來說：「當我在十一月初得悉這一計畫的時候，我大吃一驚。希特勒根本沒有和我商量過……很顯然，要執行這樣一個野心勃勃的計畫，現有的兵力實在太少了。」倫德施泰特和莫德爾知道同希特勒爭論是毫無用處的，他們決定提出一個替代的計畫，他們希望這個計畫一方面能滿足希特勒堅持發動進攻的願望，一方面能把進攻的目的鎖定將美軍趕出阿亨的突出地帶[8]。然而，這位德軍西線總司令沒有自信能改變元首的意圖，他甚至不願參加十二月二日在柏林舉行的軍事會議，而派他的參謀長布魯門特里特去。但是參加會議的布魯門特里特、莫德爾陸軍元帥、曼特菲爾（Hasso von Manteuffel）將軍和黨衛隊賽普．狄特里希將軍（後兩人將指揮兩支擔任突破任務的裝甲大軍）都不能改變希特勒的決定。深秋以來希特勒就爲他最後的孤注一擲到處搜羅殘兵餘卒。十一月間，他居然拼湊了近一千五百輛新的或改裝的坦克和重炮，十二月又再拼湊了一千輛。他還徵調了二十八個師，包括九個裝甲師，供突破亞爾丁森林（Ardennes）之用；此外還有六個師，準備在主要攻勢發動之後進攻阿爾薩斯。戈林還答應湊三千架戰鬥機。

這是一支相當可觀的力量，雖然遠比不上一九四〇年倫德施泰特在同一戰場上所使用的兵力。但是要拼湊這樣一支兵力，意味著取消對東線德軍的增援，東線的德軍司令官們認爲，想擊退俄國準備在一月發動的冬季攻勢，一定要有援軍。當負責東線戰場的參謀總長古德里安表示異議時，希特勒痛斥了他一頓：

用不著你來教訓我！我已經在戰場上指揮了五年德國陸軍，在這一時期中我所獲得的實際經驗，參謀總部無論誰也比不上。我曾研究過克勞塞維茲和毛奇，而且念過所有施利芬（Alfred von Schlieffen）的文章。我比你清楚得多！

當古德里安抗議說，俄國現在準備以壓倒優勢的兵力進攻，並且舉出蘇軍的數量。希特勒大聲說道：「這是自成吉思汗以來最大的虛張聲勢！這些胡話是誰說的？」[9]

十二月十二日晚上，被搜去公事包和武器的將軍們聚集在澤根堡元首大本營，他們發現這位納粹統帥，正如曼特菲爾後來回憶時所說：「背已駝了，面色蒼白，有些浮腫。他彎著腰坐在椅子上，兩手發顫，盡力隱藏那隻隨時要發抖的左臂。他是個病人……走路時一條腿拖在後面。」[10]

然而希特勒的精神卻仍然同從前一樣高漲。將軍們原以爲最高統帥會給他們講一講反攻的全面軍事形勢，而他卻給他們談了一通政治和歷史的大道理：

歷史上從來沒有過像我們敵人那樣的聯盟，成分那樣複雜，而各自的目的又那樣分歧……一方面是極端的資本主義國家；另一方面是極端的馬克思主義國家。一方面是垂死的帝國，英國；另一方面是一心想取而代之的殖民地美國……。

聯盟中的每一個夥伴在參加時都抱有各自的政治野心……美國企圖繼承英國的衣缽；俄國想要取得巴爾幹……英國打算保住它在……地中海的地盤……眼前這些國家就在爭吵不休。誰能夠像蜘蛛那樣坐在網中央，注意形勢的發展，他就可以觀察到這些國家間越來越加深的矛盾。

如果我們發動幾次攻擊，這個靠人爲力量撐住的共同戰線隨時隨地可能霹靂一聲突然垮臺……只要我們德國能保持不鬆懈……。

要緊的是打破敵人的信念，不讓他們認爲自己勝利在握……戰爭最後要看哪一方認輸。我們在任何時候都要讓敵人知道，不管他們怎樣，他們絕不能叫我們投降。絕不能！絕不能！11

將軍們散會時，這個動員演說還在他們的耳朵裡嗡嗡地響著。他們誰也不相信——至少他們後來這樣說——亞爾丁森林攻勢會成功，但是他們仍然決心盡最大的能力去執行命令。

他們這樣做了。十二月十五日夜間，德軍在阿亨以南的蒙紹（Monschau）和特里爾（Trier）西北的艾赫特納赫（Echternach）之間七十英里的戰線上進入他們的進攻陣地。這天晚上很黑，下著霜，濃霧籠罩著亞爾丁森林附近大雪覆蓋著的崎嶇山麓。根據天氣預報，會連著幾天有這樣的氣候，估計盟軍的飛機在這期間不能起飛，德國的補給線可以免遭諾曼第那樣的浩劫。連著五天天氣都幫了希特勒的忙，這個完全出乎盟軍總司令部意料的德軍行動，在十二月十六日早晨獲得初步進展以後，接連幾次突破盟軍陣地。

十二月十七日夜間，一支德軍裝甲部隊到達斯塔弗洛（Stavelot），它距美軍第一軍團總部駐紮地斯帕（Spa）只有八英里，美軍倉皇撤退。更重要的是，它距一個存有三百萬加侖汽油的巨大美國補給站只有一英里。假如這個補給站被德國裝甲部隊佔領，它就會進展得更遠更快，因爲德軍非常缺乏汽油。由於汽油供應不上，它的裝甲部隊不斷放慢進展速度。斯科爾茲內的第十五裝甲旅，穿著美式軍服，駕駛著繳獲的美軍坦克、卡車和吉普車推進得最遠。約有四十輛吉普車穿過被擊潰的前線，其中有幾輛一直進抵馬斯河。

十二月十六日，一名攜帶獅鷲計畫相關文件的德國軍官被俘之後，美國人才瞭解到底發生了什麼事。但這似乎並沒有停止斯科爾茲內的部隊，他所率領的人繼續製造混亂，其中有些人僞裝爲美國憲兵在公路交叉處站崗，胡亂地瞎指揮美國軍事運輸。有些被俘虜的、身穿美軍制服的德國人滿口謊言，說什麼有幾個斯科爾茲內敢死隊正在到巴黎去刺殺艾森豪。不過第一軍團的情報官沒有上當。

接連好幾天，從前線一直到巴黎，有上萬的美軍被憲兵攔阻，他們必須回答哪一個棒球隊贏得冠軍，自己出生州的首府，以便證明自己確是美國人——雖然其中有些士兵忘記了或者根本不知道答案。很多身穿美軍制服的德軍在被俘之後被立即槍殺，其餘的在受審後也被處決了。斯科爾茲內於一九四七年在達豪的美國軍事法庭上受審，但被釋放了。此後他移居西班牙和南美，不久就在那裡做起興隆的水泥生意，並且寫了回憶錄。

美軍第一軍團四個戰鬥力不強的師在亞爾丁森林被擊潰以後，其他零星部隊堅強抵抗卻使德國的進展緩慢下來。同時，它們在蒙紹和巴斯托尼（Bastogne）的交界點南北兩翼堅守陣地，使德軍只能通過狹長的突出地帶前進。美軍在巴斯托尼的這一場抵抗決定了德軍的命運。

巴斯托尼這個公路交叉點，是防守亞爾丁森林和其後面的馬斯河的關鍵。如果防守堅固，不但能夠阻止曼特菲爾率領的第五裝甲軍沿主要公路向馬斯河上的迪南（Dinant）進攻，而且能夠牽制準備推進的大批德軍。十二月十八日早晨，曼特菲爾裝甲部隊的前哨離巴斯托尼只有十五英里，而城內只有一些準備撤退的美軍參謀人員。十七日晚上，在蘭斯（Reims）休整的第一〇一空降師奉命以最大速度趕到一百英里以外的巴斯托尼。大卡車開著燈跑了整整一夜，在二十四小時內趕到該城，比德軍到得稍早一點。這是一次有決定性的行軍比賽，德國人輸了。德軍雖然包圍了巴斯托尼，但要把部隊繞過它，繼續向馬斯河推進，是有困難的。他們不得不把強大部隊留下來牽制這個公路交叉點，試圖把它拿下來。

十二月二十二日，德國第四十七裝甲軍司令海因里希．馮．呂特維茨（Heinrich von Lüttwitz）將軍寫信給美軍第一〇一空降師師長麥克奧利夫（A. C. McAuliffe）將軍，要求巴斯托尼守軍投降。他收到一封後來傳得很廣的只有一個字的回信：「呸！」（Nuts!）

聖誕節的前一天是希特勒在亞爾丁森林的轉折點，是他這場大賭注的關鍵時刻。德國第二裝甲師的一個偵察營在前一天到達馬斯河上迪南以東三英里的高地，等候給坦克用的汽油和援軍，之後便打算沿斜坡直衝馬斯河。汽油和援軍都沒有到來。美國第二裝甲師突然從北面打來。巴頓第三軍團的幾個師已經從南面攻上來，其主要目的是解巴斯托尼之危。曼特菲爾後來寫道：「在二十四日的晚上，已經看得很清楚，我們的行動已成強弩之末。我們現在知道我們的目標是絕對達不到了。」德國狹長的突出陣地兩翼所受的壓力實在太大了。聖誕節的前兩天天氣轉晴，英美空軍大顯身手，大肆轟炸德國的補給線和駛上狹窄崎嶇山間公路的軍隊和坦克。德軍向巴斯托尼做最後一次嘗試。德軍在聖誕節整天——從凌晨三點鐘開始——發動了一系列的攻擊，但是麥克奧利夫的守軍屹立不動。第二天，巴頓第三軍團的裝甲部隊從南面突破，爲守軍解危。對德軍說來，現在面臨的問題是如何從狹長走廊地帶撤退，以免被切斷和消滅。

但是希特勒聽不進任何撤退的建議。十二月二十八日晚上，他召集了一個大規模的軍事會議。他不但不聽從倫德施泰特和曼特菲爾的勸告，及時把德軍從突出陣地撤出來，反而命令繼續猛攻巴斯托尼，重新向馬斯河推進。此外，他還堅持馬上向南方阿爾薩斯發動進攻，那裡的美軍戰線由於巴頓派了幾個師北上進攻亞爾丁森林而變得薄弱了。將軍們聲稱，他們既沒有足夠的兵力向亞爾丁森林繼續發動進攻，也沒有足夠的兵力向阿爾薩斯發動進攻，但是這些話希特勒充耳不聞：

> 先生們，這一行我已經幹了十一年了……我從沒來聽人向我報告已完成所有準備工作……你不可能百分之一百準備妥當。這是很明顯的。

他滔滔不絕地說下去。從幾乎完整無缺的會議速寫記錄看來，他講了有幾個鐘頭（這份記錄是元首會議記錄第二十七號殘稿。講話的全文見吉爾伯特：《希特勒指揮他的戰爭》頁一五八至一七四）。將軍們看得明白，他們的總司令說著說著，早已看不見現實而置身於雲霧之中了：

> 問題在於……德國是否有意志繼續生存下去和是否遭到摧毀。這場戰爭失敗，德國人民就毀滅了。

他接下去又花了很多時間談了羅馬帝國的歷史，談了七年戰爭中普魯士的歷史。最後他又回到當前的迫切問題。儘管他承認亞爾丁森林攻勢「並沒有獲得預期的決定性勝利」，但是他聲稱這一戰役已經帶來了「整個形勢的轉變，在半月以前沒有人相信這種轉變是可能的」：

敵人不得不放棄所有的進攻計畫……他們不得不把已經精疲力竭的部隊拖上戰場。他們的作戰計畫完全被打亂了。他們在國內受到嚴厲的批評。目前是敵人心理上很不利的時刻。敵人不得不承認，在八月以前他們無法掌控戰局，也許到明年年底也不能……。

末了這句話是承認最後失敗嗎？希特勒連忙想糾正這種印象：

先生們，我必須補充說……你們別以爲我預計戰爭將要失敗，千萬不可以這麼想……我從來不懂得什麼叫「投降」……在我看來，今天的形勢並不新鮮。我經歷過比這糟糕得多的形勢。我提這些，只是因爲我要你們瞭解爲什麼我要這樣狂熱地追求我的目標。沒有任何東西能夠把我拖垮。雖然焦慮使我苦惱，甚至損害我的健康，但沒有東西能夠絲毫改變我的決心，我要繼續作戰直到最後勝利到來。

至此他呼籲他的將軍們拿出「全部精力」來支持這次攻勢：

那時候我們將……徹底打垮美軍……看吧！我不相信敵人能長期抵抗四十五個德國師……我們仍將掌握命運！

太晚了！德國缺少能把他的話兌現的兵力。元旦那天，希特勒以八個師的兵力攻打薩爾地區，並且命令希姆萊率領一個軍團從上萊茵河的橋頭堡發動猛攻。在德國將領們看來，讓希姆萊帶兵簡直是在開玩笑。這兩起攻勢都沒有獲得進展。從一月三日起以兩個軍共九個師的兵力向巴斯托尼所發動的總攻，展開了亞爾丁森林戰役中最激烈的戰鬥，但也毫無所獲。到一月五日，德軍已放棄奪取這一重鎮。他們面臨著被英美軍隊反攻切斷的危險，這一反攻在一月三日從北面發動。一月八日，莫德爾所率領的軍隊在巴斯托尼東北的烏法利茲（Houffalize）有被包圍的危險，這時他才接到命令准許撤退。到一月十六日爲止，恰好是希特勒以他最後的兵力軍火爲賭注發動攻勢的一個月之後，德軍又回到他們開始攻擊的戰線。

德軍死傷和失蹤約十二萬人，損失了六百輛坦克和重炮，一千六百架飛機和六千輛汽車。美國損失也很慘重：死亡八千人，受傷四萬八千人，被俘或失蹤二萬一千人，還損失了七百三十三輛坦克和反坦克炮。

美軍死亡人數中，有一些是被黨衛隊第一裝甲師戰鬥部隊所慘殺的戰俘。十二月十七日，約希姆．派普（Joachim Peiper）上校在馬爾梅蒂（Malmédy）附近率領部隊殺害這些戰俘。根據紐倫堡的法庭證據，有一百二十九個美國俘虜被害，後來在審判黨衛隊軍官時被害人數減爲七十一人。

一九四六年春天，達豪美國軍事法庭的審判引發了一些古怪的爭辯。四十三個黨衛隊軍官，包括派普在內，被判處死刑，二十三人判處無期徒刑，八人有期徒刑。曾經在突出地帶北面作戰的黨衛隊第六裝甲軍團司令塞普・狄特里希被判處二十五年徒刑；黨衛隊第一裝甲軍團司令克拉麥（Fritz Kraemer）被判處十年徒刑，黨衛隊第一裝甲師師長赫爾曼・普里斯（Hermann Priess）被判處十八年徒刑。

這在美國參議院引起一陣大吵大鬧，特別是已故參議員麥卡錫（Joseph Raymond McCarthy）吵得厲害，說什麼爲了逼口供，黨衛隊的軍官受到虐待。一九四八年三月，有三十一個死刑犯獲得減刑；四月間，盧修斯・克萊（Lucius D. Clay）將軍把十二名死刑犯減爲六名；一九五一年一月，美國高級專員約翰・麥克洛伊（John J. McCloy），將全部死刑都大赦爲無期徒刑。筆者寫這本書時，全部犯人均已釋放。在所謂黨衛隊軍官受到虐待的吵鬧聲中，有一個無可駁辯的證據差不多被人遺忘了，這就是一九四四年十二月十七日在馬爾梅蒂附近一個雪地裡，至少有七十一個手無寸鐵的美軍俘虜，在數名黨衛隊軍官的命令或煽動下被殘酷屠殺了。

美軍能補充他們的損失，而德軍卻辦不到。他們已經把最後的招數都使出來了。這是第二次世界大戰中德軍的最後一次大反攻。它的失敗不僅使西線的失敗成爲不可避免，而且也葬送了東線的德軍，因爲希特勒將他最後的後備力量投入亞爾丁森林戰役，這一行動的不利後果馬上就顯示出來。

希特勒在聖誕節後第三天向他的西線將領發表冗長的訓話。他對俄國戰場仍然十分樂觀。雖然巴爾幹半島已經丟失，但德軍從十月以來仍然堅守著波蘭和東普魯士維斯杜拉河的陣地。希特勒說：

很不幸，由於我們珍貴同盟軍的叛變，我們不得不逐步後撤……但儘管如此，我們大體上還能守住東戰場。

但能守多久呢？古德里安在俄軍包圍布達佩斯之後，曾在聖誕節前夕和元旦早晨兩度向希特勒乞求援兵，以便應付俄軍在匈牙利的威脅和蘇聯將於一月中旬在波蘭發動的攻勢，但是毫無結果。古德里安說：

我曾指出，由於西方盟軍的轟炸，魯爾地區已經陷於癱瘓……可是我又指出，另一方面，上西里西亞的工業區仍然能夠全部開工，德國軍火工業的中心已經移到東方了。如果上西里西亞失守，我們在幾星期內就將遭到失敗。但是這些話等於白說。我受到駁斥，在最沒有基督教氣氛的環境中度過了一個十分慘淡的聖誕節夜。

但是古德里安在一月九日第三次到希特勒的大本營去。他帶著他的東線情報處長蓋倫（Reinhard Gehlen）將軍，蓋倫企圖用地圖和其他圖表向元首說明，俄國即將於北方發動的攻勢，德國所面臨的處境十分危急。古德里安說：

希特勒大發雷霆……他說這些圖表「完全荒謬」，並且命令我把製圖表的人關到瘋人院去。我當時也發了火說：「如果你要把蓋倫將軍送進瘋人院，最好讓醫生證明我也是瘋子吧！」

希特勒硬說，東線戰場「從來沒有擁有像今天這樣強大的後備力量」。古德里安反駁道：「東線戰場是個空架子，只要突破一點，全線都會崩潰。」[12]

事情果然如此。一九四五年一月十二日，科涅夫（Ivan Konev）率領的集團軍從華沙南面維斯杜拉河上流的巴拉諾夫（Baranov）橋頭堡出擊，向西里西亞推進。在其北面，朱可夫率領的集團軍跨過華沙南面和北面的維斯杜拉河，華沙在一月十七日失守。再往北，俄國兩個軍團，佔領了半個東普魯士，並且挺進到但澤灣。

這是大戰以來俄國發動的最大攻勢。僅僅在波蘭和東普魯士兩地，史達林就投入了一百八十個師的兵力，其中很大一部分是裝甲師。它們銳不可當，勢如破竹。

古德里安說：「到一月二十七日（蘇聯發動攻勢十五天以後），俄國聲勢浩大的進攻很快就使我們面臨全軍覆沒的危險。」[13]那時東西普魯士已經被切斷。就在這一天，朱可夫從盧本（Lueben）跨過奧得河（Oder），在兩星期內前進二百二十英里到達德國本土，離柏林只有一百英里了。最嚴重的是，俄軍已經佔領了西里西亞的工業基地。

負責軍火生產的斯佩爾在一月三十日，希特勒上臺十二周年紀念日，給希特勒打了一個報告，指出西里西亞失守的影響，「戰爭已經失敗」，報告開頭便這樣說，接著他冷靜而客觀地做了說明。自從盟軍大舉轟炸魯爾區以來，西里西亞的煤礦就為德國提供了百分之六十的煤。現在鐵路、發電廠和工廠所儲存的煤只夠用兩星期。因此，斯佩爾說，在西里西亞失守以後，德國所能生產的煤只等於一九四四年生產的四分之一，鋼只等於一九四四年的六分之一。這也就預示出一九四五年必定是災難的一年[14]。

古德里安後來敘述說，元首晃眼看了一下報告，念了第一句之後便叫人把它收在保險櫃裡。他拒絕單獨接見斯佩爾，他向古德里安說：

我拒絕再單獨地接見任何人……他總是說些使人不愉快的話。我受不了![15]

一月二十七日下午，在朱可夫的部隊渡過奧得河，離柏林只有一百英里的時候，希特勒大本營發生了饒有趣味的事。這時大本營已遷至柏林總理府，此後，一直到最後，大本營都沒有再移動。二十五日那天急得團團轉的古德里安去見里賓特洛甫，要他設法馬上同西方接洽停戰，使剩下來的德國軍隊能集中起來對付東線俄軍。這位外交部長馬上到元首跟前告密，於是那天晚上希特勒把古德里安大罵了一頓，並且指控他犯了「叛國罪」。

但是在兩個晚上以後，東線的災難使得希特勒、戈林和約德爾反而認爲沒有必要向西方要求停戰了。他們深信西方盟軍會自動找上門來，因爲它們害怕布爾什維克的勝利所帶來的後果。一月二十七日元首會議記錄的片斷還保存了這段對話：

希特勒：「你們認爲英國人對俄國的這一切進展會感到高興嗎？」

戈林：「英國人當然不希望我們擋住他們，而讓俄國人佔領整個德國……他們當初並不希望……

我們會像瘋子一樣地抵擋他們，而讓俄國人節節進逼，現在差不多佔領了整個德國……。」

約德爾：「他們一向對俄國人懷有戒心。」

戈林：「如果這種情勢發展下去，幾天之內我們就會從英國人那裡收到電報[16]。」

第三帝國的首腦們就這樣把他們的最後希望繫在一根遊絲上。這些人曾經締結納粹—蘇聯條約來對付西方，但是到最後他們居然不能理解爲什麼英國人和美國人不跟他們一道去擊退俄國。

德國軍隊的崩潰

一九四五年的春天，第三帝國的末日很快地來到了。

垂死前的痛苦是在三月裡開始的。到了二月，由於魯爾區大部分已經成爲一片廢墟，上西里西亞又淪於敵手，煤的產量降到一九四四年的五分之一；而且由於英美轟炸使得鐵路和航運癱瘓，這些煤很少能運出去。元首會議上的主要議題是缺煤問題。鄧尼茨抱怨說，因爲沒有燃料，他的艦隻有很多無法開動；斯佩爾耐心地解釋說，由於同樣原因，發電廠和軍火工廠也陷於停頓狀態。羅馬尼亞和匈牙利油田的喪失，加上德國人造石油工廠遭到轟炸，使得汽油非常缺乏，以致迫切需要投入戰鬥的戰鬥機大部分不能起飛，被盟軍的空軍炸毀在飛機場上。由於坦克缺乏汽油，很多裝甲師不能出動。

對「神奇武器」的指望最後也放棄了。不僅是人民大眾和士兵，甚至於像古德里安這樣講實際的將軍們，都曾一度把他們的希望寄託在這種武器上。當艾森豪的軍隊重新佔領法國和比利時的海岸時，用以襲擊英國的V-1飛彈和V-2火箭發射場，除了在荷蘭還保留了幾處以外，其餘差不多全部喪失了。當英美軍隊進抵德國邊境以後，德國向安特衛普和其他軍事目標發射了約八千枚這種飛彈，但造成的損失微不足道。

希特勒和戈林曾經想要依靠新的噴射機把盟軍的空軍趕跑。如果缺乏這種飛機的英美飛行員未能成功地採取對策的話，希特勒的想法就有可能實現，因爲德國人已經製造了一千多架這種飛機。盟軍的老式戰鬥機無法同德國噴射氣機在空中較量，但是這種噴射機極少能夠起飛。製造噴射機專用特殊汽油的煉油廠已經被炸毀了，爲了使噴射機能夠起飛而建造的加長跑道很容易被盟軍駕駛員發現，把停在機場上的噴射機炸毀。

海軍元帥鄧尼茨曾經向元首保證，新的電力發動潛水艇能在海上創造奇蹟，再度嚴重打擊北大西洋上的英美生命線。但是到一九四五年二月中旬爲止，新製造的一百二十六艘這種潛水艇，只有二艘下了水。

至於那使倫敦和華盛頓十分焦慮的德國原子彈計畫，也沒有什麼進展，這是因爲希特勒對它沒有興趣，同時希姆萊又逮捕了許多原子科學家，懷疑他們對黨國不忠，或者是把原子科學家派去從事他認爲是更重要的一些無聊「科學」實驗。一九四四年底英美兩國政府大大鬆了一口氣，他們已探悉到德國人在這一次戰爭中不可能有原子彈。他們怎樣探聽到這件事是十分有趣的，可惜故事很長，不能在這裡敘述。戈德斯密（Samuel Goudsmit）教授在他寫的一本名叫《阿爾索斯》（*Alsos*）的書裡講得很清楚。「阿爾索斯」是這個教授所率的一個美國科學團體，戰爭末期他們領隨艾森豪的軍隊進入西歐。

現在已有八十五個師兵力的艾森豪軍隊，於二月八日開始向萊茵河進逼。他們預計德國軍隊只能採取拖延戰術，而且爲了保持實力，會退到江面遼闊、水流甚急、極難強渡的萊茵河對岸去。倫德施泰特就曾提出過這樣的主張。但是在這裡，也像在其他的地方一樣，希特勒在這些吃敗仗的日子裡總不願聽撤退的話。他對倫德施泰特說，這不過意味著「把災難從一個地方轉移到另一個地方而已」。因此，德軍在希特勒的堅持下守住了陣腳，但是並沒有能守多久。到二月底，英美軍隊在杜塞道夫（Düsseldorf）以北好幾處地方進抵萊茵河。兩個星期以後，他們已經牢牢控制了摩澤爾河以北的萊茵河左岸。德軍死傷和被俘的又有三十五萬人，其中被俘的佔二十九萬三千人，大部分武器和裝備均已損失。

希特勒又大發雷霆。三月十日，他最後一次再把倫德施泰特革職，換上來的是在義大利長期苦戰堅守的凱塞林元帥。二月間，元首在大怒之下打算宣布廢除日內瓦公約。他在十九日的會議上說：「讓敵人知道我們決心用手頭上所有的一切手段爲我們的生存而戰。」既不上火線卻又嗜血成性的戈培爾博士慫恿希特勒採取這一步驟，他建議將所有被俘的飛行員一律立即槍斃，以報復盟軍猛烈轟炸德國城市。當有些在場的將領從法律的角度提出反對意見時，希特勒憤怒地反駁道：

> 見他的鬼！……如果我毫不含糊地表明：我不體恤俘虜，不管報復不報復，我根本不考慮敵軍戰俘的權利，那麼，不少德國人在他們開小差以前就會好好想一想[17]。

這是希特勒的追隨者第一次看到，在他世界征服者的使命失敗以後，他決心像北歐神話中的天神佛坦（Wotan）那樣，投入一場血腥的大屠殺中，不僅要使敵人而且也要使德國人民同歸於盡。在討論結束時他要鄧尼茨海軍元帥「考慮這一步驟的利弊，並火速呈報」。

第二天鄧尼茨帶來了他的報告，這個報告典型地顯示了鄧尼茨的爲人。

> 這件事如果實行，弊多利少……總而言之，表面上最好不動聲色，同時實行必要的措施，但不必事先就宣布[18]。

希特勒勉強同意了這個報告。正如前面已經提到過的（見本書第二十七章）。雖然被俘飛行人員和其他戰俘（俄國人除外）沒有全部遭到屠殺，但有好些被殺害了，而且老百姓也被教唆用私刑打死穿著降落傘著陸的盟軍飛行人員。有一個被俘的法國將軍名叫梅斯尼，是按照希特勒的命令被蓄意謀殺。盟軍戰俘被迫長途行軍，在途中沒吃沒喝，同時又遭到盟軍在空中掃射，很多戰俘斷送了性命。德國想把這些戰俘運到內地去，以免被進攻的盟軍所解放。

希特勒要德國士兵「在開小差以前好好想一想」不是沒有根據的。在西線開小差的人，在英美軍隊進攻前盡快投降的人，正在急劇地增加。二月十二日凱特爾以「元首的名義」下了一道命令說，任何士兵「騙取假條或用僞造證件旅行……將被處死刑」。三月五日西線H集團軍總司令布拉斯科維茲（Johannes Blaskowitz）將軍下令：

> 一切散兵游勇……以及自稱掉隊而在尋找其隊伍者，就地審訊槍決。

四月十二日，希姆萊更進了一步，他下命令說，對任何放棄市鎮和重要交通中心的指揮官「均可處以死刑」。守衛萊茵河橋頭一些不幸的指揮官已經成了這道命令的犧牲者。

三月七日午後，美軍第九裝甲師到達雷馬根（Remagen）附近的高地，距萊茵河上游科布倫茨（Koblenz）二十五英里。使美國坦克部隊驚異的是，他們看到在萊茵河上的魯登道夫鐵路橋仍未遭受破壞。他們馬上從斜坡衝到河邊。工兵們急忙地切斷現場一切爆炸物的引線。一個步兵排衝過大橋，當他們到達東岸時接連發生兩起爆炸。大橋震動了一下，但仍屹立著。守在岸邊缺乏戰鬥力的德軍很快就被擊退了。坦克衝過橋去，傍晚在萊茵河東岸建立了堅強的橋頭堡陣地。德國西部最後一個天塹就這樣越過了。希特勒下令槍決指揮雷馬根大橋薄弱守軍的八名軍官。他們在希特勒設立的「西線駐外特別法庭」受審，主持這一審訊的是一位狂熱的納粹將軍，名叫休柏納（Huebner）。

幾天以後，三月二十二日晚上，巴頓的第三軍團在美國第七軍團和法國第五軍團的配合下，打了一個漂亮仗，拿下薩爾—巴拉丁那特（Saar-Palatinate）三角地帶以後，又在美因茲以南的奧本海姆（Oppenheim）渡過萊茵河。三月二十五日，英美軍隊已經完全控制了萊茵河西岸，並在兩處地方渡河建立了堅強的橋頭堡陣地。在六週之內希特勒在西線的兵力損失三分之一，並且損失了差不多可以裝備五十萬人的武器。

三月二十四日凌晨二點半鐘，希特勒在他的柏林大本營召集軍事會議研究對策。

希特勒：「我認爲奧本海姆的第二個橋頭堡是最大的危險。」

赫維爾（Walther Hewel，外交部代表）：「那兒的萊茵河河面並不寬。」

希特勒：「足有二百五十米。在這樣險要的河上，只要有一個人睡著了就會帶來可怕的不幸事件。」

最高統帥想要知道是否「能派一個旅或相當的兵力到那裡去」。一位副官回答說：

> 目前派不出到奧本海姆去的部隊，賽納（Senne）軍營只有五門反坦克大炮，它們今天或者明天準備好，要在幾天以後才能投入戰鬥[19]。

幾天以後！就在他們開會的時候，巴頓已經在奧本海姆建立了一個七英里寬、六英里深的橋頭堡陣地，而且他的坦克正向東面的法蘭克福推進中。當年一度強大的德國軍隊曾以其不可一世的裝甲軍在歐洲橫衝直撞，而在目前這種危機的時刻，最高統帥所考慮的不過是拼湊五門「要在幾天之後才能投入戰鬥」的破爛反坦克大炮，去抵擋敵人強大裝甲部隊的進攻，由此可見其所處的困境。

三月二十三日的元首會議記錄是最後一份未遭焚毀並且保持得相當完整的文件。其中可以清楚地看出這位元首癲狂的心理狀態，也看到他在大廈將傾的時刻只注意雞毛蒜皮的瑣事。他花了大半個鐘頭討論戈培爾提出計畫，後者打算用穿過柏林動物園的一條寬廣大街作爲飛機跑道。他大談德國水泥遭到轟炸時會有什麼缺點。這次會議討論的主題是拼湊軍隊。一個將軍提出了印度軍團的問題。希特勒說：「印度軍團不過是個笑話。有的印度人連蝨子都不能捏死，寧願讓蝨子咬死。他們也不會殺英國人。我們用他們去對付英國人是毫無意義的……如果我們用印度人去推動法輪之類的東西，他們將是世界上精力最充沛的軍隊……。」就這樣一直討論到深夜。散會時已是早晨三點四十三分。

到了三月的第三週，美軍已渡過萊茵河。三月二十三日晚上，蒙哥馬利所率領的英、加、美強大盟軍開始強渡下萊茵河，分兵向德國北部平原和魯爾區推進。這時候希特勒把他的仇恨從進逼的敵人那裡轉移到德國人民身上。他們曾幫他贏得德國歷史上最大的勝利。現在在這失敗的冬天裡，他認爲人民同他的偉大相比是遠遠配不上了。

在一九四四年八月對納粹地方領袖的演講中，希特勒說：「如果德國民族在這次鬥爭中被擊敗的話，想必是太衰弱了：它沒有能夠在歷史面前證明自己的英勇氣概，注定只能遭到毀滅」[20]。

他的身體很快地垮了下來，這也使得他的心理受到負面影響。指揮作戰的緊張、接二連三吃敗仗所帶來的震驚、久居地下室缺乏新鮮空氣和活動，這些都有損他的健康。他比以前更加經常的大發脾氣。還有一點，他每天都遵照江湖醫生莫勒爾的勸告每天服用的有毒性藥品。他在一九四四年七月二十日事件以前，健康已經受到損害。七月二十日那天的爆炸，震破了他兩耳的鼓膜，常常引起他頭暈目眩。在炸彈事件以後，醫生們勸他去長期休假，但是他拒絕了。他對凱特爾說：「如果我離開東普魯士，它就會淪於敵手。只要我在這裡，它就保得住。」

一九四四年九月，他病倒了，不得不躺在床上。十一月間，他回到柏林時恢復了健康。但是他再也沒有能恢復對自己可怕脾氣的控制力。一九四五年前線來的消息越發不妙，他暴跳如雷的時候就愈來愈多了。他發脾氣時總是手腳發抖，無法控制。古德里安將軍曾描寫過好幾次這種情況。一月底，當俄國人已經打到距離柏林一百英里的奧得河時，這位參謀總長要求把在波羅的海地區被切斷的幾個德國師從海上撤出來。這時希特勒向他發作起來：

他站在我面前晃著拳頭，我那好心腸的參謀長托馬爾不得不抓住我的衣襟，把我向後拉了一把，他怕我受到人身攻擊。

據古德里安說，幾天以後，一九四五年二月十三日，他們兩人又在俄國戰場形勢上大吵了兩個鐘頭。

他站在我面前，舉起拳頭，臉上氣得通紅，全身發抖。狂怒使他變成了另一個人，完全喪失了控制自己的能力。在每一次發作之後，他就在地毯邊上走來走去，然後猛地在我面前停下來，重新指著鼻子罵我。他幾乎是放開嗓門嘶叫，兩隻眼睛鼓得要脫出來，額邊的青筋也暴了起來[21]。

就是在這種精神狀態和健康情況下，這位德國元首做出了他一生中最後的重大決定之一。三月十九日，他下了一道總命令，要把所有德國的軍事、工業、運輸和交通設備以及所有的儲備物資統統毀掉，以免它們完整地落入敵人之手。這些措施要在納粹地方領袖和「民防委員們」的協助下由軍事人員執行。命令最後說：「一切指示與本命令相抵觸者均屬無效。」[22]

這就是說，德國要變成一片荒漠不毛之地。可以使德國人民在戰敗後維持生存的任何東西都不能保留下來。

坦率的軍備和戰時生產部長斯佩爾，從以前和希特勒的談話中已經預料到他會發出這樣野蠻的指示，因此在三月十五日曾寫了一個備忘錄，堅決反對這種犯罪行爲，並重申他認爲戰爭已經失敗。三月十八日晚上，他親自將備忘錄交與元首。斯佩爾說：

四至八星期內，德國經濟將要崩潰，這是可以料定的……經濟崩潰以後，戰爭就再也不能繼續下去了，在軍事上也是如此……我們必須盡力保持一個基礎，哪怕是一些最基本的需求，使這個民族能夠繼續生存下去……我們沒有權利在戰爭的現階段進行這種破壞行動，影響這個民族生存。如果我們的敵人要摧毀這個曾經英勇作戰的民族，那麼，這個歷史的恥辱應完全由他們承擔。我們有責任讓這個民族在遙遠的將來得到復興……[23]。

希特勒自己的命運已經注定了，但是對於德國民族的繼續生存他卻毫無興趣，即使他過去曾數度表示對這個民族的無限熱愛。他對斯佩爾說：

如果戰爭失敗，這個民族也將滅亡。這是不可避免的命運。沒有必要考慮給這個民族一個最基本的生存基礎。恰恰相反，最好由我們自己動手把這些基礎破壞掉，因爲這個民族將被證明是軟弱的民族，而未來只屬於強大的東方民族（俄國）。而且，在戰爭以後留下來的人不過都是劣等貨，因爲優秀的人已經戰死了。

因此第二天，這位最高統帥公布了他那臭名昭著的「焦土」政策。元首的祕書馬丁．鮑曼在三月二十三日也發了一道同樣野蠻的命令，這位膽小如鼠的人物現在在希特勒宮廷中的地位超過任何其他納粹暴吏。斯佩爾在紐倫堡法庭上描述道：

鮑曼的命令旨在把德國東部和西部的人口，包括外國工人和戰俘在內，移至德國中部。數以百萬計的人必須徒步旅行。對他們的生存，沒有準備任何物資，而且在當時的情況下，也沒有辦法準備。這勢必要造成不可想像的饑荒。

假如希特勒和鮑曼的其他命令——他們還發出一系列的補充指示——都付諸執行的話，數以百萬計尚未在戰爭中死去的德國人也要送命了。斯佩爾在紐倫堡法庭上總括描述各種「焦土」命令，必須摧毀的有：

工廠、重要的電力設備、自來水廠、煤氣廠、食品店、服裝店；橋樑、鐵路和交通設備；河道、船隻；機車和貨車。

德國人民之所以能夠倖免這一次最後的災難，除了因爲盟軍的進展神速使得這次巨大破壞無法執行之外，是由於斯佩爾和一些軍官盡了他們非凡的努力。他們（終於！）直接違抗希特勒的命令，在國內四處奔走，保護重要的交通、工廠和商店不被那些死心塌地服從命令的軍官和納粹黨棍們所炸毀。

德國陸軍的末日現在來臨了。

蒙哥馬利元帥所率領的英加軍隊，在三月的最後一週渡過下萊茵河，向東北推進，直趨不來梅、漢堡和波羅的海邊上的呂貝克（Lübeck）。同時，辛普遜（Willaim Hood Simpson）將軍率領的美國第九軍團和賀吉斯將軍率領的美國第一軍團分別迅速地從北面和南面繞過魯爾區。四月一日，他們在利普施塔特（Lippstadt）會師。莫德爾元帥的B集團軍，包括第十五和第五十裝甲軍團，共計二十一個師，被包圍在德國最大工業區的廢墟之中。它們撐持了十八天，在四月十八日投降。德軍三十二萬五千名官兵被俘，其中包括三十名將官，但莫德爾不在其內。他不願成爲俘虜，自殺身死。

莫德爾的部隊在魯爾被圍，使得德國西線出現了一個二百英里寬的大缺口，美國第九軍團和第一軍團的部隊已無須再牽制魯爾區，現在可以通過缺口直趨德國心臟易北河。通往柏林的道路已經大開，在美國這兩個軍團和德國首都之間只有幾個零星潰散的德國師。四月十一日晚，一天內挺進了大約六十英里的美國第九軍團先頭部隊到達馬德堡（Magdeburg）附近的易北河，第二天就在河岸建立了橋頭堡。美國人離柏林只有六十英里了。

艾森豪現在的目的是要在馬德堡與德勒斯登之間的易北河上與俄國人會師，把德國分裂爲二。雖然艾森豪遭到邱吉爾和英國軍事首腦們的嚴厲抨擊，責備他沒有搶在俄國人前面到達柏林，因爲對他說來這本是輕而易舉的事。可是艾森豪和盟國遠征軍最高統帥部（Supreme Headquarters Allied Expeditionary Force, SHAEF）的參謀們，此時卻急於要想同俄國人會合以後馬上向東南進攻，以便奪取「民族碉堡」。據說希特勒正在那裡聚集殘部，打算在南巴伐利亞和西奧地利之間幾乎無法逾越的阿爾卑斯山做最後的抵抗。

「民族碉堡」其實只是一個幻影，它只存在於戈培爾博士的宣傳中。艾森豪總部過於小心翼翼，於是中了這種宣傳之計。早在三月十一日，盟國遠征軍最高統帥部的情報就提醒艾森豪說，納粹正策畫在山區修建攻不破的堡壘，而且希特勒將要親自在貝希特斯加登的巢窟中指揮防守。情報說，冰天雪地的山崖「幾乎是攻不破的」，情報又說：

在這裡，迄今為止領導德國的那些力量，將能依靠天險和最有效的祕密武器，繼續存在下來，準備東山再起。這裡轟炸不著的工廠將生產軍火，糧食和設備將貯藏在巨大的地下崖洞裡，經過特別選拔的年輕人將受游擊戰的訓練，整個地下軍隊因此能得到裝備和指導，以便從佔領軍手中解放德國[24]。

從這份情報看來，想必有英美偵探小說家混進去盟國遠征軍最高統帥部的情報處——最高統帥部的將領們還居然認眞看待這份異想天開的情報。艾森豪的參謀長比德爾．史密斯（Bedell Smith）將軍還為「在阿爾卑斯山中進行曠日持久的戰爭」大傷腦筋。他擔心這會使美國人的生命遭受巨大損失而且使戰爭無限期拖延下去。布萊德雷將軍後來寫道：「直到戰事結束以後，我們才知道所謂的碉堡多半是幾個瘋狂納粹黨人的想像。這個計畫言過其實，我眞感到奇怪，爲什麼當時我們竟會那樣天眞地相信它。但當這個碉堡的神話一再流傳的時候，它是一個很不祥的威脅，使人很難忽視它，這樣一來，在戰爭臨近結束的幾個星期中，它就決定了我們的戰術思想。」（布萊德雷：《一個軍人的故事》〔*A Soldier's Story*〕頁五三六）。凱塞林元帥在戰後挖苦地評論道：「關於阿爾卑斯山堡壘的許多資料，多半是無稽之談。」（凱塞林：《一個軍人的記錄》〔*A Soldier's Record*〕頁二七六）。

這是詭計多端的戈培爾博士最後一次以他的恫嚇宣傳成功地影響了戰爭的過程。希特勒最初誠然考慮過退到奧地利—巴伐利亞深山中去進行最後的抵抗，因爲他是在那兒附近誕生，一生中大部分的個人生活也在那裡度過，他喜愛那裡。而且在貝希特斯加登山上的上薩爾斯堡，又有那唯一可說是屬於他自己的家，但是他遲疑不決，把事情耽誤了。

四月十六日美軍進抵納粹重要集會的所在地紐倫堡，同時朱可夫率領的俄國軍隊從奧得河上的橋頭堡出擊，在四月二十一日進抵柏林郊區。維也納已在四月十三日失守。四月二十五日下午四點四十分，美軍第六十九步兵師的巡邏部隊與俄軍第五十八近衛師的先遣部隊在柏林以南七十五英里易北河上的托爾高（Torgu）會師。德國南北被切斷了。阿道夫・希特勒被孤立在柏林。第三帝國的末日已經到來。

第三十一章　眾神的末日：第三帝國的末日

希特勒原來打算在四月二十日，他五十六歲生日那天，離開柏林前往上薩爾斯堡，在神話般的巴巴羅沙山間堡壘中指揮第三帝國的最後決戰。柏林注定要淪陷，政府各部大部分都已南遷，汽車上滿載著政府文件和拼命要離開的瘋狂官員。十天以前，元首也把他的大部分侍從人員送往貝希特斯加登，去收拾他的山間別墅伯格霍夫，專候他的到來。

然而命運已經注定了，他再也看不到他那心愛的阿爾卑斯山山間別墅了。他沒有想到末日會來得這樣快。美軍和俄軍正神速地向前推進，即將會師於易北河。英軍已兵臨漢堡和不來梅城下，將切斷德軍與丹麥佔領區的連結。在義大利，波隆那（Bologna）已經淪陷，亞歷山大率領的盟軍正在向波河（Po）流域推進。俄軍在四月十三日拿下維也納以後，沿著多瑙河挺進，而美國第三軍團也順河而下準備和俄國人在奧地利的希特勒家鄉林茨（Linz）會師。納粹在戰爭期間一直在紐倫堡修建宏偉的大禮堂和體育場以作爲他們的首府，而這個古老城市現在已被包圍。美國第七軍團正繞過紐倫堡，向納粹運動的誕生地慕尼黑挺進。柏林已聽到俄國重炮的隆隆聲了。

辦事糊塗的財政部長、在牛津大學領過羅德獎學金的克羅西克伯爵，一聽到布爾什維克黨人要來了，便離開柏林倉皇逃向北方去了。他在四月二十三日的日記中寫道：「整整一星期，噩耗不斷傳來。我國人民似乎正面臨著最不幸的命運。」[1]

一九四四年十一月二十日，由於俄軍的逼近，希特勒終於離開他在東普魯士臘斯登堡的大本營而來到柏林。自從東線戰場戰事爆發以來，他很少來柏林，如今他就一直待在柏林了。十二月十日，他才離開那裡，到瑙海姆浴場（Bad Nauheim）附近澤根堡的西線大本營去指揮那場冒險的亞爾丁森林戰役。亞爾丁森林戰役失敗後，他在次年一月十六日回到柏林。直到他的末日爲止，他都在總理府。總理府的大理石大廳已被盟軍炸成廢墟了。他就在五十英尺深的地下碉堡中指揮他正在崩潰的軍隊。

他的健康在急劇惡化。二月間第一次見到他的一個年輕陸軍上尉，後來在回憶當時他的容貌時說：

> 他的腦袋微微晃動。他的左臂鬆弛地垂著，手顫動得很厲害。他的眼裡射出一種無法形容的閃爍光輝，給人恐懼、極不自然的感覺。他的面色和眼圈使人感到他已經精疲力竭。他的一切動作都和衰老的人一樣[2]。

自從七月二十日炸彈事件以來，他對任何人都不信任，甚至黨內老夥伴也不例外。「所有的人都欺騙我」，三月裡他向一位女祕書這樣發火道：

> 我沒有可以信賴的人。他們都背叛了我。這使我難過……假如我出了什麼事，德國便沒有領袖

了。我沒有繼承者。赫斯瘋了，戈林失去了人民的擁護，希姆萊不會得到黨的贊同，而且他根本毫無文化修養……你去想吧，有誰能做我的繼承者……[3]

人們也許會認爲，在這樣一個歷史關頭還在大談繼承問題，未免不夠實際，但在納粹瘋人國，人們卻不這麼想。不但元首爲這個問題傷腦筋，而且我們不久將會看到，那些主要繼承候選人，也爲這個問題著了迷。

希特勒身體已經垮了，俄國人打到了柏林，西方盟軍佔領了德國本土，可怕的末日已迫在眉睫。但是他和幾個最瘋狂的追隨者卻頑固地盼望能在最後一分鐘出現奇蹟，使他們得救。他們之中，戈培爾尤其如此。

四月初的一個夜晚，戈培爾向希特勒朗讀元首喜愛的一本書：卡萊爾所著的《腓特烈大帝傳》（Thomas Carlyle, *History of Friedrich II of Prussia*）。他所朗讀的這一章敘述的是七年戰爭中最黑暗的日子，那時這位大帝已感到日暮途窮，他對他的大臣們說，如果在二月十五日以前他的運氣仍不好轉，他就要放棄戰爭，服毒自殺了。這一段歷史的確很合時宜，戈培爾想必是用極其戲劇化的方式朗誦：

「英勇的國王！請您再等一等，您那受難的日子就要過去了。象徵好運的太陽很快就要撥雲霧而升起來照耀著您了。」二月十二日，俄國女皇死了，布蘭登堡王室的奇蹟出現了。

戈培爾告訴克羅西克，希特勒的眼睛裡「充滿了淚水」[4]。這場動人的情景，克羅西克詳細地寫在日記裡。

他們在這本英國人的著作鼓勵之下，從希姆萊無奇不有的「研究室」檔案裡調了兩張預卜吉凶的星象圖來研究。一張是元首的星象圖，時間是一九三三年一月三十日，即元首的就職日，另一張是威瑪共和國的星象圖，時間是一九一八年十一月九日，即共和國誕生之時。戈培爾把這兩個非凡的文件加以重新研究以後，告訴克羅西克他的結論：

太驚人了！事實表明，兩張星象圖都預測戰爭要在一九三九年爆發，也預料到一九四一年以前的勝利和以後的節節失敗，還有一九四五年初，特別是四月前半月最大的打擊。四月下半月我們將要獲得暫時勝利。然後是停滯狀態，一直到八月，才會有和平。今後三年內德國的處境很困難，但從一九四八年開始德國就會東山再起[5]。

戈培爾用卡萊爾的書和星象圖的「驚人」預言來強化自己的信念。他在四月六日對敗退中的士兵發出了動聽的呼籲：

元首宣稱時來運轉就在今年，眞正的天才是能意識和確知即將到來的轉變。元首知道轉變到來的確切時刻。命運給我們帶來了這個人，在這內外交困的時刻，我們將要親眼看到奇蹟……[6]。

不到一個星期，四月十二日的晚上，戈培爾自信奇蹟的「確切時刻」已經到來。這是情況更加惡化的一天。美國人已經出現在德紹—柏林（Dessau-Berlin）公路上，最高統帥部匆匆下令炸毀公路附近最後剩下來的兩個軍火工廠。從此以後德軍只能依靠手頭現有的軍火作戰了。這一天，戈培爾住在布賽（Theodor Busse）將軍在奧得河前線庫斯特林（Kuestrin）的總部裡。布賽對他保證說，俄國不可能突破防線，他會堅守這道防線，「直到英國人踢我們屁股為止」。戈培爾在第二天將這些話告訴了克羅西克。戈培爾重述道：

那天晚上他們一起坐在總部裡，他發表了他的理論，根據歷史的邏輯和正義，情勢肯定會起變化，正如七年戰爭中布蘭登堡王室的奇蹟一樣。

「這一次又是哪一位俄國女皇要死掉呢？」一位軍官問。

戈培爾也說不上來。但是，他回答道：「命運帶來的可能性是多樣的」。

當這位宣傳部長那天深夜回到柏林的時候，皇家空軍把這座都城的市中心又炸成一片火海。總理府和威廉街阿德隆飯店的廢墟在焚燒中。在宣傳部大樓的石階上，一位祕書迎接戈培爾並告訴他一件緊急消息：「羅斯福死了！」

部長的表情在總理府和威廉廣場的大火照耀下十分很清楚，他面色忽然開朗，精神一振。

「把最好香檳酒拿出來！」戈培爾喊道：「給我接元首的電話。」希特勒在馬路對面的地下碉堡裡躲避轟炸。他拿起電話機。

「我的元首，」戈培爾說：「我向您祝賀！羅斯福死了！星象圖裡寫得清清楚楚，四月下半月是我們的轉折點。今天是星期五，四月十三日（其實已經過了午夜）轉折點到了！」

希特勒的反應沒有記錄下來，但卡萊爾和星象圖確實鼓勵了他，不難想像他的反應。不過戈培爾的反應倒是有人記了下來。他的祕書說：「他欣喜若狂！」[7]

那位昏庸的克羅西克伯爵也高興得要瘋了。當戈培爾的國務祕書打電話告訴他羅斯福死訊時，他叫了起來，他忠實地記在日記裡：

這眞是歷史的天使降臨了！我們感到她在我們的房裡鼓翼的聲音。難道這不是我們引頸翹望的運氣要來了嗎？

第二天早晨他打電話給戈培爾表示「祝賀」。他得意洋洋地把這件事記在日記裡。打電話似乎還不夠，他又寫了一封信，歡呼羅斯福的死是「老天的懲罰……上帝的禮物」。

這些部長官員們，如克羅西克和戈培爾之流，長期以來掌握大權並在古老的歐洲大學裡受過教育，竟然死抱住星象圖的預言不放，在柏林的熊熊大火中爲美國總統的死亡而興高采烈，認爲這是千眞萬確的跡象：上帝在最後的剎那間把第三帝國從迫在眉睫的災難中拯救出來！柏林演出的最後一幕戲就是在這種瘋人院般的氣氛中演到最後閉幕。

四月十五日，愛娃．布勞恩（Eva Braun）來到柏林與希特勒相會。德國人很少人知道她，至於她和希特勒的關係，知道的人就更少了。她當他的情婦已有十二年以上。正如特雷弗—羅珀（H. R.

Trevor-Roper）所說，爲了她的婚禮和葬禮，她在四月間來到了柏林。

她在本書最後一章裡擔任了一個有趣的角色，但她本人的事蹟卻不是那麼有趣；斯佩爾告訴特雷弗－羅珀說：「對歷史學家來說，愛娃．布勞恩讓人感到失望。」這位歷史學家自己則加了一句：「對於閱讀歷史的人也是如此。」（特雷弗－羅珀：《希特勒的末日》〔*The Last Days of Hitler*〕頁九二）。

她不是龐巴杜夫人（Madame de Pompadour）那樣的人物，也不像羅拉．蒙特茲（Lola Montez）。毫無疑問，希特勒非常喜歡她，而且同這個脾氣隨和的女人在一起感到輕鬆，雖然他大部分時間都在大本營度過，但他總是不讓她露面，不讓她到分設各地的大本營去，甚至也極少允許她到柏林來。她總是幽居在上薩爾斯堡的伯格霍夫，消磨時光的方法是游泳、滑雪、讀廉價小說、看無聊電影、跳舞（這是希特勒所不贊成的）和沒有個完的打扮，爲了那遠離的愛人而憔悴。

元首的司機埃里希．肯普卡（Erich Kempka）說：「她是德國最不幸的女人。她一生中大部分的時間都在等候希特勒。」[8]

在紐倫堡的提審中，凱特爾元帥描述了她的形象：

> 她身材苗條，容貌秀麗，大腿很美——人們可以看出——她沉默寡言，是一位非常、非常美麗的金髮女人。她很少露面，人們很少看到她[9]。

她出身於中下層家庭，父母親是巴伐利亞人。縱然希特勒是國家最高長官，她的雙親還是堅決反對她和希特勒的曖昧關係。她曾在海因里希・霍夫曼（Heinrich Hoffmann）在慕尼黑開設的照相館工作，霍夫曼將她介紹給希特勒。這是在吉莉・拉包爾（Geli Raubal）自殺以後一兩年的事。我們知道，希特勒的這個外甥女是他一生中最熱愛的女人。愛娃也常常被她的愛人逼得要發狂，雖然她的情況與吉莉有所不同。愛娃住在希特勒阿爾卑斯山別墅的一套房間裡，但因爲不能忍受長期別離之苦，在他們相識後的最初幾年她曾兩度想要自殺。但是她漸漸地習慣這令人沮喪的曖昧身分，既非妻子，也非情婦。她滿足於當一個偉大人物的唯一女伴，盡量享受極爲難得的共同時光。

她現在下了決心要同他死在一道。同戈培爾博士夫婦一樣，她也不願意生活在一個沒有阿道夫・希特勒的德國裡。她臨死前在地下室對著名的德國女飛行員漢娜・萊契（Hanna Reitsch）說：「一個眞正的德國人不宜於活在那樣的德國。」[10]愛娃頭腦簡單，在思想上對希特勒可以說毫無影響，這也許就是他願意跟她在一起的原因。看來他並不想要自己的女伴太聰明。但是很顯然，他對她的影響，就像對其他很多人的影響一樣，是絕對全面的。

希特勒的最後重大決定

四月二十日是希特勒的生日，這一天頗爲平靜地過去了。空軍參謀長卡爾・科勒（Karl Koller）將軍也參加了在地下室裡舉辦的慶祝活動，然而他在日記裡寫著：「那一天，正在迅速崩潰的各個戰線，即將面臨進一步的災難。」所有納粹元老戈林、戈培爾、希姆萊、里賓特洛甫和鮑曼都在座。此外還有仍然活著的將軍們，如鄧尼茨、凱特爾、約德爾和克萊伯斯（Hans Krebs）。最後一個人是新任、也是最後一任的陸軍參謀總長。他們向元首祝賀生日。

儘管情況很不妙，元首並不特別沮喪。正如在三天以前他對將軍們所說，他仍然相信「俄國人在柏林城下要遭到最慘重的失敗」。將軍們比他更瞭解情況，他們在慶祝會後的例行軍事會議上敦促他離開柏林到南方去。他們解釋說，一兩天內俄國人就會切斷通往南方的最後逃生之路。希特勒遲疑不決，未置可否。他顯然不能面對這樣一個可怕的現實：第三帝國的首都馬上就要被俄國人攻佔了。幾年以前，他還信誓旦旦說俄國人的軍隊已被打垮了。爲了向這些將軍們表示讓步，他同意建立兩個分開的司令部，如果美軍和俄軍在易北河上會師的話。他準備派鄧尼茨海軍元帥去指揮北方的司令部，至於南方的司令部也許會派凱塞林去；他對後者的任命還拿不定主意。

當天夜間，大批人員撤離柏林。元首最信任的兩個老部下希姆萊和戈林也走了。戈林帶領著汽車大隊從他的豪華公館卡琳宮（Carinhall）離開，車裡載滿金銀財寶。這兩個納粹元老在離開柏林時，都相信他們親愛的領袖死期快到，都相信自己將是繼承人。

他們都沒有再見到他。里賓特洛甫當天晚上也溜到比較安全的地方去，從此再也沒見過元首了。

但是希特勒卻還沒有死心。在生日的第二天，他下令給黨衛隊將軍菲利克斯・施坦因納（Felix Steiner），叫他向柏林南郊的俄國人發動全面反攻。柏林地區的所有一兵一卒，包括空軍中的地面部隊，都必須全部投入戰鬥。

「所有按兵不動的司令官」，希特勒向留守柏林指揮空軍的科勒將軍喊道：「都要在五小時內被處決。你自己也必須拿你的腦袋保證，德軍將戰到最後一人。」[11]

發命令那天和第二天，希特勒一直都在焦急地等待施坦因納的反攻消息。這是他脫離現實的又一例子。施坦因納並沒有反攻。他壓根兒就沒有這麼做。這次反攻僅僅存在於這位獨裁者的狂熱腦海中。他已窮途末路，當他最後被迫正視現實時，眼前已是狂風暴雨。

四月二十二日，希特勒走向毀滅的最後轉折點到了。從早晨開始一直到下午三點鐘，他都在打電話，就像前一天那樣，試圖從各個指揮站瞭解施坦因納的反攻情況。科勒將軍的飛機沒有發動反攻，連個影子都沒，地面指揮官也找不到，雖然反攻地點應該是在柏林以南兩三英里的地區。甚至連施坦因納本人，雖然他還活在人間，也無影無蹤，更不要說他的部隊了。

希特勒在下午三點例行的軍事會議上大發雷霆。他怒氣衝天地要求知道施坦因納的消息。凱特爾、約德爾等人都毫無所知。但是將軍們卻帶來了其他消息。由於柏林北面的軍隊下來支援施坦因納，北面陣地的防守嚴重減弱，俄軍已經突破陣地，它的坦克部隊已經到達城內。

最高統帥聽到這樣的消息實在受不了。所有還活著的見證人都說他已經完全喪失了控制力。他一生中從來沒有發過這樣大的火。這就是末日了，他尖叫道。每個人都背叛了他。除了背叛、撒謊、腐化和怯懦之外，沒有別的。一切都完啦！好吧，他願意留在柏林。他願意親自保衛第三帝國首都。誰願意走，就可以走。他要在這裡以身殉國。

別人表示不同意。他們說，如果元首退到南方去，還是有希望的，在南方，斐迪南・舍納爾（Ferdinand Schörner）元帥在捷克的集團軍和凱塞林所率領的大量軍隊仍然完整。已離開柏林到西北去指揮軍隊的鄧尼茨和希姆萊（我們將要看到他正在爲自己打算）都打電話來敦促元首離開柏林。甚至里賓特洛甫也打電話來說，他要搞一次拯救全局的「外交妙計」。但是希特勒對他們已經沒有信心了，甚至對他的「俾斯麥第二」——他曾經一時興起這樣稱呼他的外交部長——也失掉信心了。他對大家說，他已經做出了決定。為了向他們表明他不會收回決定，他叫了一位祕書來當場面授指示，並命令馬上廣播出去。這個指示宣稱，元首將要留在柏林，保衛它到底。

隨後希特勒把戈培爾叫來。他在威廉街花園的公館被炸得一塌糊塗。希特勒邀請他、他的妻子和六個孩子到「元首地下碉堡」來。他知道，這位狂熱的忠實追隨者和他的家屬願意同他堅持到最後。接著，他翻閱文件，把他認為應該毀掉的撿出來，交給一名叫尤利烏斯．夏伯（Julius Schaub）的副官帶到上面花園中去燒掉。

最後到了那天晚上，他把凱特爾和約德爾叫來，命令他們到南方去指揮殘餘軍隊。這兩位將軍在戰爭期間一直都在希特勒身邊。他們和最高統帥最後告別的情況都被生動地記載下來了[12]。

凱特爾說他不願意離開元首，希特勒回答說：「你要服從我的命令。」凱特爾一生中從未違抗過元首命令，甚至叫他去搞罪惡滔天的戰爭犯罪行為時也唯命是從。這次他也沒有再講第二句話。但不那麼俯首帖耳的約德爾卻憋不住了。雖然他對元首忠心耿耿，替他賣了不少力氣，但仍保留了一點軍人傳統。在他這個軍人看來，最高統帥是在放棄他對軍隊的指揮，在大難臨頭之時推卸自己對他們的責任。

「你在這裡沒有辦法指揮，」約德爾說：「你身邊沒有負責指揮軍隊的軍官，怎樣進行領導？」

「那麼，戈林能夠在南方把領導責任負起來。」希特勒反駁道。

當有人指出沒有一個士兵願為那位帝國元帥作戰時，希特勒打斷他的話：「你說的作戰是什麼意思？還有什麼仗好打的！」這位瘋狂征服者眼睛裡的陰翳終於消失了，或者說至少是上天在他平生最可怕的最後幾天中讓他清醒一下。

希特勒在四月二十二日的大發雷霆以及他留守柏林的最後決定引起了一些效應。在柏林西北霍亨里亨（Hohenlychen）的希姆萊，從黨衛隊派駐大本營聯絡官赫爾曼・菲格萊因（Hermann Fegelein）打來的電話中獲得了第一手消息，他對部下大喊道：「在柏林的人全都瘋了！我現在怎麼辦？」

黨衛隊辦公廳主任戈特萊伯・伯格爾（Gottlob Berger）說對希姆萊說：「你馬上到柏林去。」伯格爾是希姆萊的重要部下，是那些眞誠相信國家社會主義的頭腦簡單德國人之一。他哪裡知道他的可敬首長希姆萊，在黨衛隊瓦爾特・施倫堡將軍的鼓動下，已經與瑞典的福爾克・伯納多特（Folke Bernadotte）伯爵聯繫，商洽西線德軍的投降問題了。「我要到柏林去，」伯格爾對希姆萊說：「你也有責任去一趟。」

那天晚上到柏林去的是伯格爾而不是希姆萊。他的柏林之行是一件有意義的事，因爲他第一手描繪了希特勒在重大決定之夜的情況。當伯格爾到來時，俄國炮彈已經在總理府附近爆炸起來。他發現元首「沮喪不堪，完全垮了」，不禁大爲震驚。他對希特勒決定留在柏林表示敬意，他說：「在人民赤膽忠心地長期作戰之後，誰也不能拋棄他們。」可是這句話卻引起元首又發了一頓脾氣。伯格爾後來追述說：

元首一直一言不發，這時忽然尖叫起來：「大家都欺騙了我！沒有人告訴我眞實情況！軍隊欺騙了我！」……他繼續不斷地大聲喊叫。他的臉色又青又紫。我想他隨時會暈倒下來……。

伯格爾也是希姆萊戰俘管理處的處長。在元首恢復平靜以後，他們討論該如何處理一批重要戰俘，這些戰俘包括英、美、法三國的士兵、哈爾德和沙赫特等德國犯人以及前任奧地利總理許士尼格。這些人正被運往東南以免落入進犯德國的美軍之手。伯格爾那天晚上要飛到巴伐利亞去主持此事。他們兩人還談到從奧地利和巴伐利亞傳來的消息，說分裂主義者已開始暴動。一想到在他的原籍奧地利和第二故鄉巴伐利亞竟會發生叛變，希特勒又痙攣起來了。伯格爾寫道：

> 他的手、腿和腦袋都在顫抖；他繼續不斷地喊：「把他們統統槍斃！把他們統統槍斃！」[13]

到底這個命令是槍斃所有的分裂主義者，還是所有的重要囚犯，還是一起都在內，伯格爾並沒有搞清楚，但是這位頭腦簡單的人顯然認為應該包括所有的人。

戈林和希姆萊試圖取而代之

科勒將軍沒有參加四月二十二日的元首軍事會議。他要照顧空軍，「除此之外，」他在日記裡寫道：「一天到晚受侮辱，我也受不了。」

科勒在地下碉堡的聯絡官埃卡德・克里斯蒂安（Eckard Christian）將軍於下午六點十五分慌慌張張地打電話給他說：「這裡正在發生歷史性的、對戰爭最有決定意義的事情！」兩小時以後，克里斯蒂安來到柏林郊外維德派克—瓦爾德（Wildpark-Werder）的空軍司令部，親自向科勒報告：「元首已經垮了！」克里斯蒂安，這位和希特勒一位女祕書結婚的忠誠納粹分子急得喘不過氣來，除了斷斷續續告訴科勒，元首決定以身殉國並焚毀文件外，別的什麼也說不出來。於是空軍參謀總長不顧英國空軍剛剛開始的大規模轟炸，即刻動身去見約德爾，想弄清楚那天地下碉堡中到底發生了什麼事情。

科勒在柏林與波茨坦之間的克拉姆普尼茨（沒有最高統帥的最高統帥部臨時大本營現在設在這裡）見到約德爾，約德爾把全部悲劇告訴了他，同時還透露了一件還沒有人告訴過科勒的事情。這件事在以後幾天瘋狂的日子中還產生了一個戲劇化的結局。

「至於說到和平談判，」希特勒曾對凱特爾和約德爾說：「戈林比我搞得更好。戈林精於此道，他很會和對方打交道。」約德爾現在把這些話轉述給科勒聽[14]。

這位空軍將軍認爲他有責任馬上飛到戈林那裡去。由於敵人有監聽站，用無線電通話說明新發生的情況既困難又危險。戈林在幾年以前就被希特勒正式任命爲他的繼承人，假如現在元首又有意叫他去負責和平談判，那麼就得趕快通知他。約德爾同意這種看法。四月二十三日早晨三點三十分，科勒坐了一架戰鬥機飛往慕尼黑。

中午時分他到了上薩爾斯堡，把這個消息告訴了戈林。這位正在期待（說得好聽一點）繼承之日到來的帝國元帥竟出乎意料地小心謹慎起來。他說，他不想上了他的「死敵」鮑曼的圈套；從事情的發展來看，他的謹慎是有根據的。他已陷於進退兩難的困境。「如果我現在行動起來，」他對他的顧問們說：「我可能被斥爲賣國賊；如果不採取行動，就要被指責爲在危急存亡關頭沒有盡到責任。」

戈林把住在貝希特斯加登的總理府國務祕書漢斯·拉麥斯召來，徵求他在法律上的意見；他又從保險櫃裡拿出一份一九四一年六月二十九日希特勒的命令。這道命令規定得明明白白，如果希特勒死去時，戈林將是他的繼承人；如果元首不能視事時，戈林將代表他。大家一致認爲既然希特勒留在柏林等死，在最後時刻與各個軍事指揮部和政府機構割斷了聯繫，他已不能視事，根據這道命令，戈林有明確的責任把權力接管過來。

但是戈林小心翼翼地給希特勒打了一個電報。他要確認這次的權力轉移：

我的元首！有鑒於您已決定留守在柏林堡壘內，請問您是否同意我根據您一九四一年六月二十九日的命令，馬上接管帝國全部領導權，以您的名義在國內外充分自由地採取行動？如果在今晚十點鐘還沒有從您那裡得到回音，我將認爲您已經失去行動自由，並且認爲這是正確的時機來代您執行命令。我將以國家和人民的最大利益採取行動。在我一生這最關鍵的時刻，您知道我對您的感情非語言所能表達。願上帝保護您，使您能克服一切困難迅速來此。

您忠誠的　赫爾曼・戈林

就在當天晚上，在幾百英里之外波羅的海，希姆萊與伯納多特伯爵正在呂貝克的瑞典領事館內進行會談。忠誠的海因里希——這是希特勒對希姆萊的匿稱——並沒有要求繼承權力；他已經在行使這種權力了。

他告訴這位瑞典伯爵：「元首的偉大生命快要結束了。」他說，一兩天之內，希特勒就會與世長辭。因此希姆萊催促伯納多特馬上告訴艾森豪：德國願意向西方投降。希姆萊又說，在東方，戰爭仍將繼續打下去，直到西方國家來接替這一抗俄戰線。現在這個自攬第三帝國獨裁權力的黨衛隊頭目竟是這樣的天眞，或者說竟是這樣的愚蠢，或者說竟是這樣的天眞和愚蠢！當伯納多特要求希姆萊將他的投降請求寫下來的時候，他匆匆地在燭光下起草了一封信——因爲那天夜裡英國空軍前來轟炸，呂貝克的電燈全滅了，他們兩人還得在地下室商議。希姆萊在信上簽了字[15]。

戈林與希姆萊很快地發現，他們的行動都失之過早了。除了無線電之外，希特勒與部隊和政府部長們的聯繫都被切斷了（因爲到二十三日夜間，俄國人幾乎已經完全包圍柏林），但是現在他仍要表明，靠他的人格力量和威信仍能夠控制德國。地下碉堡上空的氣球還掛著嘰嘰作響的無線電發報機，只要透過它，希特勒講一句話就能夠敉平「叛國陰謀」，即使是他最重要的追隨者所發起的「叛變」。

斯佩爾和另一位出色的女性目擊者（關於她在柏林最後一幕戲的動人表現，下文即將述及）曾詳細地記述了希特勒收到戈林電報時的反應。斯佩爾在四月二十三日晚上坐了一架小飛機到被圍困的首都，飛機降落在離總理府只有一個街區的布蘭登堡門附近，就在橫貫動物園的東西大道的東面。希特勒決定留在即將被攻陷的柏林不走，斯佩爾獲悉此消息後，特地前來與元首告別並向他坦白承認，由於「個人忠誠與國家責任之間的矛盾」（這是他自己的話），他不能不違背元首的焦土政策。他估計自己會因「叛國罪」被捕，而且可能被槍斃。斯佩爾在兩月以前曾試圖要殺害元首還有那些沒有被史陶芬堡炸死的人。毫無疑問，如果希特勒知道這件事，一定會把他槍斃。

這位軍火部長曾經是優秀的建築師，雖然他常常以超然於政治自豪，但現在同其他的德國人一樣，終於覺悟了，雖然爲時已遲。當他知道親愛的元首決定要透過焦土政策毀滅德國民族時，他下定決心要刺殺他。他打算趁著全體軍事會議在柏林地下室召開時，將毒氣送進通風設備。這樣一來，不只是將領們，而且戈林、希姆萊和戈培爾等人一定會參加會議，他希望將第三帝國的全部納粹領導和最高統帥部徹底消滅掉。他弄到了毒氣，查看了空氣調節系統之後發現花園裡的通風管上面裝上了一個十二英尺高的煙囪，以防有人破壞通風管。這個煙囪還是希特勒親自下令組裝的。斯佩爾發覺將毒氣注入煙囪而不被花園裡的黨衛隊衛兵發現是不可能的。因此他放棄了這個計畫，希特勒又一次免遭暗算。

現在，在四月二十三日那天晚上，斯佩爾向希特勒坦承，他拒絕盲目執行計畫，破壞德國殘餘的設備。使他大吃一驚的是，希特勒竟未表示憤恨，也沒有發脾氣。也許希特勒爲他的年輕朋友——斯佩爾剛過四十歲——的坦率和勇氣感動了吧。他對斯佩爾一向具有深厚感情，並且認爲他是一個「藝術家同行」。根據凱特爾的記載，希特勒那天晚上顯得異常鎮靜，他下定決心數天之內在這裡死去，這好像給他帶來了精神上和心情上的平靜。但是這是前一天大風暴以後的平靜，也是另一個大風暴前夕的平靜。

戈林的電報這時已經送到總理府。鮑曼終於找到了一個機會。這個陰謀能手先把它扣壓起來，然後把它當作謀反證明。他告訴元首這是戈林的「最後通牒」，明顯地表明他打算「竊取」領袖權力。

「希特勒怒不可遏，」斯佩爾寫道：「他大罵戈林。他說他早已知道戈林已經完蛋了，他腐化，吸毒。」這句話使這位年輕的建築師「大吃一驚」，他奇怪爲什麼希特勒會讓這樣一位人物身居高位如此之久呢？希特勒平靜下來後又說：「讓戈林去談判投降吧，反正誰去談判都沒有關係。」這句話也使斯佩爾迷惑不解。但是希特勒的這種心情不過維持了一會兒工夫[16]。

在討論結束以前，希特勒在鮑曼的慫恿下口授了一道命令，用電報通知戈林，說他犯了「叛國罪」，理應處以死刑，姑念其長期效勞黨國，如果馬上辭去全部職務，可免一死。電報飭令戈林即刻回電是否辭職。這還未能使這個蛆蟲一樣的鮑曼得到滿足。他私自打了一個無線電報給駐在貝希特斯加登的黨衛隊總部，命令馬上以「叛國罪」逮捕戈林及其部下和拉麥斯。第二天黎明之前這位第三帝國的第二號人物，納粹頭目中的最傲慢、最富有的角色，德國歷史上的唯一的帝國元帥和空軍總司令成了黨衛隊的階下囚。

三天以後，在四月二十六日的晚上，希特勒談起戈林時所講的話，比在斯佩爾面前所講的強烈得多。

到地下碉堡來的兩位最後客人

又有兩位有趣的客人這時來到元首地下碉堡的「瘋人院」。他們是著名女飛行員漢娜·萊契和里特·馮·格萊姆（Ritter von Greim）將軍。這兩人都極端地憤世嫉俗，特別是討厭戈林。他們在四月二十四日接到命令，要他們從慕尼黑動身回到柏林，聽最高統帥面授機宜。但是他們的飛機在四月二十六日晚上降落在動物園機場時，被俄國高射炮的炮彈擊傷，格萊姆的腳被嚴重炸傷了。

希特勒走進手術室，醫生正在給將軍包紮傷口。

希特勒：「你知道爲什麼我召你來？」

格萊姆：「不知道，元首。」

希特勒：「因爲赫爾曼·戈林已經背叛了我和祖國。他背著我和敵人建立了聯繫。他的行爲是懦弱的表現。他違抗我的命令逃到貝希特斯加登，從那裡他給我打了一封可恥的電報。內容是……」

當時在場的漢娜·萊契說，元首的臉開始抽筋，呼吸急促得像要爆炸似的。

希特勒：「……一個最後通牒！一個愚蠢的最後通牒！現在什麼都完了！我一切都沒有了！沒有人效忠，沒有人看重榮譽，我什麼失望都嘗過，我什麼背叛都碰到過！現在又加上這個！一切全完啦！什麼對不起我的事都對我幹了！我已立即下令把戈林作爲帝國叛徒逮捕了，革掉他所有的職務，把他從所有機構中趕出去。這就是我召你來的原因[17]。」

希特勒就這樣在地下室裡任命躺在床上治傷的將軍爲空軍總司令。格萊姆受寵若驚。其實他可以透過無線電提升格萊姆，那樣至少不致使他成爲瘸子，並且使他能夠留在總部，那是唯一能夠指揮殘餘空軍的地方。同萊契小姐一樣，格萊姆原來打算並且十分願意同元首一起死在地下碉堡。但是三天以後，希特勒命令格萊姆離開柏林去處理一件新的「叛國」案件。正如我們所看到的，在第三帝國的領導人中，犯「叛國罪」的已不止戈林一個人了。

在這三天中，萊契有足夠的機會目睹地下碉堡「瘋人院」裡的瘋子生活，其實，她自己也加入了這種生活。她同希特勒一樣容易感情衝動，她所留下來的記述既悲情又充滿戲劇張力，但是大體上是眞實可靠的（筆者比對過她的記述與其他目擊者的報告），因此它在這部歷史書的最後一章中佔有重要的地位。

四月二十六日，她同格萊姆將軍到達的那天深夜裡，俄國開始炮轟總理府，炮彈的轟隆聲和牆壁的倒塌聲增加了地下室的緊張氣氛。希特勒把這位女飛行家叫到一旁。

「我的元首，爲什麼你要留在這兒？」她說：「爲什麼要讓德國失去你？元首必須活下去，德國才能活下去。人民要求你活下去。」

「不，漢娜，」元首這樣回答她：「如果我死去，這是爲了我們國家的榮譽，這是因爲我作爲一個軍人，必須服從自己的命令，保衛柏林到底。」他繼續說：

> 我的好女孩，我原來並沒有打算這樣做。我曾經堅信奧得河岸邊的軍隊可以保衛住柏林……當我們盡了最大的努力仍舊失敗以後，我比別人都感到驚慌。在柏林被圍以後……我相信，我的留守會使全國軍隊效法我的精神，因此前來解救柏林之圍……不過，我的漢娜，我仍抱有希望。溫克（Walther Wenck）將軍的軍隊正從南面打過來。他一定會把俄國人擊退，以便解救我們。那時我們將發動反攻並守住陣地[18]。

這是那天晚上希特勒所表現的一種情緒；他仍對溫克將軍的解圍抱有希望。但是不到一會兒工夫，當俄國對總理府的炮轟達到十分猛烈的時候，他又陷入絕望中了。他給萊契一瓶毒藥，另一瓶給格萊姆。

「漢娜，」他說：「妳和他們一樣，可以準備與我同歸於盡……我不希望我們當中任何人被俄國人活捉，也不希望我們的屍體被他們發現……愛娃同我決定讓人燒掉我們的屍體。你們想自己的辦法吧。」漢娜將毒藥交給格萊姆，他們兩人決定在「最後時刻眞正到來時」將毒藥吞下去，而且爲了萬無一失，他們將重型手榴彈緊綁在身上，服毒之後就立即拉開引線。

一天半以後的二十八日，希特勒的希望，至少是他的幻想，又復燃了。他在無線電話上對凱特爾說：「亟盼柏林解圍。海因里奇（Gotthard Heinrici）的軍隊在幹什麼？溫克在什麼地方？第九軍團怎麼樣了？溫克什麼時候能與第九軍團會師？」[19]

萊契描寫那天希特勒的情形：

> 他在地下室裡踱來踱去，手裡晃搖著被手汗浸濕得快要破碎的公路地圖，只要有人在場，他就同他策畫溫克戰役。

但是溫克「戰役」，正如一週以前施坦因納的「反攻」一樣，不過是元首的幻想而已。溫克的軍隊和第九軍團一樣已被消滅了。在柏林北面的海因里奇軍隊正倉皇向西撤退，爲的是寧可當西方盟軍的俘虜而不當俄軍俘虜。

四月二十八日，地下碉堡這些走投無路的人整天都在守候著這三支軍隊、特別是溫克軍隊的反攻消息。俄國先頭部隊距總理府只有幾條街，他們從東面、北面的幾條馬路慢慢推進，也從西面通過毗鄰的柏林動物園逐步向總理府推進。當援兵毫無消息時，希特勒聽了鮑曼的讒言，又認爲發生新的叛國陰謀了。晚上八點鐘，鮑曼打了一個無線電報給鄧尼茨：

掌握軍權的人不但不督促軍隊前來解圍，反而保持沉默。叛變似乎已代替了忠誠。我們仍守在這裡。總理府已成廢墟了。

不久以後鮑曼又給鄧尼茨打了一個電報：

肖納爾、溫克等人必須火速前來解圍，以證明他們對元首的忠誠[20]。

現在鮑曼是在爲自己講話。希特勒已經下了決心在一兩天內死去，可是鮑曼卻想活下去。他也許不能繼承元首，但是不管誰做繼承人，他都希望在幕後進行操縱。

那天夜間，沃斯（Hans-Erich Voss）海軍少將終於給鄧尼茨打了一個電報，說一切與陸軍的無線電聯繫都已斷了。他迫切要求海軍的無線電能夠提供一些外界的消息。不久消息果然來了一些，不是從海軍部來的，而是從宣傳部的監聽站發來的。這消息使希特勒大驚失色。

原來地下碉堡中除了鮑曼之外，還有一個納粹官員想活下去。這人就是希姆萊在總理府的代表赫爾曼．菲格萊因，一個在希特勒統治時代爬上高位的典型人物。他原先是馬夫，當過賽馬的騎師，識字不多，後來成爲克里斯蒂安．韋伯（Christian Weber）寵愛的部下。韋伯臭名昭彰，是希特勒最老的黨徒之一，喜歡養馬。一九三三年以後，他靠營私舞弊發了一筆橫財，養了很多賽馬。菲格萊因受到韋伯的幫助，在第三帝國內爬到很高的地位，成了黨衛隊所屬部隊的將軍。一九四四年，他被任命爲希姆萊在元首大本營的聯絡官後不久，同愛娃．布勞恩的妹妹格麗特（Gretl Braun）結了婚，這就進一步提高了他在大本營的地位。所有後來還活著的黨衛隊頭子們都一致認爲，他同鮑曼連成一氣之後，就迫不及待地在希特勒面前出賣他的黨衛隊主子希姆萊。菲格萊因雖然聲名狼藉、愚昧無知，但似乎仍具有貪圖活命的本能。當船快要下沉的時候，他是看得出來的。

四月二十六日那天，他悄悄地離開了地下碉堡。第二天下午希特勒才發現他失蹤了。這引起了多疑的元首的猜疑，他派了一支武裝黨衛隊搜查隊去尋查。他們發現他人在俄國即將佔領的夏洛登堡（Charlottenburg），身穿便服躲在家裡。他被押回總理府，隨即被褫奪黨衛隊大隊長的官銜，並且被拘留起來。菲格萊因的逃亡馬上引起希特勒對希姆萊的懷疑。這位黨衛隊首領有意離開柏林，到底打的是什麼主意呢？在他的聯絡官菲格萊因擅離職守以後，他一直沒有消息。現在消息來了。

我們已經知道，四月二十八日是地下碉堡中十分難熬的一天。俄國人在日益逼近。溫克的反攻或其他任何的反攻都音訊全無。被圍的人們透過海軍的無線電千方百計探詢柏林以外的事態發展。

宣傳部的無線電監聽站收到許多在柏林外頭發出的消息，其中一則來自倫敦英國廣播公司。這是路透社從斯德哥爾摩發出的新聞，它極其聳人聽聞，難以置信。戈培爾的一位助手海因茲．羅倫茲（Heinz Lorenz）在四月二十八日深夜倉皇跑過遍地彈坑的廣場，來到地下碉堡，將收抄下來的這一消息交給他的部長和元首。

萊契寫道，這則消息「給全體在場的人一個致命的打擊。群情譁然，男男女女都因震怒、恐懼和絕望而齊聲嚎叫起來」。以希特勒爲最厲害。女飛行家寫道：「他像一個瘋子似的大發雷霆。」

海因里希．希姆萊，這個忠誠的海因里希也遺棄了這條即將沉沒的船。路透社的電訊談到他和伯納多特伯爵的祕密談判以及他打算使西線德軍向艾森豪投降。

希特勒對於希姆萊的絕對忠誠從不懷疑，這個打擊實在不能再大了。萊契說：「他的面孔通紅，變得幾乎認不出來……希特勒在一陣子狂怒之後失去了知覺，整個地下室一時鴉雀無聲。」戈林至少還曾請求元首許可他接管。但是這位「忠誠」的黨衛隊全國總隊長連請求都不屑於提出；他一點招呼不打便叛了國，和敵人進行了聯繫。希特勒在稍稍清醒以後對他的部下說，他所遇到的所有叛國行爲莫此爲甚。

幾分鐘以後收到的消息說，俄軍已經逼近離總理府只有一條街的波茨坦廣場，可能在三十小時以後，即四月三十日的早晨，就會攻打總理府。這個打擊和這個消息標誌著末日來臨。這逼使希特勒馬上做出他一生中最後的決定。他在黎明時同愛娃．布勞恩結了婚，立下遺囑，派遣格萊姆和萊契去出動全部空軍轟炸逼近總理府的俄國軍隊，並且命令他們逮捕賣國賊希姆萊。

「一個賣國賊絕不能繼承我爲元首！」他當時對大家這樣說：「你們必須想辦法，他絕不能繼承我。」

希特勒已等不及對希姆萊進行報復了。不過這位黨衛隊首領的聯絡官菲格萊因現在卻在他的掌握中。他從禁閉室裡將馬夫出身的黨衛隊將軍提出來，嚴加審問關於希姆萊的「叛國」情況並指控他與希姆萊同謀。在元首的命令下，菲格萊因被拖到總理府花園裡槍決了。就算他娶了愛娃的妹妹做妻子也於事無補。愛娃也沒有出力去搭救他妹夫的性命。

「可憐的、可憐的阿道夫，」她對萊契低聲說：「所有的人都拋棄了他，出賣了他。寧可死一萬個人，也不能讓德國失去他。」

德國雖然失去了他，但愛娃在那最後的時刻卻贏得了他。四月二十九日淩晨一點到三點之間，希特勒爲了報答他情婦的忠誠不貳，滿足了她的願望，正式同她結婚。他一直認爲婚姻會阻礙他把全部精力獻身於領導他的黨獲得政權、領導他的國家稱霸世界。現在已經沒有什麼要他領導的了，而且他的生命也要結束了，他可以安全地同愛娃當幾小時的夫妻。

戈培爾找來一位名叫瓦爾特．華格納（Walter Wagner）的市議員，他當時正在離總理府幾排房子不到的一支人民衝鋒隊（Volkssturm）裡作戰。這位感到驚奇的議員在地下碉堡的一間小會議室裡主持了結婚儀式。從現在仍保存著的結婚證書中，可以看出婚禮的部分情況。元首的一位祕書稱此爲「死婚」。希特勒要求：「由於戰事的發展，結婚預告只能口頭宣布，其他一切拖延婚事的事情均需避免。」男女雙方宣誓他們是「純亞利安人種」，而且「沒有使他們不能結婚的遺傳病症」。死到臨頭，這位獨裁者仍堅持要遵守形式，只有在塡寫他父親的名字（父親姓施克爾格魯伯〔Schicklgruber〕）、母親的名字和他們的婚期時他留下了空白。他的妻子簽名時先用「愛娃．布勞恩」，寫到「布」字，就劃掉了重簽上「愛娃．希特勒，原姓布勞恩」。戈培爾和鮑曼作爲證婚人也簽了名。

在簡短的儀式之後，元首的私室裡舉行喜宴，但氣氛卻宛如告別式。席上有香檳酒。除了他的祕書們、留下來的將領克萊伯斯和布格道夫、鮑曼和戈培爾夫婦外，他連素食廚師曼齊里小姐（Fräulein Manzialy）也請來參加婚禮宴會。有一陣子談話集中在過去的黃金時代，以及鼎盛時期中黨的同志們。希特勒懷念地談到他在戈培爾結婚時當儐相的情景。即使到了最後的時刻，這位新郎還免不了老習慣，要說個不停，回顧他這戲劇性的一生中各個高潮時期。他說，現在全完了，國家社會主義也完了。死對他倒是一種解脫，因為他相交最久的朋友和支持者都出賣了他。結婚宴會上籠罩著陰鬱的氣氛，有些客人噙著眼淚溜掉了。希特勒最後也溜掉了。他在隔壁房間裡，把一位名叫特勞德爾・容格（Traudl Junge）的女祕書找來，開始口述他的遺囑。

希特勒的遺囑

他的遺囑是兩個文件。正如希特勒所希望的，遺囑已被保存下來。它們同其他的文件一樣，對於本書很有意義。因為這些文件證明，雖然這個人曾以他的鐵腕統治德國十二年多，也曾統治大部分的歐洲長達四年，但他沒有從個人的經驗中學習到任何教訓。即使是從多次挫敗和毀滅性的最後失敗中，他也沒有能夠吸取任何教訓。不錯，他在生命的最後時刻曾回想起他年輕時在維也納街頭流浪的時代，曾回想起他早期在慕尼黑喧鬧的啤酒館時代。他咒罵世界上一切的壞事都是猶太人幹的，不斷吹噓他那半瓶子醋的宇宙理論，歎息命運再度擊敗德國，使它沒有機會得到勝利和征服。他把他對德國民族和全世界的遺言看作是對歷史的最後呼籲。希特勒在這個遺言中，重彈他在《我的奮鬥》一書中空洞的老調，又加上了些最後的謊話。希特勒已無可救藥地被絕對權力完全腐化了，這個於醉心權勢的暴君，這些遺言是他再也恰當不過的墓誌銘。

希特勒稱之為「政治遺囑」的東西為兩部分，第一部分是他對後代的呼籲，第二部分是他對未來的具體指示：

自從我竭盡綿薄，在德國被迫參加的第一次世界大戰中充當一名志願兵以來，已經有三十多年了。

這三十多年中，唯一指導我全部思想、行動和生命的是我對人民的熱愛和忠誠。這種熱愛和忠誠給了我力量，使我能夠做出人世間最艱難的決定……。

事實上，我和任何其他的德國人並不想在一九三九年發動戰爭。那些需要戰爭、煽動戰爭的人都是一些外國政客，他們都是猶太人，或是爲猶太人利益服務的人。

我曾經提出過無數次建議要限制和控制各國的軍備，這是後代抹煞不了的事實。因此不能把爆發戰爭的責任推到我的頭上。我也從來沒有希望在可怕的第一次世界大戰之後，還會再有一次以英國或美國爲敵的世界戰爭。時光會飛逝，但是在我們城市和建築物的廢墟上，我們的仇恨永遠也不會消失。那些戰爭的始作俑者：國際猶太人集團和他們的支持者，他們要對眼前的這一切負責。

接著，希特勒重複了他的謊言：他在對波蘭發動進攻的前三天，曾向英國政府提出合理解決波德問題的辦法：

由於英國統治集團需要戰爭，我才遭到拒絕。他們之所以需要發動戰爭，一方面是由於商業上的原因，一方面是他們受到國際猶太人集團的宣傳影響。

無論是死在戰場和轟炸的千百萬人，或是死於大屠殺的猶太人，猶太人都要對他們負「全部責任」。然後，他就談起他所以決定留下來與柏林共存亡的理由：

> 這六年的戰爭儘管遭受種種挫敗，但終有一天會被認載入青史，因爲這是一個民族爭取生存最光榮、最英勇的表現。在六年後的今天，我不能拋棄這個國家的首都……我要與千百萬留守在這個城市裡的人們生死與共。而且，我不會落到敵人手中。我知道他們正需要由猶太人導演一場新戲，來取悅他們歇斯底里的群眾。
>
> 因此我決定留在柏林。在這個時刻，我相信我無法再擔任元首與總理的職務。我只能以身殉國。看到我們農民和工人的無比功勳和業績，看到以我的名字命名的年輕一代所做的史無前例的貢獻，我將含笑與世長辭。

遺囑再往下是號召全體德國人「絕不放棄鬥爭」。他終於不得不承認，國家社會主義目前已經完蛋了，但是他向同胞們保證，由於士兵和他本人的犧牲：

> 種子已經撒了下去，有朝一日會生長起來……在一個眞正團結一致的民族中，國家社會主義運動將會光榮再生。

希特勒在臨死以前還要對陸軍，特別是軍官團，進行最後一次侮辱，他認爲他們對這次慘敗負有主要責任。雖然他承認納粹主義已經完蛋，但這是暫時的。他仍然命令三軍將領：

> 以各種手段加強士兵們對於國家社會主義的信仰，以便提高他們的抵抗精神，並特別強調這一事實：我，作爲國家社會主義運動的創建者，寧願犧牲而不願怯懦地辭職或者投降。

接著他就諷刺陸軍的軍官團：

> 希望我們的陸軍軍官將來像我們的海軍那樣，絕不放棄一城一地。這是榮譽攸關的問題；尤其重要的是，指揮官們必須忠誠地恪盡職守，至死方休，成爲光榮的榜樣。

其實恰恰是希特勒堅持要堅守「一城一地」、至死方休，才造成了在史達林格勒那樣的軍事災難。但是在這方面，也正如在其他方面一樣，他沒有吸取到教訓。

他「政治遺囑」的第二部分涉及繼承問題。儘管第三帝國已在烈焰和爆炸中化爲廢墟，在沒有指定繼承人、決定繼承人所必須任命的政府組成人員以前，希特勒還不願死去。首先他不得不將以前指定的繼承人除掉：

> 在我去世以前，我將前帝國元帥赫爾曼·戈林開除出黨，並剝奪一九四一年六月二十日命令中授予他的一切權力……我任命鄧尼茨海軍元帥爲德國總統和武裝部隊最高統帥。

在我去世以前，我將前黨衛隊全國總隊長兼內政部長海因里希·希姆萊開除出黨並革除他的一切職務。

他認爲陸軍、空軍和黨衛隊的將領們都背叛了他，使他不能獲得勝利。因此他能夠選擇的繼承人只能是在他的征服戰爭中不能起大作用的小小海軍首領。這一選擇也是對陸軍的最後嘲笑，因爲陸軍在戰爭中出力最大，死傷最多。他還最後一次地譴責了建黨以來除戈培爾以外兩個最親密的合作者。

戈林與希姆萊不僅對我不忠，還瞞著我，違背我的意志私自與敵人談判，並非法地企圖奪取國家控制權，從而給整個國家帶來了無法彌補的恥辱。

在開除叛國者和指定繼承人以後，希特勒又指定了鄧尼茨新政府的組成人選。他們都是「誠實的人」，他說，「他們會以一切手段完成任務繼續作戰」。戈培爾將出任總理，鮑曼爲「黨務部長」——這是一個新職務。賽斯—英夸特（Arthur Seyss-Inquart，這個奧地利的賣國賊後來擔任荷蘭總督，成爲可怕的劊子手）被任命爲外交部長。斯佩爾，同里賓特洛甫一樣，被丟棄了。克羅西克伯爵仍將在新政府繼續保持他的職位。他自從一九三二年被巴本（Franz von Papen）任命爲財政部長以來，一直蟬聯到現在。此人是一個傻瓜，但必須承認，他在盡力保全自己方面卻是個天才。

希特勒不僅任命了他繼承人的政府，他還給它下了一道最後的典型指令：

最重要的是，我命令政府和人民要竭盡全力擁護種族法律，無情地打擊所有民族的毒害者——國際猶太人集團。

交代了這一點之後，這位德國最高統帥就結束他的戰爭生涯。時間是四月二十九日，星期日，早晨四點鐘。希特勒把戈培爾、鮑曼、克萊伯斯將軍和布格道夫將軍召來做見證人，他在「政治遺囑」上簽了字，然後他們也在這個文件上簽字。隨後他又迅速地口述了他的私人遺囑。在這一部分遺囑中，他回顧了自己在奧地利下層中等階級的出身，解釋他爲什麼要結婚，爲什麼要同他的新婦一道自殺；他還處理了他的財產，他希望這筆財產足夠使他的遺族維持溫飽的生活。希特勒倒是沒有像戈林那樣利用他的權勢爲自己撈一筆大財。

在鬥爭的年代中，我曾認爲我不能承擔結婚所給我帶來的責任，但是現在，當我生命行將結束之際，我決定與我同生共死的女人結婚，她與我有過多年的眞誠友誼，並自願在柏林已遭圍困之時來到這裡。

她自願作爲我的妻子同我一道死去。我長期服務於人民，爲國家工作。現在終於可以彌補我們兩人在那些日子的損失了。

我的所有財物，不論其價值多少，都屬於黨，如果黨不存在了，就歸國家。假如國家也滅亡了，那我就用不著再交代了。我這些年來所收集的繪畫從來沒有打算作爲私藏，那些完全是爲了在我的故鄉、多瑙河畔的林茨建立畫廊。

他指示遺囑執行人鮑曼：

把所有值得作爲私人紀念品的東西交給我的親屬，並給他們一筆足夠的費用，好讓他們維持一個小資產階級的生活水平（希特勒沒有交代這些親屬是誰，但從他對祕書們的談話中可以看出他指的是他的姊姊寶拉和他的岳母）。

我的妻子同我決定死去，以免遭受被推翻或者投降的恥辱。我在這裡服務人民十二年，大部分的日常工作都在這裡進行。我們希望我們的遺體在這裡立即火化。

希特勒在口述兩份遺囑之後已經精疲力竭，回到室內睡了。這時天已破曉，曙光照到柏林，這是他生命中最後一個安息日。全城被濃煙籠罩著。俄國人大炮射程之內的房屋在倒塌、焚燒。他們離威廉街和總理府已經不遠了！

希特勒睡覺以後，戈培爾和鮑曼就馬上忙碌起來。在他們作爲見證人簽過字的「政治遺囑」中，希特勒曾明確指示他們兩人離開柏林參加新政府。鮑曼十分樂意服從這一指示。儘管他對元首忠誠，但是如果能避免的話，他並不想同元首一道同歸於盡。他一生中唯一想要的是有權力在幕後指揮一切，也許鄧尼茨仍會給他這種權力。這是說，如果戈林在得悉元首去世的消息後不篡奪寶座的話。爲了確保戈林不致篡奪，鮑曼馬上給在貝希特斯加登的黨衛隊打了一個無線電報。

……如果柏林和我們淪於敵手的話，必須將四月二十三日的賣國賊消滅。戰士們，負起你們的責任！這關係到你們的生命和名譽！22

這是一道命令就是要謀害戈林和他的空軍將領。鮑曼早就叫黨衛隊逮補那些將領了。戈培爾博士與鮑曼相反，但與愛娃一樣，不願意在他們敬愛的元首已經逝世的德國活下去。他早已把命運交給了希特勒。由於希特勒，他才得以飛黃騰達。他一直是納粹運動的主要預言家和宣傳家，而且在製造納粹神話方面僅次於希特勒。爲了使這些神話能夠流傳下去，不但元首應當壯烈犧牲，作爲元首最忠實的追隨者、唯一沒有背叛元首的黨內元老，他也必須壯烈地死去，給後世留個榜樣，有朝一日能夠使國家社會主義的火苗重新燃燒起來。

當希特勒休息之後，戈培爾似乎就是懷著這樣的心情。他回到他那地下室的小房間裡去寫自己給當代和後代的遺言。他把他的遺言叫做「元首政治遺囑的附錄」：

元首已經命令我離開柏林……到他所任命的政府裡去擔任一員領導。

我一生中還是第一次必須堅決拒絕服從元首的命令。我的妻子和孩子們也同我一起拒絕服從。在最危急的時刻拋棄元首，實爲人情和忠貞所不許；何況在今後餘生中，世人將把我看作是一個可恥的賣國賊和下賤的無賴，我不僅將會失掉同胞們對我的尊敬，也會失掉自尊心……。

在元首被叛逆的夢魘纏繞著的這些危急日子中，少不得要有一個人無條件地陪著他直到最後犧牲……。

因此我相信我正在爲德國人民的前途做一件最好的事情。在今後艱苦的歲月裡，樹立榜樣比活著更重要……。

基於這種理由，我同我的妻子一起，並代表我們的兒女（他們太小了，還不能表示他們的意見，如果他們的年齡比現在大一些，也會毫無保留地同意我們的決定）表示堅定的決心：即使帝國首都淪於敵手也不離開它，而要在元首的身邊結束我的生命。如果我不能生活在元首的身邊並爲他服務，生命對我個人來說是沒有任何價值的[23]。

四月二十九日早晨五點半，戈培爾寫完了他的遺言。柏林已經破曉，但戰爭的煙火遮住了太陽。在地下碉堡的電燈光下還有許多事情要做。頭一件事情是如何穿過附近的俄國防線將元首的遺囑帶給鄧尼茨等人，以便爲後代永遠保存下來。

三名信使負責帶出這個文件的副本：希特勒的軍事副官維利·約翰邁耶（Willi Johnnmeier）少校，黨衛隊軍官和鮑曼的顧問威廉·山德爾（Wilhelm Zander），以及前一天晚上帶來希姆萊叛變噩耗的宣傳部官員海因茲·羅倫茲。多次獲得獎章的約翰邁耶負責領導這一小組，設法通過紅軍防線。他要把這個遺囑的一份副本交給肖納爾元帥，後者的集團軍仍完整地堅守在波希米亞山中，而且希特勒已任命他爲新的陸軍總司令。布格道夫將軍在遞交給肖納爾的文件裡附了一封信，說希特勒是在「今天收到希姆萊叛變的駭人消息之後」寫了他的遺囑，「這是他不可變更的決定」。山德爾和羅倫茲要把他們的副本帶交給鄧尼茨。山德爾的副本中也附了一封鮑曼的信。

親愛的海軍元帥：

因爲所有的師團都未能前來解圍，看來我們已經沒有希望，元首昨晚口述了這份政治遺囑。希特勒萬歲！

當天中午這三位信使出發去執行他們危險的使命。他們經柏林動物園和夏洛登堡迂回西行，到達哈維爾湖（Havel）前面的皮徹爾斯道夫（Pichelsdorf）。該地駐紮了希特勒青年團的一個營，他們還在等待不見蹤影的溫克大軍到來。爲了到達這裡，這三個人已經成功地溜過了三重俄軍封鎖線：柏林動物園中央的勝利碑、動物園前面的動物園車站以及皮徹爾斯道夫的外圍。他們還必須通過很多俄軍防線，還得經歷很多的冒險。

特雷弗—羅珀在《希特勒的末日》一書裡生動地描寫了他們的冒險。如果不是由於羅倫茲洩露了機密，希特勒和戈培爾的遺囑也許永遠不會公諸於世。約翰邁耶少校最後將他那一份副本埋他在西伐利亞伊澤爾隆（Iserlohn）家中的花園裡。山德爾的那份副本則藏在巴伐利亞泰根湖（Tegernsee）附近村子裡的一個箱子中。山德爾僞裝起來，改名威廉・保斯丁（Wilhelm Paustin），打算開始過新的生活。但是新聞記者出身的羅倫茲很喜歡說話，無法成功地保守機密。有一次偶然說溜了嘴，洩露了機密，因此他的那一份副本被發現，從而也暴露了其他兩個送信人的副本。雖然最後他們都一一通過了這些防線，但是已經太晚了，他們攜帶的文件對鄧尼茨和肖納爾已經沒有用處，後者根本沒有見到這些送信人。

那天離開地下碉堡的還不止這三個送信人。四月二十九日中午，希特勒又恢復了暫時的平靜，召開例行軍事會議討論戰爭形勢。六年來他每天都在這個時候召開會議。現在開會的情形就好像路還沒有走到盡頭。克萊伯斯將軍報告說，昨夜和今晨俄軍已進一步逼近總理府，已經沒有軍火可以供應給那些微小的可憐守軍。溫克的援軍仍無消息。有三個軍事副官感到無事可做，又不願同元首一道自殺，於是他們請問元首是否可以離開地下碉堡去打聽溫克的下落。希特勒批准了這個請求，並命令他們催促溫克馬上行動。當天下午這三個軍官便離開了。

不久，又有第四人離開了，此人是希特勒的空軍副官尼古拉斯・馮・貝羅（Nicolaus von Below）上校。他在戰爭開始後成爲核心組織中的新成員。貝羅不想自殺，也感到在總理府的地下碉堡裡已再沒有什麼有用的事可做。他要求元首准許他離開，也得到了批准。希特勒這天眞是十分通情達理。他也想到他可以利用這位空軍上校給他帶出一封最後的信。這封信是寫給凱特爾將軍的。鮑曼已懷疑他有叛國之嫌。希特勒在這封信中對陸軍進行最後一次譴責，他認爲陸軍辜負了他的期望。

在那天夜裡十點鐘所舉行的戰情會報上，希特勒所獲得的消息更加深了他對陸軍的切齒痛恨。魏德林（Helmuth Weidling）將軍負責指揮勇敢的人民衝鋒隊和希特勒青年團，他們裝備簡陋，士兵的年紀不是太大就是太小。他們在被圍的柏林犧牲自己，以便使希特勒多活幾天。據他報告說，俄軍已沿薩爾蘭街（Saarlandstrasse）和威廉街推進到空軍部附近，距總理府只有咫尺之遙。他說敵人至遲於五月一日，也就是說，在一兩天內將打到總理府。

末日終於來臨。這些日子希特勒一直在指揮著即將前來爲首都解圍的紙上軍隊。現在他也終於知道沒有希望了。他口述了最後一封信，命令貝羅帶給凱特爾。他在信上告訴這位最高統帥部長官：柏林保衛戰現在已結束；他將自殺，絕不投降；戈林和希姆萊已經背叛了他；他已任命鄧尼茨作爲他的繼承人。

武裝部隊在他的領導之下仍給德國帶來失敗。他對他們還有最後一句話要講。他說海軍戰鬥得非常出色。空軍也很勇敢，只有戈林要負責，他使空軍喪失了戰時初期的優勢。至於說到陸軍，一般士兵打得很好而且很勇敢，但是將領們辜負了他們，也辜負了他。他接著說：

人民和武裝部隊在這次長期艱苦的鬥爭中，貢獻了他們的全部一切，做出了重要的犧牲。但是很多人濫用了我對他們的信任。在整個戰爭時期，不忠和背叛摧毀了反抗的力量。

這就使我無法領導人民獲得勝利。陸軍參謀總部與第一次世界大戰的陸軍參謀總部是不能相比的。它的成就遠遠比不上前線將士們的成就。

從這裡至少可以看到一點：這位納粹最高統帥的性格至死也沒有改變。全部偉大的勝利都歸功於他。失敗和最後的倒臺則歸咎於別人，歸咎於他們的「不忠和背叛」。

接下去是他的臨別贈言，在這個瘋狂天才的一生中，這是他最後留下的有記錄可查的文字：

這次戰爭中德國人民所做的努力和犧牲十分巨大，我無法相信這一切都是白費工夫。我們仍必須奮鬥，目標是爲德國人民贏得東方的領土（貝羅上校在聽到希特勒死訊時毀掉了這封信，當時他正在投奔西方盟軍部隊的途中。信中的話是他憑記憶寫下來的。見特雷弗—羅珀《希特勒的末日》頁一九四至一九五）。

最後這句話是直接從《我的奮鬥》一書中引來的。希特勒的政治生命是從「爲優越的德國人民贏得東方的領土」這一執著的妄想開始，現在他又抱著這一妄想結束他的生命。千百萬德國人民的死亡，千百萬德國家園被炸毀，甚至於德國的滅亡，都不能使他相信，他們絕對無法從東方斯拉夫民族那裡奪取土地。撇開道德問題不談，希特勒的妄想也只不過毫無可能實現的條頓族之夢。

希特勒和他的新婦之死

四月二十九日下午，地下碉堡收到了從外面世界傳來的最後一批消息。法西斯獨裁者、希特勒的侵略夥伴墨索里尼已經命喪黃泉，陪著他死去的還有他的情婦克拉拉·貝塔西。

他們在四月二十六日企圖從科摩（Como）逃往瑞士時，被義大利遊擊隊捕獲，兩天以後被處決。四月二十八日（星期六）晚上，他們的屍體被裝上卡車，運到米蘭，拋棄在廣場上。第二天，他們被倒吊在路燈桿子上，後來又被放下來扔到路邊排水溝裡，讓義大利人能夠在那個安息日盡情地糟蹋他們。勞動節那天，墨索里尼與他的情婦合葬在米蘭瑪基歐爾公墓（Cimitero Maggiore）的貧民墓地裡。義大利領袖和法西斯主義就這樣悲慘地收場，可恥地成爲歷史陳跡。

墨索里尼不體面的下場到底有多少細節傳到了希特勒耳中，現在還不清楚。人們只能猜測，如果他知道得很多，那不過更加強了他的決心，不讓他和他新婦的屍體，如他在遺囑中所寫的那樣，成爲「猶太人導演的一場戲，來取悅他們歇斯底里的群眾」。

希特勒在獲悉墨索里尼的死訊以後，馬上進行他的最後準備。他毒死了他心愛的狗，一隻名叫布朗蒂（Blondi）的法國阿爾薩斯種名狗，又槍殺了家裡的其他兩條狗。他將剩下的兩名女祕書叫來，把毒藥交給她們。當野蠻的俄國人打進來的時候，如果她們想要使用的話，可以使用。他說，他很抱歉在訣別時不能送更好的禮物給她們，他對她們長期忠誠的服務表示感謝。

夜已降臨，阿道夫．希特勒生命的盡頭到了。他命令他的祕書榮格夫人焚毀檔案中的殘餘文件，並且命令所有地下碉堡的人在沒有得到通知以前不能入睡。大家認爲是這希特勒向眾人告別的時候到了。但是，據幾位在場人的回憶，一直到半夜以後很久，大約是四月三十日凌晨兩點半鐘，元首才走出他的私人房間，來到作爲飯廳的過道上，在那裡等候他的約有二十人，多半是他的女部下。他同在場的人一一握手，嘴裡嘰嘰咕咕，也聽不清說的是什麼。他眼裡含著淚水，據榮格夫人的回憶：「他的視線好像越過地下碉堡的牆，看著很遠的地方。」

在他退回私室以後，一件奇特的事情發生了。地下碉堡裡令人不能忍受的緊張氣氛突然鬆弛下來了，有幾個人到飯廳來跳舞。這個不可思議的舞會發出喧鬧的聲音，以至使元首那邊下了命令叫他們安靜一點。俄國人可能在幾個小時以後就打進來，把他們都殺光。雖然他們當中大多數人一直在考慮如何逃命，但是由於元首已不再嚴格控制他們的生命，在這短暫的片刻，只要可能，他們也想尋歡作樂一番。這些人看來眞是如釋重負，因爲他們竟跳了個通宵。

鮑曼卻不是這樣。這位陰險人物還有事情要辦哩！他逃命的機會似乎愈來愈少了。從元首自殺到俄軍來到之前的這一段時間恐怕太短，很難逃到鄧尼茨那裡去。如果逃不了，在希特勒尚未死去之前，他還能假借名義發號施令，至少拿些「賣國者」來報仇雪恨。在最後一天夜間，他還給鄧尼茨打了一個電報：

鄧尼茨！

我們愈來愈感到，這幾天來，在柏林戰場的各個師團一直在閒著。我們所獲得的情報全受凱特爾的控制，扣壓，或者篡改……元首命令你火速對所有賣國者進行無情的打擊。

雖然他知道希特勒在幾小時內就要死去，他在電報中還附加了一句：「元首仍然活著，正在指揮柏林的保衛戰。」但是柏林已經保不住了。俄軍幾乎已經佔領整個城市。現在問題只剩下如何保衛總理府。總理府已成了甕中之鼈，希特勒和鮑曼在四月三十日中午的最後一次戰況會報上已經瞭解到這一點。俄國人已經打到柏林動物園的東邊，進入波茨坦廣場。他們離總理府只有一條街了。希特勒實現他決心的時候已經到了。

他的新婦這一天顯然沒有心思吃午飯，希特勒同他的兩位祕書和素食女廚一道進餐，她也許還沒有意識到這是她替他做的最後一餐飯。大約在下午兩點半鐘，他們快要用完午飯的時候，管理總理府車庫的司機肯普卡接到命令，叫他立刻運二百公升汽油到總理府花園來。要弄這許多汽油是有困難的，但肯普卡終於搞到大約一百八十公升，找了三個人幫忙把汽油運到地下碉堡的緊急出口處[24]。

當眾人爲希特勒維京式的火葬收集汽油時，他已用畢最後一餐。他把愛娃叫來，與他一道同他最親密的夥伴們訣別。這些人是戈培爾博士、克萊伯斯將軍和布格道夫將軍、他的祕書們和女廚曼齊里小姐。戈培爾夫人沒有在場。這位剛強而美麗的金髮女人，同愛娃一樣，覺得下決心同丈夫一道死去是容易的。但一想到要殺死她那六個年輕的孩子們，她就感到缺乏勇氣了。這些天來這些孩子們整天在地下碉堡嬉戲，絲毫不知有什麼可怕的下場在等待著他們。

「親愛的漢娜，」兩三天以前一個晚上，她曾對萊契小姐說：「當最後一天來到的時候，如果我對孩子們缺乏勇氣，你必須幫助我……他們屬於第三帝國和元首。如果第三帝國和元首不存在了，他們也就沒有地方可以生存了。我最害怕的是在最後一剎那變得太軟弱。」她現在一個人待在她那小房間裡，正在努力克服她那最大的恐懼。這些孩子們的名字和年齡是：赫拉，十二歲；希爾達，十一歲；赫爾莫特，九歲；霍爾德，七歲；赫達，五歲；海德，三歲。

希特勒和愛娃沒有這樣的問題。他們要結束的只是自己的生命。與大家告別之後，他們回到自己的寢室。戈培爾、鮑曼和其他幾個人，在外面的走廊裏等候著。過了一會兒，他們聽到一聲槍響，他們等待著第二次槍聲，但是卻沒有聲音了。他們等了一會兒，輕輕地走進元首的房間。他們看到希特勒的屍體趴在沙發上，還在淌血。他是對著自己的嘴放了槍。愛娃躺在他的身旁。兩支手槍滾落在地板上，但是新娘子並沒有用她的手槍。她服了毒藥。

時間是一九四五年四月三十日，星期一，下午三點三十分。這是希特勒五十六歲生日後的第十天，是他擔任德國總理、建立第三帝國以來的整整十二年又三個月。第三帝國的壽命只不過比他多活一個星期。

接著就進行維京式火葬。沒有人講話，唯一的聲音是俄國的炮彈落在總理府花園裡和打在四周彈痕累累牆壁上的爆炸聲。希特勒的侍從、黨衛隊中隊長海因茲．林格（Heinz Linge）和一個勤務兵將元首的屍體抬出來，屍體用軍用灰綠色毛毯包裹起來，以便遮住那張血肉模糊的臉。肯普卡從露在毯子外面的黑色褲子和皮鞋認定這是元首的屍體，因爲希特勒總是穿著這樣的褲子和灰綠色上衣。愛娃死得乾淨一些，身上沒有血，也沒用毛毯包裹。鮑曼將她的屍體抬出來，到了過道之後交給肯普卡。這位司機回憶道：

希特勒夫人穿著一件黑色衣服……我看不出身上有什麼傷口。

屍體被抬到花園裡，在一陣轟炸之後，他們趁機將屍體放在一個彈坑中然後點燃汽油。以戈培爾和鮑曼爲首的送葬人退回地下碉堡的緊急出口處，當火焰上升時全體肅立，舉起右手行納粹告別禮。儀式很短，因爲紅軍炮彈又開始轟擊花園，這些人趕緊退回地下室的安全處所，讓汽油引起的熊熊烈火去完成消滅希特勒及其夫人遺體的工作。由於骨灰沒有找到，在戰後就引起了希特勒仍在人間的謠言。但是英美情報官員對目擊者分別審問後，結果證明，火葬是千眞萬確的。肯普卡對於爲什麼找不到骨灰給了一個似乎可信的解釋。他說：「俄國人不斷的炮火把所有的痕跡都掃光了。」對於鮑曼和戈培爾來說，他們在失卻了元首和獨裁者的第三帝國中仍有任務要完成，雖然各人要完成的任務大不相同。

任命鄧尼茨爲繼承人的元首遺囑，現在還來不及由送信人送到他的手裡。必須用無線電通知這位海軍將領。但是眼前已經喪失權力的鮑曼，甚至到了這個時刻仍在遲疑不決。嘗到過權力滋味的人要突然放棄權力是困難的。最後他終於發了一個電報。

海軍元帥鄧尼茨：

元首任命你爲繼承人，以代替前帝國元帥戈林。任命狀現在途中。你必須採取一切措施以因應目前的形勢。

關於希特勒的死，他隻字未提。

鄧尼茨當時正在指揮德國北部軍隊，並將他的總部移至石勒蘇益格邦（Schleswig）的普洛恩（Plön），接到這個消息他大吃一驚。他和納粹黨的首領們不一樣，並不想做希特勒的繼承人，這種念頭也從未出現在這個水手的腦袋裡。兩天以前他認爲希姆萊會成爲繼承人，還跑到這個黨衛隊首領那裡去向他表示支持。但是他從來沒有想到過違抗元首的命令，而且仍然相信希特勒還在人間，他發了下面的回電。

我的元首！

我對您的忠誠永不改變。我將盡一切力量解除柏林之圍。然而如果命運一定要我作爲您的繼承人統治德國，我一定奮戰到底，投入史無前例、英勇無比的戰鬥，無愧於德國人民。

海軍元帥鄧尼茨

那天夜間，鮑曼和戈培爾有了一個新的打算。他們決定嘗試與俄國人進行談判。仍待在地下碉堡裡的陸軍參謀總長克萊伯斯將軍，曾經在莫斯科當過武官助理，會講俄語，史達林還曾在莫斯科火車站的擁抱過他，這事轟動一時。也許他能夠從布爾什維克那裡得到一點東西。戈培爾和鮑曼特別想要獲得的是讓他們安全通行，以便他們能夠到鄧尼茨的新政府那裡去擔任新職。交換條件是，他們準備放棄柏林。

克萊伯斯將軍在四月三十日子夜以後不久出發去見指揮蘇軍攻打柏林的崔可夫（Vasily Chuikov）將軍。陪同克萊伯斯前往的一位德國軍官記錄下兩人的談話：

克萊伯斯：「今天是五月一日，我們兩個國家的偉大節日。在歐洲，傳統的勞動節是五月一日。」

崔可夫：「我們今天歡慶偉大的節日。你們那邊的情形如何則很難講。」[25]

這位俄國將軍要求在元首地下碉堡裡的人以及在柏林的德國守軍全部無條件投降。克萊伯斯需要一點時間來完成他的使命。五月一日上午十一點鐘，他還沒有回來，鮑曼已經等得很不耐煩，再給鄧尼茨打了一個電報：

遺囑已經生效。我將盡快地到你那裡去。在我到來以前，我建議你不要發布這一消息。

這封電報的措辭含糊。鮑曼就是不願意直截了當地說元首已經死了。他打算離開柏林之後搶先將這一件大事告訴鄧尼茨，以便贏得新任總司令的歡心。但是即將與妻子和兒女一道死去的戈培爾，沒有什麼個人考量不將那個簡單的事實告訴鄧尼茨。下午三點十五分，他給鄧尼茨打了一個電報——這是被圍的柏林地下碉堡發出的最後一封無線電報：

海軍元帥鄧尼茨

極機密

昨天下午三點三十分，元首去世了。四月二十九日的遺囑任命你爲德國總統……（以下是內閣主要人員的任命名單）。已遵照元首的命令，派人將遺囑給你送去……鮑曼打算今天到你那裡去，並將情況報告你。你自行決定何時向報界和軍隊宣布此事。請覆電。

戈培爾

戈培爾認爲沒有必要將自己的意圖告訴新的領袖。在五月一日傍晚，他執行了自己的計畫。第一件事是毒死六個孩子。他們的遊戲終止了，每人打了一針毒藥，顯然是頭一天毒死希特勒幾條狗的那個醫生幹的。然後戈培爾將他的副官、黨衛隊小隊長古恩特．施瓦格曼（Günther Schwägermann）叫來，要他去取汽油。

「施瓦格曼，」他說：「這是最可惡的背叛。將軍們都出賣了元首。一切全都完了。我將同我的妻子和家人一道死去。」他甚至沒有對他的副官說，他已叫人將他的孩子們殺掉了。「你得燒掉我們的屍體。你能完成任務嗎？」

施瓦格曼向他保證，他能完成任務，於是叫兩個勤務兵去弄汽油。幾分鐘以後，大約八點半鐘，天快要黑下來的時候，戈培爾博士夫婦走過地下室，與正好在走廊裡碰到的那些人告別，然後走到花園。在他們的請求下，一個黨衛隊勤務兵對準他們的後腦勺放了兩槍。四桶汽油潑在他們的屍體上，然後燃起火來，但這次的火葬沒有完全成功[26]。地下室裡還活著的人都急著要參加大逃亡，眾人忙著要逃命，哪有時間等著屍體燒完。俄國人第二天就發現了兩具焦黑的屍體，馬上就認出它們是宣傳部長和他妻子的屍體。

五月一日晚上九點鐘，元首的地下碉堡已經是大火熊熊，元首的侍從人員約五六百人，大半是黨衛隊，在總理府的地下碉堡裡竄來竄去準備逃亡。希特勒的裁縫也在逃亡人群之中，他後來回憶，他們就像一群砍了腦袋的母雞。逃亡的計畫是，由總理府對面的威廉廣場地下鐵道車站出發，徒步沿地下鐵道走到弗雷德里希街（Friedrichstasse）的高架電車站，然後渡過斯普利河（Spree），穿過俄軍防線立即向北。有許多人逃脫了，另一些人卻沒有，鮑曼也在其內。

克萊伯斯將軍那天下午帶著崔可夫將軍無條件投降的要求回到地下碉堡。但這時鮑曼認爲唯一的活命機會是跟著大夥一齊逃跑。他這一夥人試著跟隨一輛德國坦克走，但據同他在一起的肯普卡說，一顆俄國炮彈正擊中這輛坦克，鮑曼應該肯定已被打死了。希特勒青年團的首領阿克斯曼（Artur Axmann）當時也在場。他只顧自己逃命，在皮徹爾斯道夫大橋拋下一營的年輕戰士。他後來供述，鮑曼的屍體躺在養老院街（Invalidenstrasse）與鐵軌交叉的橋下面。月光照在鮑曼臉上，阿克斯曼看不出他有什麼傷痕。他猜測，鮑曼發現自己逃出俄國防線的可能性已等於零的時候，吞下了膠囊毒藥。

克萊伯斯將軍和布格道夫將軍沒有參加集體逃亡。據信他們應該是在總理府的地下室裡用手槍自殺身亡。

第三帝國的結束

第三帝國比它的創造者多活了七天。

五月一日晚上十點鐘剛過，當戈培爾博士夫婦的屍體在總理府花園中焚燒時，地下碉堡裡的人們集結在一起準備從柏林地下鐵道逃亡時，漢堡廣播電臺突然終止播送布魯克納（Anton Bruckner）莊嚴的第七號交響曲。一陣軍鼓聲之後，一個廣播員說道：

我們的元首阿道夫·希特勒同布爾什維克主義戰鬥到最後一息，今天下午在德國總理府的作戰大本營裡爲祖國犧牲了。四月三十日，元首任命海軍元帥鄧尼茨爲他的繼承人。現在由元首的繼承人海軍元帥對德國人民講話。

第三帝國在彌留之際還在撒謊，就像它在建立之初一樣。希特勒不是在那天下午而是在前一天下午死去，就算這一事實無關宏旨，至少他並不是打到「最後一息」犧牲的。但是繼承希特勒衣缽的人爲了保持神話，爲了要控制仍在進行抵抗的軍隊，廣播這個謊言是必要的，因爲如果士兵們知道事實眞相，一定會感到他們被出賣了。

鄧尼茨在晚上十點二十分進行廣播的時候也重複了這個謊言，並大談元首的「壯烈犧牲」。實際上他當時也不知道希特勒是怎樣死的。戈培爾的電報中只說他在頭一天下午「死」了。但是這並不妨礙鄧尼茨在德國人民災難臨頭的時刻，在這個問題上或者在其他問題上，把他們已經糊塗的頭腦弄得更糊塗。他說：

我的任務是拯救德國，抵抗敵人的進攻，使它不致遭受布爾什維克的破壞。正是爲了這個目的，才要繼續進行戰鬥。英國人和美國人一直在阻撓這個目的，我們不得不抵抗他們，繼續進行防禦戰。但是，在這樣的情況下，英美兩國的作戰不是爲了他們人民的利益，而只是爲了在歐洲散布布爾什維克主義。

這是一個拙劣的扭曲。希特勒在一九三九年決定與這個布爾什維克國家結盟時，這個海軍元帥不曾提出過抗議，而正是由於這一決定，德國才得以同英國以及後來同美國作戰。他在廣播結束時撫慰德國人民說：「在我們做了這樣重大的犧牲之後，上帝是不會拋棄我們的。」

這些都是空話。鄧尼茨知道德國的抵抗已經到了盡頭。四月二十九日，希特勒自殺的前一天，在義大利的德軍已經無條件投降。由於通訊設備受到破壞，元首未能獲悉這項消息，這就使得他最後幾小時能夠舒服一點，不然的話，他就更加不能忍受了。五月四日，德軍最高統帥部命令所有在德國西北部、丹麥和荷蘭的德軍向蒙哥馬利元帥投降。第二天凱塞林的G集團軍，包括駐在阿爾卑斯山北部的德國第一軍團和第九軍團在內都投降了。

同一天，即五月五日，新任德國海軍總司令漢斯・馮・弗雷德堡（Hans von Friedeburg）海軍上將來到設在蘭斯的艾森豪總部接洽投降。從最高統帥部的最後文件中可以清楚看出，德國的目的是想拖延幾天，以便爭取時間盡量把德國軍隊和難民從俄國進軍的道路上撤出，使他們能夠向西方盟軍投降[27]。約德爾將軍第二天也來到蘭斯，幫助他的海軍同僚進行策畫。但這是徒勞的，艾森豪看穿了這個詭計。他後來寫道：

> 我命令史密斯（Holland Smith）將軍通知約德爾，除非他們立即停止一切的藉口和拖延，我將封鎖整個盟軍戰線，並用武力阻止任何德國難民進入我們的防線。我不容許進一步的拖延[28]。

五月七日淩晨一點半鐘，鄧尼茨接到約德爾向他報告艾森豪的要求後，從在丹麥邊境弗倫斯堡（Flensburg）新成立的總部打電報給約德爾，授以全權在無條件投降文件上簽字。他們的花招失敗了。

一九四五年五月七日淩晨二點四十一分，在艾森豪總部——蘭斯的一所學校裡，舉行了德國無條件投降的簽字儀式。這個學校不大，房子是紅色的。代表盟軍在文件上簽字的是比德爾·史密斯將軍，代表俄國作爲見證人簽字的是伊凡·蘇斯洛巴羅夫（Ivan Susloparov）將軍，代表法國作爲見證人簽字的是弗朗索瓦·賽維茲（François Sevez）將軍。代表德國簽字的是海軍上將弗雷德堡和約德爾將軍。

約德爾請求發表講話，在場代表同意讓他發言：

這次簽字以後，德國人民和德國武裝部隊的禍福吉凶，已交由勝利者決定了……在這個時刻，我只希望勝利者會寬大地對待他們。

盟軍方面對此沒有反應。但是約德爾也許回憶起五年前的另一個場合，雙方所演的角色與這次正好相反。當年一位法國將軍在貢比涅（Compiégne）簽署無條件投降書後，也曾發出類似的呼籲——結果毫無用處。

一九四五年五月八日午夜，歐洲的炮火和轟炸停止了。從一九三九年九月一日以來，歐洲大陸第一次安靜下來。雖然有點不大習慣，但還是讓人們感到非常開心。在這五年八個月又七天中，在一百個戰場上，在一千個被轟炸的城鎮中，有千百萬的男女被屠殺；更多的人在納粹毒氣室裡被殺害；更別提黨衛隊特別行動隊在俄國和波蘭的死人坑邊沿殺害的無辜受害者——這一切都是希特勒的征服野心所造成的結果。絕大多數的歐洲古城都遭到破壞。天氣暖和以後，無數沒有葬埋的屍體從瓦礫堆中發出了令人噁心的臭味。

在德國的大街上，再也聽不到穿長統靴的衝鋒隊齊步前進的聲音了，再也沒有成群結隊、身穿褐衫的人們大聲喧鬧了，再也沒有元首從擴音器裡發出的尖叫聲了。

經過十二年四個月又八天之後，這個「千秋帝國」已壽終正寢了。除了一夥德國人之外，這段時期對於所有的人都是黑暗時代，而現在這個黑暗時代也在淒涼的暮色中結束了。這個「千秋帝國」，正如我們所見到的，將這個偉大的民族帶到他們從來沒有經歷過的權力高峰，帶領這個富有才智但又極易被引上歧途的民族征服大片的土地。現在它卻土崩瓦解了，如此地突然和徹底，在歷史上前所未見。

一九一八年德國在最後的敗北以後，德皇逃跑，帝制崩潰，但支撐這個國家的傳統政府機構依然保留下來。一個人民選出的政府、一支德國軍隊和參謀總部仍繼續起著作用。但是一九四五年的春天，第三帝國卻根本不存在了。無論哪一級的德國政府單位都不存在了。千百萬三軍將士在本土上變成了戰俘。千百萬居民，包括鄉村的農民在內，全被佔領軍統治，他們不但要依靠佔領軍維持法律和秩序，在一九四五年的夏季到嚴冬這段期間，他們都要依靠佔領軍所供給的糧食和燃料過活。這就是希特勒的愚蠢給他們帶來的結果，也是他們自己那樣盲目、那樣死心塌地地追隨他的結果，雖然一九四五年秋天我回到德國的時候，發現人們並不怎麼痛恨希特勒。

人民還活著，土地也還在。但人民卻茫茫然，流著血，挨著餓。當冬天到來時，他們在轟炸的劫後殘垣中，穿著破爛的衣服不停地打著哆嗦；土地也一片荒蕪，到處是瓦礫成堆。曾經企圖毀滅其他許多民族的希特勒，在戰爭最後失敗的時候也想要毀滅德國人民，但與他的願望相反，德國人民並沒有被毀滅。

只有第三帝國成了歷史陳跡。

簡短的尾聲

那年秋天，我回到那曾經不可一世的國家，在第三帝國的短短的年代中，我曾在那裡待過很久。一切都大不如前了。我曾在另一本書中談到這次見聞（《柏林日記》）。這裡還要做的，只是交代一下幾個人物的命運，他們在本書中扮演了關鍵的角色。

一九四五年五月二十三日，盟軍解散在丹麥邊境弗倫斯堡成立的鄧尼茨殘餘政府，全體成員均被逮捕。五月六日，德國在蘭斯投降的前夕，鄧尼茨解除了希姆萊的職務，打算藉此來贏得盟軍的好感。這個曾對千百萬歐洲人民長期操生殺大權並經常行使這項大權的黨衛隊頭子，在弗倫斯堡附近遊蕩了一段時間，五月二十一日，他同十一名黨衛隊軍官企圖通過英美防線回到他的故鄉巴伐利亞去。希姆萊剃去了短鬍子——這一定使他很苦惱——左眼上貼著一個黑眼罩，換上了陸軍士兵制服。這幫人頭一天就在漢堡與不來梅港之間英國的一個哨所上被抓住了。經過盤問之後，希姆萊向一位英國陸軍上尉承認了自己的身份，於是他就被押到在呂內堡的第二軍團總部。他在那裡被剝去衣服進行搜查，然後給他換上一套英國陸軍制服，以免他可能在自己衣服裡暗藏毒藥。但是搜查得不夠徹底。希姆萊將氰化鉀膠囊藏在他牙齦上的一個小洞裡。當五月二十三日從蒙哥馬利總部來的另一位英國情報官員命令軍醫官檢查犯人口腔時，希姆萊咬破了膠囊，在十二分鐘內便一命嗚呼了，雖然用洗胃和灌嘔吐劑的辦法盡力想使他活命，但這一切都無濟於事。

希特勒其餘親密夥伴的壽命比較長一些。我到紐倫堡去看過他們。在他們赫赫不可一世的時候，我常在這個城市裡舉行的納粹黨年會上看到他們。現在在國際軍事法庭的被告席上，他們的樣子大不相同了。他們完全變了樣。他們穿著敝舊的衣服，心神不寧地坐在位子上，再也沒有從前當領導人物時那種傲慢神氣了。他們看起來像一群碌碌的庸才。似乎很難想像，上次看到這些人的時候他們曾經掌握過那樣巨大的權力，居然能夠征服一個偉大的民族和絕大部分的歐洲。

在被告席上共有二十一個人。勞工陣線的首領羅伯特・萊伊（Robert Ley）博士如果不是在開審以前就在牢裡自縊的話，也會成爲被告人。他用從毛巾上撕下來的碎布做了一個圈套，吊死在抽水馬桶的管子上。戈林比我上次看見他時體重減少了八十磅，他穿著一套褪了色沒有肩章的德國空軍制服。他坐在被告席的首位上，他對此顯得很高興，這代表了希特勒死後他在納粹政權中的地位，雖然這一切爲時已晚。私自飛到倫敦的第三號人物魯道夫・赫斯現在形容憔悴，凹下去的眼睛失神地瞪著前方。他裝作健忘的樣子，但是無疑地他已經被擊垮了。里賓特洛甫傲慢自大的神氣終於完全消失了，低垂著頭，面色蒼白，神情沮喪。凱特爾的趾高氣揚也不見了。那位頭腦糊塗的納粹「哲學家」羅森堡，看來也終於對現實有所醒悟了，他會被帶到這裡，絕對是有些客觀事實可據。

紐倫堡的猶太人陷害者尤利烏斯・施特萊歇爾（Julius Streicher）也在那裡。我曾看過他在這個古城的大街上揮舞著鞭子昂首闊步，現在這個有虐待狂和色情狂的人看來頗爲頹喪。現在他已是一個衰弱的禿頂老頭，滿頭大汗地坐著，眼睛瞪著那些法官，心想這班人一定都是猶太人（這是一個警衛後來告訴我的）。第三帝國奴隸勞動的主要負責人弗里茨·沙克爾也在被告席上，眼睛眯成一條縫，活像一頭豬。他顯得很緊張，身子不停地前後搖擺。坐在他旁邊的是巴爾杜·馮·席拉赫（Baldur von Schirach），他先是希特勒青年團的頭子，後來又成爲維也納的黨領袖。他的美國血統比德國的還多，看上去很像一個因爲犯了某種過失被學校開除的大學生。在被告席上還有沙赫特的繼任者，目無定睛、其貌不揚的瓦爾特·馮克。沙赫特博士也在那裏，在第三帝國最後的幾個月中，他曾被他所敬重的元首關進集中營，隨時都在擔心被處死刑。現在他非常氣惱的是，盟軍竟也把他當作戰犯審問。弗朗茲·馮·巴本對希特勒的上臺比其他任何德國人都要負更大的責任，現在也被抓來當被告。他似乎老多了，不過那曾經多次僥倖脫險的老狐狸神情，仍然刻畫在他那乾癟的老臉上。

希特勒的第一任外交部長，舊派的德國人紐拉特是一個沒有什麼信仰和原則的人，現在顯得十分頹喪。斯佩爾卻不然，在這一夥人中間，他給人最直率的印象。在長期的審問中，他講話很老實，無意逃避他的責任和罪過。在被告席上，還有奧地利的賣國賊賽斯─英夸特、約德爾和兩位海軍元帥雷德爾和鄧尼茨──希特勒的這位繼承人穿著商店裡買來的衣服，活像一個鞋店小職員。「劊子手海德里希」的繼承人卡爾登布魯納是雙手沾滿鮮血的人，受審時卻抵賴他的一切罪行。曾駐波蘭的納粹劊子手漢斯·法郎克也許會承認他所幹的一些罪行，因爲他最後終於有點悔悟，按照他自己說的，重新發現了上帝並懇求他的饒恕。弗立克（Wilhelm Frick）死到臨頭也同平時一樣面無血色地站在那裡。最後一名是漢斯·弗里茨徹（Hans Fritzsche）。他的聲音很像戈培爾，所以曾經擔任廣播評論員，戈培爾後來也將他安插在宣傳部任職。看來法庭上所有的人，連他本人在內，都不明白爲什麼他也成了被告──因爲他的職位太低了──除非是把他看作是戈培爾的分身。後來他被開釋了。

被開釋的還有沙赫特和巴本。後面這三個人後來在德國的整肅納粹法庭上被判處很重的徒刑，但結果只服了很短的刑期。

紐倫堡法庭上被判處徒刑的有七人：赫斯、雷德爾和馮克被判無期徒刑，斯佩爾和席拉赫被判二十年徒刑，紐拉特被判十五年徒刑，鄧尼茨被判十年徒刑。其餘的被判死刑。

一九四六年十月十六日淩晨一點十一分，里賓特洛甫走上紐倫堡監獄死刑室的絞刑架，接著一個一個相隔不久上絞刑架的有凱特爾、卡爾登布魯納、羅森堡、法朗克、弗立克、施特萊歇爾、賽斯—英夸特、沙克爾和約德爾。

但是戈林並沒有上絞刑架。他騙過了劊子手。在行刑前兩小時，他吞下偷偷帶入監獄裡的毒藥。他同元首希特勒，以及和他競爭接班地位的勁敵希姆萊一樣，最後也成功地選擇了自己與世長辭的道路；他也同他們兩人一樣，曾帶給這個世界慘無人道的災難。

致謝

雖然這本書的研究和計畫工作，同我所寫的別的書一樣，是由我自己單獨進行，但在這本書的五年寫作過程中，我到許多人和機構的慷慨協助。

推動我寫這本書的是「賽門－舒斯特」（Simon & Schuster）出版公司已故的傑克・古德曼（Jack Goodman）和負責編輯的約瑟夫・巴恩斯（Joseph Barnes）。巴恩斯和我同時在歐洲當記者，他是我的老朋友，在我順利或困難的時候都一直支持我，給了我有益的批評。美國國會圖書館的弗里茨・愛潑斯坦（Fritz T. Epstein）博士長期研究戰爭中所繳獲的德國文件。他是這方面的權威學者，在使用那些汗牛充棟的文件上給我很多指導。其他很多人也在這方面給我許多幫助。紐倫堡戰爭法庭檢察官的首席顧問特爾福德・泰勒（Telford Taylor），他曾寫過兩本關於第三帝國軍事史的書。他將他私人收藏的文件和書籍借給我，並提供了許多很好的意見。

美國歷史協會的戰爭文件研究委員會主席、維吉尼亞大學教授奧倫・哈爾（Oron J. Hale）提供了我很多有用的材料，其中包括他自己研究的某些成果。一九五六年一個炎熱的夏日，他幫了我很大的忙，從國會圖書館的文件室裡把我拉出來，嚴厲地勸告我回到寫作本書的工作上去，否則我就會很容易像某些人那樣將我的後半生陷在德國文件中。國務院歷史處處長貝納德・洛貝爾博士（G. Bernard Noble）和國務院的外交官員、《德國外交政策文件彙編》（*Documents on German Foreign Policy*）的美國編輯保爾・斯維特（Paul R. Sweet）也幫助我走出納粹文件的迷津。當我在史丹福大學胡佛圖書館工作時，希爾德加・波寧格夫人（Hildegard R. Boeninger）的信件和阿格尼斯・皮德遜夫人（Agnes F. Peterson）的談話都給我很多幫助。陸軍軍事歷史處的代理處長胡佛上校（W. Hoover）和他的部屬德迪瑪爾・芬克（Detmar Finke）告訴我怎樣研究該部收藏最多的德國軍事文件。

《外交季刊》（*Foreign Affairs*）的主編漢彌爾頓・菲西・阿姆斯壯（Hamilton Fish Armstrong）也很關心本書的寫作情況，外交學會當時的執行理事長瓦爾特・馬洛里（Walter H. Mallory）也很關心。我很感謝外交學會弗蘭克・阿爾朱爾（Frank Altschul）和奧佛爾布魯克基金會（Overbrooks Foundation），他們給我的一筆慷慨的贈款，使我能夠在這本書的最後一年寫作中得以全力以赴。我還必須感謝外交學會藏書豐富的圖書館的職員，我曾多次麻煩他們。紐約社會圖書館的職員也同樣被我打擾過，但他們非常耐心，非常善解人意。

路易・加蘭地爾（Lewis Galantiére）和赫爾伯特・克萊德曼（Herbert Kriedman）耐心地讀過大部分稿件，並且提出很多寶貴的批評。在二〇年代初期希特勒開始他的政治生涯以及登上大位的這一段時間，杜魯門・史密斯上校（Truman Smith）正好在柏林美國大使館擔任武官，他讓我研究了他的筆記和報告，這些提供了很多線索，讓我們能清楚回顧國家社會主義的興起及日後的發展。紐倫堡法庭的美國檢察官之一、現在在紐約擔任律師的山姆・哈里斯（Sam Harris）提供給我《主要戰犯的審訊》（*TMWC*，紐倫堡的文件和證詞）和其他許多未公布的資料。在大戰頭三年中擔任德國陸軍參謀總長的弗朗茲・哈爾德（Fraz Halder）將軍對於我提出的問題都做了最詳盡的回答，並且提供我德國原始資料。我曾在別處提到過他那本未出版的日記對我的幫助，在本書的寫作過程中，這本日記的副本一直擱在我的身邊。戰爭初期在柏林美國大使館工作的喬治・凱南（George Kennan）曾經提醒我某些有歷史價值的東西。我在歐洲時的幾位老朋友和老同事，如約翰・根室（John Gunther）、弗多爾（M. W. Fodor）、凱・波爾（Kay Boyle）、西格里德・舒爾茲（Sigrid Schultz）、桃樂絲・湯普遜（Dorothy Thompson）、惠特・伯納特（Whit Burnett）和紐維爾・羅傑斯（Newell Rogers），都同我討論過這本書，使我獲益良多。我的著作代理人保爾・雷諾（Paul R. Reynolds）在我最需要鼓勵的時候鼓勵了我。

最後，我十分感謝我的妻子，她的外文知識、對於歐洲背景的瞭解以及在德國和奧地利的經驗，對我的研究、寫作和核對工作幫助很大。我們的兩個女兒英格和琳達在學校放假的時候也幫我做了許多必要的工作。我對以上提到的人以及其他幫助過我的人，在此表示感謝。這本書的缺點和錯誤自然完全由我自己負責。

注釋

第二十七章

1 《納粹的陰謀與侵略》（*Nazi Conspiracy and Aggression*），第四卷，頁五五九（紐倫堡文件1919-PS）。

2 同前，第三卷，頁六一八至六一九（紐倫堡文件〔Nuremberg Document〕862-PS），德國國防軍在這個保護國的副司令官海因里奇（Gotthardt Heinrici）將軍的報告。

3 鮑曼的備忘錄。引自《主要戰犯的審訊》（*Trial of the Major War Criminals*），第七卷，頁二二四至二二六（紐倫堡文件，USSR 172）。

4 《納粹的陰謀與侵略》，第三卷，頁七九八至七九九（紐倫堡文件1130-PS）。

5 同前，第八卷，頁五三（紐倫堡文件R-36）。

6 布勞蒂加姆（Bräutigam）博士一九四二年十月二十五日備忘錄。全文見《納粹的陰謀與侵略》，第三卷，頁二四二至二五一；德文原文載《主要戰犯的審訊》，第二十五卷，頁三三一至三四二（紐倫堡文件294-PS）。

7 《納粹的陰謀與侵略》，第七卷，頁一〇八六至一〇九三（紐倫堡文件L-221）。

8 《主要戰犯的審訊》，第九卷，頁六三三。

9 同前，頁六三四。

10 同前，第八卷，頁九。

11 《納粹的陰謀與侵略》，第七卷，頁四二〇至四二一（紐倫堡文件EC-344-16，EC-344-17）。
12 同前，頁四六九（紐倫堡文件EC-411）。
13 同前，第八卷，頁六六六至六六七（紐倫堡文件R-92）。
14 同前，第三卷，頁八五〇（紐倫堡文件1233-PS）。
15 同前，頁一八六（紐倫堡文件138-PS）。
16 同前，頁一八八至一八九（紐倫堡文件141-PS）。
17 同前，第五卷，頁二五八至二六二（紐倫堡文件2523-PS）。
18 同前，第三卷，頁六六六至六七〇（紐倫堡文件1015-B-PS）。
19 同前，第一卷，頁一一〇五（紐倫堡文件090-PS）。
20 《納粹的陰謀與侵略》，第六卷，頁四五六（紐倫堡文件1720-PS）。
21 同前，第八卷，頁一八六（紐倫堡文件R-24）。
22 同前，第三卷，頁七一至七三（紐倫堡文件031-PS）。
23 同前，第四卷，頁八〇（紐倫堡文件1526-PS）。
24 同前，第三卷，頁五七（紐倫堡文件016-PS）。
25 同前，第三卷，頁一四四（紐倫堡文件084-PS）。
26 同前，第七卷，頁二至七（紐倫堡文件D-188）。
27 同前，第五卷，頁七四四至七五四（紐倫堡文件3040-PS）。
28 同前，第七卷，頁二六〇至二六四（紐倫堡文件EC-68）。
29 同前，第五卷，頁七六五（紐倫堡文件3044-B-PS）。
30 《希特勒祕密談話錄》（*Hitler's Secret Converstions*），頁五〇一。
31 根據亞歷山大·達林所著《德國在俄國的統治》（Alexander Dallin, *German Rule in Russia*），頁四二六至四二七。這本書詳細研究了德國人的記錄，他所用的數字來自最高統帥部武裝部隊總局所搜集的資料，載《根據一九四四年五月一日的情況尋找蘇聯戰俘下落的材料》（*Nachweisungen des Verbleibs der sowjetischen Kr. Gef. Nach den Stand vom 1.5.1944*）。

32 《納粹的陰謀與侵略》，頁一二六至一三〇（紐倫堡文件第081-PS）。

33 同前，第五卷，頁三四三（紐倫堡文件2622-PS）。

34 同前，第三卷，頁八二三（紐倫堡文件1165-PS）。

35 同前，第四卷，頁五五八（紐倫堡文件1919-PS）。

36 《主要戰犯的審訊》，第三十九卷，頁四八至四九。

37 同前，第六卷，頁一八五至一八六。

38 《納粹的陰謀與侵略》，第三卷，頁四一六至四一七（紐倫堡文件498-PS）。

39 同前，頁四二六至四三〇（紐倫堡文件503-PS）。

40 《納粹的陰謀與侵略》，第七卷，頁七九八至七九九（紐倫堡文件L-51）。

41 《主要戰犯的審訊》，第七卷，頁四七。

42 《納粹的陰謀與侵略》，第七卷，頁八七三至八七四（紐倫堡文件L-90）。

43 同前，頁八七一至八七二（紐倫堡文件L-90）。

44 哈里斯：《暴政受審記》（Whitney R. Harris, *Tyranny on Trial*），頁三四九至三五〇。

45 奧倫道夫在紐倫堡受審時的證詞，見《主要戰犯的審訊》，第四卷，頁三一一至三一三；他的供詞是來自哈里斯的提審記錄，載《納粹的陰謀與侵略》，第五卷，頁三四一至三四二（紐倫堡文件2620-PS）。貝克爾博士的信，同前，第三卷，頁四一八至四一九（紐倫堡文件501-PS）。

46 《納粹的陰謀與侵略》，第八卷，頁一〇三（紐倫堡文件R-102）。

47 同前，第五卷，頁六九六至六九九（紐倫堡文件2992-PS）。

48 同前，第四卷，頁九四四至九四九（紐倫堡文件2273-PS）。

49 《戰犯的審訊》，第九案（紐倫堡文件NO-511）。這就是所謂「特別行動隊案件」（Einsatzgruppen Case），其名稱是「美國控告奧托．奧倫道夫等人」（*United States v. Otto Ohlendorf*）。

50 同前，（紐倫堡文件N0-2653）。

51 萊特林格：《最後解決》（*The Final Solution*），頁四九九至四五〇。萊特林格在這本書以及《黨衛隊》（*The S. S.*）一書中對這個問題做了最精闢的研究。

52《納粹的陰謀與侵略》，第三卷，頁五二五至五二六（紐倫堡文件710-PS）。這裡最後一行文字的英文翻譯，把意思完全弄錯了。德文「Endloesung」（最後解決）譯成了「可行的辦法」。見德文本。

53《主要戰犯的審訊》，第十一卷，頁一四一。

54《戰犯的審訊》，第十三卷，頁二一〇至二一九（紐倫堡文件NG-2586-G）。

55《納粹的陰謀與侵略》，第四卷，頁五六三（紐倫堡文件1919-PS）。

56同前，第六卷，頁七九一（紐倫堡文件3870-PS）。

57同前，第四卷，頁八一二，頁八三二至八三五（紐倫堡文件2171-PS）。

58霍斯供詞，《納粹的陰謀與侵略》，第六卷，頁七八七至七九〇（紐倫堡文件3868-PS）。

59紐倫堡文件，USSR-8，頁一九七。

60《主要戰犯的審訊》，第七卷，頁五八四。

61同前，頁五八五。

62同前，頁五八五（紐倫堡文件，USSR-255）。

63《戰犯審訊的法律報告》（*Laws Reports of Trials of War criminals*），第一卷，頁二八。一九四六年倫敦出版。這是十二名次要戰犯接受審訊的摘要記錄，包括在《戰犯的審訊》中。

64上邊有關奧斯威辛這一節，除了說明來源者外，是根據瓦蘭—古杜里爾（Marie-Claude Vaillant-Couturier）夫人在紐倫堡的證詞，她是被囚禁在奧斯威辛集中營的一個法國婦女。另見《主要戰犯的審訊》，第六卷，頁二〇三至二四〇；所謂「集中營案件」的第四案，其名稱是「美國控告波爾等人」，載《戰犯的審訊》；《貝爾森審訊錄》（*The Belsen Trial*），一九四九年倫敦出版；吉爾伯特（Gustave Gilbert）著《紐倫堡日記》（*Nuremberg Diary*）；菲立普·法里德曼：《這就是奧斯威辛》（Filip Friedman, *This was Oswiechm*）；以及萊特林格在《最後解決》和《黨衛隊》中所做的出色研究。

65《納粹的陰謀與侵略》，第八卷，頁二〇八（紐倫堡文件R-135）。

66《納粹的陰謀與侵略》，附件A，頁六七五至六八二（紐倫堡文件3945-PS，3948-PS，3951-PS）。

67同前，頁六八二（紐倫堡文件3951-PS）。

68同前，頁八〇五至八〇七（紐倫堡文件4045-PS）。

69 全文，同前，第三卷，頁七一九至七五五（紐倫堡文件1061-PS）。
70 《主要戰犯的審訊》，第四卷，頁三七一。
71 萊特林格：《最後解決》，頁四八九至五〇一。作者逐國分析了猶太人被消滅的情況。
72 《主要戰犯的審訊》，第二十卷，頁五四八。
73 同前，頁五一九。
74 約瑟夫·克拉麥的提審記錄，《戰犯的審訊》第一案件——所謂「醫生審判案」，其名稱是「美國控告布蘭特等人」。
75 西佛斯的證詞，《主要戰犯的審訊》，第二十卷，頁五二一至五二五。
76 同前，頁五二六。
77 亨利·赫里皮埃爾的證詞見「醫生審判案」的副本。
78 《納粹的陰謀與侵略》，第六卷，頁一二二至一二三（紐倫堡文件3249-PS）。
79 同前，第五卷，頁九五二（紐倫堡文件3249-PS）。
80 同前，第四卷，頁一三二（紐倫堡文件1602-PS）。
81 拉歐爾博士致希姆萊的報告，一九四二年四月五日，載「醫生審判案」第一案件「美國控告布蘭特等人」的副本。卡爾·布蘭特（Karl Brandt）博士是希特勒的私人醫生兼德國衛生局長。他在審訊中被定了罪，判處死刑，並已絞決。
82 《納粹的陰謀與侵略》，附件A，頁四一六至四一七（紐倫堡文件2428-PS）。
83 醫生希伯克教授致希姆萊的信件，一九四二年十月十日，見第一案件副本。
84 《納粹的陰謀與侵略》，頁一三五至一三六（紐倫堡文件1618-PS）。
85 瓦爾特·奈夫（Walter Neff）的證詞，第一案件副本。
86 拉歐爾博士致希姆萊信件，一九四三年四月四日，第一案件副本。
87 瓦爾特·奈夫的證詞，同前。
88 希姆萊的信件及拉歐爾的抗議，同前。
89 1616-PS，載第一案件副本。這個文件在《主要戰犯的審訊》中未見刊載，在《納粹的陰謀與侵略》中的英文譯本很短，對研究沒有任何幫助。

90 亞歷山大．米徹爾里希（Alexander Mitscherlich）醫生和法賴德．米爾克：《喪盡廉恥的醫生》（Fred Mielke, *Doctors of Infamy*），頁一四六至一七〇。這是兩個德國人爲「醫生審判案」寫的出色摘要。米徹爾里希博士是德國醫學界委員會的主席，代表出席這次審訊。

91 《維奈爾圖書館公報》（*Wiener Library Bulletin*），一九五一年，第五卷，頁一至二。萊特林格在《黨衛隊》一書中曾引用過，頁二一六。

第二十八章

1 《戈培爾日記》，頁三五二。

2 《海軍事務元首會議記錄》（*Fuehrer Conferences on Naval Affair*），一九四三年，頁六一。

3 義大利方面的菲爾特雷會議記錄載《希特勒和墨索里尼》（*Hitler e Mussolini*）頁一六五至一九〇；載國務院公報，一九四六年十月六日，頁六〇七至六一四；施密特博士的會議記錄見《希特勒的譯員》（Paul Schmidt, *Hitler's Interpreter*），頁二六三。

4 希特勒與他的助手們於七月二十五、二十六日在東普魯士大本營的會議速記記錄，載吉爾伯特的《希特勒指揮他的戰爭》，頁三九至七一；另見《戈培爾日記》，一九四三年七月，頁四〇三至四二一；以及《海軍事務元首會議記錄》，一九四三年七月和八月，由新任德國海軍司令鄧尼茨海軍上將負責記錄。

5 《凱塞林元帥回憶錄》（*The Memoirs of Field Marshal Kesselring*），一九五三年倫敦出版，頁一七七、一八四。我參考過英國版的凱塞林回憶錄；它也在美國出版過，書名叫《一個軍人的記錄》（*A Soldier's Record*）。

6 凱塞林：前引書。齊格菲．維斯特法爾（Siegfried Westphal）將軍：《德國陸軍在西線》（*The German Army in the West*），頁一四九至一五二。

7 墨索里尼獲救的第一手材料見斯科爾茲內：《斯科爾茲內的祕密使命》（*Skorzeny's Secret Missions*），另見墨索里尼：《一九四二至一九四三年回憶錄》，以及帝國旅館經理所寫的一篇專文，刊載於英國版的墨索里尼《回憶錄》中。

8 希特勒的話引自《海軍事務元首會議記錄》，一九四三年，頁四六；鄧尼茨的日記內容，見威爾莫特《爭奪歐洲的鬥爭》（Chester Wilmot, *The Struggle for Europe*），頁一五二。

9 哈爾德：《統帥希特勒》（*Hitler als Feldherr*），頁五七。

10 我在《柏林日記的結尾》（*End of a Berlin Diary*）中詳細引用了這篇講話，頁二七〇至二八六。全文見《納粹的陰謀與侵略》，第七卷，頁九二〇至九七五。

11 這篇戈培爾日記摘要引自《戈培爾日記》，頁四二八至四四二，四六八，四七七至四七八。希特勒於一九四三年八月與鄧尼茨的談話，由這位海軍上將記錄在一九四三年的《海軍事務元首會議記錄》，頁八五至八六。

第二十九章

1 桃樂絲·湯普遜：《聽著吧，漢斯》（Dorothy Thompson, *Listen, Hans*），頁一三七至一三八，二八三。

2 哈塞爾：《哈塞爾日記》，頁二八三。

3 《希特勒和史達林之間》（*Zwischen Hitler und Stalin*）。里賓特洛甫的證詞，見《主要戰犯的審訊》，第十卷，頁二九九。

4 喬治·貝爾：《教會和人性》（George Bell, *The Church and Humanity*），頁一六五至一七六。另見惠勒－班奈特：《權力的報應》，頁五五三至五五七。

5 艾倫·杜勒斯：《德國的地下運動》（Allen Dulles, *Germany's Underground*），頁一二五至一四六。杜勒斯在書中收入雅可布·瓦倫堡的備忘錄，其中記下他與戈臺勒會見的情況。

6 施拉布倫道夫：《他們幾乎殺死了希特勒》，頁五一至六一。

7 格斯道夫寫給魯道夫·貝徹爾（Rudolf Pechel）的信件。後者在《德國抵抗運動》（*Deutscher Widerstand*）一書中詳細引用了信中內容。

8 關於學生暴動有許多記載，有些是第一手的：英格·蕭爾：《白玫瑰》（*Inge Scholl, Die weisse rose*），一九五二年法蘭克福出版；卡爾·伏斯勒：《致慕尼黑大學犧牲者的悼詞》（Karl Vossler, *Gedenkrede fuer die Opfer an der Universitaet Muenchen*），一九四七年慕尼黑出版；里卡德·休希（Ricarda Huch）在蘇黎世出版的《新瑞士評論》（*Neue Schweizer Rundschau*）月刊上所寫的〈慕尼黑大學的反希特勒行動〉（Die Aktion der Muenchner Studenten gegen

Hitler）一文，一九四八年年九月至十月；《現代報》（*Die Gegenwart*）上〈二月十八日：德國抵抗運動概況〉（Der 18 Februar: Umriss einer deutschen Widerstandsbewegung）一文，發表於一九四〇年十月三十日；貝徹爾：前引書，頁九六至一〇四；惠勒－班奈特：《權力的報應》，頁五三九至五四一；杜勒斯：《德國的地下運動》，頁一二〇至一二二。

9 杜勒斯：《德國的地下運動》，頁一四四至一四五。

10 菲茲吉朋（Constantine Fitzgibbon）在《七月二十日》（*20 July*）一書中引用過，頁三九。

11 戴斯蒙．楊格：《隆美爾》（Desmond Young, *Rommel-The Desert Fox*），頁二二三至二二四。施特羅林（Karl Stroelin）曾當面向楊格描述了會議的情況。另見施特羅林在紐倫堡的證詞，《主要戰犯的審訊》，第十卷，頁五六，以及他的《大戰末期的斯圖加特》（*Stuttgart in Endstadium*）一書。

12 斯派達爾在《一九四四年的入侵》（*Invasion 1944*）一書中強調了這一點，頁六八、七三。

13 同前，頁六五。

14 同前，頁七一。

15 同前，頁七二至七四。

16 杜勒斯：《德國的地下運動》，頁一三九。

17 施拉布倫道夫：《他們幾乎殺死了希特勒》，頁九七。

18 第七軍團總部的電話日記。這個透露祕密的文件於一九四四年八月被完整無缺地繳獲。在盟軍開始進攻歐陸和隨後的諾曼底戰役這段時間，希特勒陸軍是怎麼面對這些情況？這份資料有助於我們從德軍的角度來瞭解當時的情況。

19 斯派達爾：《一九四四年的入侵》，頁九三。

20 同前，頁九三至九四。根據斯派達爾的描寫才得以瞭解當時對話的情況。倫德施泰特的參謀長布魯門特里特將軍也留下一些材料，另外，在利德爾．哈特所編的《隆美爾文件集》（*The Rommel Papaers*）中也有資料，見該書頁四七九。

21 這封信的全文見斯派達爾：《一九四四年的入侵》，頁一一五至一一七。在《隆美爾文件集》一書中說法略有不同，見該書頁四八六至四八七。

22 斯派達爾：前引書，頁一一七。

23 同前，頁一〇四至一一七。

24 同前，頁一一九。

25 施拉布倫道夫：《他們幾乎殺死了希特勒》，頁一〇三。他當時仍然是崔斯考夫的僚屬。

26 密謀分子在七月十六日的會議情況，主要引自維茨萊本、霍普納等人的審訊記錄；卡爾登布魯納（Ernst Kaltenbrunner）所寫的七月二十日事件報告；齊勒：《自由魂》，頁二一三至二一四；格哈德．里特：《戈德勒和德國抵抗運動》（Gerhard Ritter, *Carl Goerdeler und die duetsche WiderStandsbewegung*），頁四〇一至四〇三。

27 豪辛格：《矛盾的命令》（*Befehl im Widerstreit*），頁三五二，描述了當天他最後一句話。

28 齊勒：《自由魂》，頁二二一。

29 施密特：《希特勒的譯員》（Paul Schmidt, *Hitler's Interpreter*），頁二七五至二七七。

30 參加這次茶會的許多義大利和德國客人，寫下當時他們目睹的情況。歐根．杜爾曼（Eugen Dollmann）是與墨索里尼聯繫的黨衛隊聯絡官，他在下列兩個文件中全面地描述當時情況：一個是他所著的《羅馬納粹分子》（*Roma Nazista*）一書，頁三九三至四〇〇；另一個是他在提審時對盟國人員所做的口供。這個口供已由杜勒斯扼要整理出來。杜勒斯：前引書，頁九至一一。齊勒：前引書，頁三六七，注釋六九，以及惠勒—班奈特：《權力的報應》，頁六四四至六四六。兩本書都生動的描寫這次茶會，主要的資料來自杜爾曼。

31 這次電話談話的抄本被呈上人民法庭作爲證據。施拉布倫道夫在《他們幾乎殺死了希特勒》頁一三三上援引過這份資料。

32 齊勒在《自由魂》頁三六三的注中，引用兩個目擊者的描述，他們目睹執行死刑的情況。其中一人是陸軍司機，他從附近的窗口看到當時情況，另一個是弗洛姆的女祕書。

33 那天晚上在班德勒街發生的情況，主要材料來源是霍普納將軍、維茨萊本及其他六名軍官在人民法庭上受審時坦率的供詞，審訊時間是一九四四年八月六日和七日。人民法庭的記錄已經在一九四五年二月三日美軍的轟炸中炸毀了。但是審訊庭上有一個速記員在這次轟炸前偷走了速記記錄（他說他冒了生命危險），於戰爭結束以後交給了紐倫堡國際軍事法庭。這些記錄都逐字逐句地以德文刊載在《主要戰犯的審訊》第三十三卷，頁二九九至五三〇。

關於七月二十日密謀事件，雖然許許多多的材料，但是各家說法南轅北轍，有些則是語焉不詳。齊勒在整理這個事件時，所引用的參考資料非常多，見前引書頁三八一至三八八。格哈德．里特的著作雖然只集中在他關心的主題，但其中對於戈德勒的描述，卻是很有價值的資料。惠勒—班奈特《權力的報應》是最有用的英文材料，這本書和齊勒的書一樣，都引用了奧托・約翰（Otto John）未出版的備忘錄。約翰戰後與西德政府不合、因而遭到囚禁。起義那天他正在班德勒街，因此能大量記述他目睹的情況和史陶芬堡對他講的話。菲茲吉朋前引書中，也生動地描述了七月二十日事件，他的參考資料大部分來自德國，以齊勒的著作最多。

黨衛隊保安處和祕密警察針對這件密謀行動做的每日報告也有價值，只是閱讀時要謹慎一點，報告的日期是從一九四四年七月二十一日到十二月十五日。這些報告由卡爾登布魯納簽字後送給希特勒，用的是特大號字體，以便元首閱讀時不必使用眼鏡。它們是「一九四四年七月二十日事件特別委員會」的努力成果，這個委員會有四百名黨衛隊保安處和祕密警察的官員，他們分成十一個調查小組。卡爾登布魯納的報告是戰後繳獲文件之一。它的顯微膠捲副本藏於華盛頓的國家檔案館——T-84號，第三十九組，第十九至二十一卷。另見第四十組，第二十二卷。

34 齊勒：《自由魂》，頁三七二，注十，引用當時在場一個軍官的話。

35 監獄看守漢斯・霍夫曼（Hans Hoffmann）後來對外描述行刑的情況，他是副典獄長兼攝影師。另見惠勒—班奈特所著《權力的報應》，頁六八三至六八四，以及其他等書。

36 維爾弗萊德・馮・奧文：《和戈培爾一起到最後》（Wilfred von Oven, *Mit Goebbels bis zum Ende*），第二卷，頁一一八。

37 里特：前引書，頁四一九至四二九。他詳細描寫了這個有趣的情況。

38 這個數字引自《海軍事務元首會議記錄》的注釋，見《海軍事務元首會議記錄》，一九四四年，頁四六。齊勒在他所著《自由魂》書中採用了這個數字，見該書頁二八三。貝徹爾曾發現官方的「處決登記簿」，他在《德國抵抗運動》頁三二七中說，據一九四四年記載，共處決了二千四百二十七人，雖然其中少數人可能與七月二十日密謀事件無關。

39 施拉布倫道夫：《他們幾乎殺死了希特勒》，頁一一九至一二〇。我對這裡引用的英文譯文做了一些改動，以便與德文原文一致。

40 布魯門特里特將軍將這個情況告訴利德爾・哈特。《德國將領談話錄》，頁二一七至二二三。

41 同前，頁二二二。關於這次密謀在巴黎方面的結局，有很多材料來源，其中包括斯派達爾的著作以及目擊者在德國雜誌上發表的無數文章。威廉・馮・施拉姆（Wilhelm von Schramm）完整地描述了整個過程，他是德國陸軍駐西歐的檔案保管員，書名叫《七月二十日在巴黎》（*Der 20 Juli in Paris*）。

42 吉爾伯特：《希特勒指揮他的戰爭》（Felix Gilbert, *Hitler Directs His War*），頁一〇一。

43 斯派達爾：《一九四四年的入侵》，頁一五二。本書中所描寫的隆美爾死亡過程，根據的是斯派達爾的材料，他曾問過隆美爾夫人及其他的目擊者當時的情況。其他材料來源是：隆美爾的兒子曼弗雷德所寫的兩份報告。第一份報告給英國情報部門，許爾曼（Milton Shulman）引用過，見《西方的潰敗》（*Defeat in West*），頁一三八至一三九，第二份報告是寫給《隆美爾文件集》，此書由利德爾．哈特編輯，見該書頁四九五至五〇五；凱特爾將軍於一九四五年九月二十八日在紐倫堡受阿門（John Harlan Amen）上校提審的記錄，見《納粹的陰謀與侵略》（*Nazi Conspiracy and Aggression*），附件B，頁一二五六至一二七一；戴斯蒙．楊格在前引書中也有全面敘述，所根據的材料得自與隆美爾家屬和朋友的談話以及邁賽爾將軍戰後整肅納粹分子的審訊記錄。

44 《主要戰犯的審訊》，第二十一卷，頁四七。

45 斯派達爾：《一九四四年的入侵》，頁一五五、一七二。

46 戈立茨：《德國參謀總部史》（Walter Görlitz, *History of the German General Staff*），頁四七七。

47 古德里安：《裝甲部隊領導人》（*Panzer Leader*），頁二七三。

48 同前，頁二七六。

49 利德爾．哈特：《德國將領談話錄》，頁二二二至二二三。

第三十章

1 斯派達爾：《一九四四年的入侵》，頁一四七。

2 英國陸軍部的提審記錄，許爾曼：《西方的潰敗》，頁二〇六。

3 元首會議，一九四四年八月三十一日。吉爾伯特：《希特勒指揮他的戰爭》，頁一〇六。

4 元首會議，一九四三年三月十三日。

5 美國戰略轟炸調查處：《經濟報告》（United States Strategic Bombing Survey, *Economic Report*），附錄，表一五。

6 美國第一軍團情報處的報告，引自許爾曼《西方的潰敗》，頁二一五至二一九。

7 艾森豪：《歐洲十字軍》，頁三一二。

8 倫德施泰特致利德爾．哈特的信件，見《德國將領談話錄》，頁二二九。

9 古德里安：前引書，頁三〇五至三〇六，三一〇。

10 曼特菲爾的描述見弗萊登和理查森編：《致命的決定》〔The Fatal Decisions, edited by Seymour Freidin and William Richardson〕，頁二六六。

11 元首會議，一九四四年十二月十二日。

12 古德里安：前引書，頁三一五。

13 同前，頁三三四。

14 斯佩爾致希特勒信件，一九四五年一月三十日，見《主要戰犯的審訊》，第四十一卷。

15 古德里安：前引書，頁三三六。

16 元首會議，一九四五年一月二十七日。這個文件收錄在吉爾伯特《希特勒指揮他的戰爭》中，頁一一一至一三二。我略爲更動原文的次序。

17 元首會議，無日期，也許是一九四五年二月十九日，因爲鄧尼茨海軍上將在他那天的記錄中提到過這次討論。見《海軍事務元首會議記錄》，一九四五年，頁四九。吉爾伯特在所著《希特勒指揮他的戰爭》中援引了希特勒的話，見該書頁一七九。

18 《海軍事務元首會議記錄》，一九四五年，頁五〇至五一。

19 元首會議，一九四五年三月二十三日。這是保存下來的最後一份抄本。吉爾伯特在《希特勒指揮他的戰爭》中刊登了全文，見該書頁一四一至一七四。

20 斯佩爾在紐倫堡供詞，《主要戰犯的審訊》，第十六卷，頁四九二。

21 古德里安：前引書，頁三四一、三四三。

22 希特勒命令全文見《海軍事務元首會議記錄》，一九四五年，頁九〇。

23 斯佩爾的談話，見《主要戰犯的審訊》，第十六卷，頁四九七至四九八。這一部分（包括希特勒和斯佩爾的話）引自斯佩爾一九四六年六月二十日在紐倫堡的證詞，載《主要戰犯的審訊》，第十六卷；另引自他爲自己辯護而提出的文件中，載第四十一卷。

24 盟國遠征軍最高統帥部情報摘要，一九四五年三月十一日，見威爾莫特：前引書，頁六九〇。

第三十一章

1 克羅西克伯爵未發表的日記。我在《柏林日記的結尾》一書中選錄了其中主要部分，頁一九〇至二〇五。特雷弗—羅珀在《希特勒的末日》一書中也從那本書援引了材料。特雷弗—羅珀是歷史學家，戰時曾任英國情報官員。他受命調查希特勒的末日，成果見他那本傑出的著作，這本書對所有要寫第三帝國最後一章的人獲益良多。我自己還利用了其他材料來源，特別是當時現場的目擊者，這些人有斯佩爾、凱特爾、約德爾、科勒將軍、鄧尼茨、克羅西克、漢娜·萊契、格爾哈德·波爾特（Gerhardt Boldt）上尉和約希姆·舒爾茲（Joachim Schultz）上尉，以及希特勒的一個女祕書和他的汽車司機。

2 波爾特：《與希特勒一起在防空洞裡》（*In the Shelter with Hitler*），第一章。波爾特上尉先是古德里安的副官，後來擔任最後一任陸軍參謀總長克萊伯斯將軍的副官，在戰爭的最後幾天一直在地下碉堡裡。

3 艾伯特·佐勒：《希特勒私生活》（Albert Zoller, *Hitler Privat*），頁二〇三至二〇五。這本書的法文版的書名爲《跟隨希特勒十二年》（*Douze Ans Auprès d'Hitler*）。佐勒是法國陸軍上尉，派到美國第七軍團任偵訊軍官，因此有權提審希特勒四個女祕書其中一人；後來，在一九四七年，他與她合作寫了這本回憶希特勒的書。這位女祕書可能是克里斯塔·施羅德（Christa Schroeder），她從一九三三年起開始擔任希特勒的速記員，一直到他死前一個星期才離職。

4 克羅西克日記。

5 同前。

6 威爾莫特：前引書，頁六九九。

7 特雷弗—羅珀：《希特勒的末日》，頁一〇〇。戈培爾的祕書英格·哈伯爾齊特爾（Inge Haberzettel）描述了這個情況。

8 莫斯曼諾：《死前十天》（Michael A. Musmanno, *Ten Days to Die*），頁九二。莫斯曼諾法官戰時任美國海軍情報官員，曾親自提審在希特勒臨死前幾天與他在一起的人。

9 凱特爾的提審記錄，《納粹的陰謀與侵略》，附件B，頁一二九四。

10 《納粹的陰謀與侵略》，第六卷，頁五六一（紐倫堡文件3734-PS）。美國陸軍提審漢娜·萊契時，請她描述希特勒在地下碉堡最後幾天的情形。她後來否認了自己所講的一部分內容，但是陸軍當局證實她先前的說法大體上正確，包括了她在一九四五年十月八日受提審時所說的情況。萊契小姐是一個偏執的人，也許這是因為她在地下碉堡度過這一段黯淡生活之後，有幾個月的時間精神不大穩定。但是她所描述的內容與別人的證據核對之後，證明是有價值的材料，足以還原希特勒臨死前幾天的情況。

11 科勒將軍：《最後一月》（*Der letzte Monat*），頁二三。這是科勒一九四五年四月十四日至五月二十七日期間的日記，是研究第三帝國末日非常重要的史料。

12 凱特爾在紐倫堡的提審記錄，《納粹的陰謀與侵略》，附件B，頁一二七五至一二七九。約德爾當天晚上告訴科勒將軍他的談話內容，後者記在四月二十二日和二十三日的日記中。見科勒：前引書，頁三〇至三一。

13 特雷弗—羅珀：《希特勒的末日》，頁一二四，一二六至一二七。該書作者說，他在描述伯格爾所說的情況時「有些保留」。

14 凱特爾在提審時想起這段話。見《納粹的陰謀與侵略》，附件B，頁一二七七。約德爾的說法見科勒日記《最後一日》，頁三一。

15 見伯納多特：《幕落》（*The Curtain Falls*），頁一一四；另見施倫堡：《迷宮》（Walter Schellenberg *The Labyrinth*），頁三九九至四〇〇。這兩本對這次會議的描述大體上相同。

16 斯佩爾在紐倫堡的證詞，見《主要戰犯的審訊》，第十六卷，頁五五四至五五五。

17 漢娜．萊契的提審記錄，同前，頁五五四至五五五。

18 同前，頁五五六。所有萊契引述的話和描述的情況都摘引自她的提審記錄，載《納粹的陰謀與侵略》，第六卷，頁五五一至五七一（紐倫堡文件3734-PS）。因此這些材料就不一一引證了。

19 凱特爾的提審記錄，見《納粹的陰謀與侵略》，頁一二八一至一二八二。凱特爾憑回憶描述這封電報的內容。德國海軍的記錄也提供一封措辭相同的希特勒致約德爾的電報，時間是四月二十九日下午七時五十二分（《海軍事務元首會議記錄》，一九四五年，頁一二〇），舒爾茨的《最高統帥部日記》（頁五一）中也有內容相同的電文，據記載，約德爾收到電報的時間是四月二十九日下午十一時。這恐怕錯了，因為從希特勒當天的作為來看，那天晚上他已不會再關心任何部隊所在的地點了。

20 特雷弗—羅珀：《希特勒的末日》頁一六三中描述第一封電報的內容。我在海軍記錄中找到第二封，見《海軍事務元首會議記錄》，一九四五年，頁一二〇。海軍聯絡官沃斯海軍少將在地下碉堡發出的另一封電報也見《海軍事務元首會議記錄》，頁一二〇。

21 希特勒的政治遺囑和個人遺囑的全文載紐倫堡文件3569-PS。他的結婚證書也出現在紐倫堡法庭。這三個文件我在《柏林日記的結尾》一書中都引述了全文，見頁一七七至一八三。一個比較粗糙的遺囑英文譯本載《納粹的陰謀與侵略》，第六卷，頁二五九至二六三。德文原文載《主要戰犯的審訊》，第四十一卷，關於斯佩爾的條目。

22 鮑曼無線電報的全文。科勒將軍：前引書，頁七九。

23 戈培爾的附錄也出現在紐倫堡的法庭上，我在《柏林日記的結尾》一書中引用過，頁一八三注。

24 肯普卡描述希特勒及其新婦之死，見他兩份經過宣誓的聲明，載《納粹的陰謀與侵略》，第六卷，頁五七一至五八六（紐倫堡文件3735-PS）。

25 托瓦爾德：《易北河旁的結局》（Juergen Thorwald, *das Ende an der Elbe*），頁二二四。

26 特雷弗—羅珀的書中描述戈培爾一家之死。見前引書，頁二一二至二一四，主要是根據施瓦格曼、阿克斯曼和肯普卡後來的證詞。

27 舒爾茲：《最後三十日》（*Die letzten 30 Tage*），頁八一至八五。這些記載是根據最高統帥部在戰爭最後一個月的日記。我在這章中的許多文字都得助於這些材料。這本書是在托爾瓦德指導下以《現代史文件》爲總書名出版。

28 艾森豪威爾：《歐洲十字軍》，頁四二六。

參考資料

本書的主要依據是繳獲的德國文件、德國軍官和文官的審訊記錄和證詞、倖存下來的日記和回憶錄以及我在第三帝國的親身經歷。

數百萬字的德國檔案材料已經以多個系列分卷出版，另有數百萬字已被收集或製成微縮膠片，收藏於各圖書館（在美國，主要收藏於國會圖書館和史丹佛大學的胡佛圖書館）和華盛頓的國家檔案館。此外，華盛頓的陸軍部軍史局也保存著大量的德國軍事記錄。

在已出版的大量檔案中，對於我的創作最有用的有三種。首先是《德國外交政策文件彙編》D部（*Documents on German Foreign Policy*）。德國外交部一九三七年至一九四〇年夏天的文件大量被譯成英文。承蒙國務院的好意，我獲准接觸德國外交部的其他一些文件，這些文件主要與德國對美國宣戰有關，尚未翻譯和出版。

已出版的關於紐倫堡審判的兩個文件集對於瞭解第三帝國內幕具有無可估量的價值。第一個是四十二卷本的《主要戰犯的審訊》（*The Trial of the Major War Criminals*），其中前二十三卷爲審訊證詞，其餘是作爲證據的文件，後者是以原文出版的，多數爲德文。爲這次審判而加以收集並被倉促譯爲英文的其他文件、審訊記錄和宣誓詞以《納粹的陰謀與侵略》（*Nazi Conspiracy and Aggression*）爲題分十卷出版。不幸的是，德國戰犯在國際軍事法庭的委員們面前所做的最有價值的證詞大多沒有編入該書，這些證詞僅能在幾家大圖書館看到油印件。

美國軍事法庭其後在紐倫堡又進行了十二輪的審判，審判的證詞和文件出版成厚厚的十五卷材料，標題爲《紐倫堡軍事法庭對戰爭罪犯的審判》（*Trials of War Criminals before the Nuremberg Military Tribunals*），這還不到原材料的十分之一，但其餘的材料可以在一些圖書館看到油印件或影印件。倫敦的皇家文書局於一九四七至一九四九年出版了《審判戰爭罪犯的法律報告》（*Law Reports of Trials of War Criminals*），對其他審判做了概述，該書對瞭解第三帝國很有幫助。

胡佛圖書館藏有極爲豐富的未出版德國文件，國會圖書館和國家檔案館這類文件也有相當數量。另外，國家檔案館還藏有希姆萊的檔案和希特勒的一些私人文件——最有價值的發現之一便是所謂的《亞歷山大文件》（*Alexandria Papers*），其中很大一部分已被製成微縮膠片收藏。其他一些繳獲文件的有關情況，可參見本書注釋。順便說一句，未出版的德國材料中有哈爾德將軍的日記，共爲七卷打字稿，並附有這位將軍在戰後爲澄清事件所做的解釋，我發現這是第三帝國最有價值的記錄之一。

現將對我有所助益的著作開列如下。這些著作共有三種類型：第一，本書所述及的一些領導人物的回憶錄和日記；第二，根據新史料來撰寫的著作，例如，英國的惠勒—班奈特（John W. Wheeler-Bennett）、布洛克（Alan Bullock）、特雷弗—羅珀（H. R. Trevor-Roper）和里特林格（Gerald Reitlinger）的著作，美國的特爾福德·泰勒（Telford Taylor），德國的澤勒（Eberhard Zeller）、里特（Gerhard Ritter）、貝徹爾（Rudolf Pechel）和戈爾利茨（Walter Goerlitz）；第三，有助於瞭解歷史背景的著作。在動態史研究所（Institut fuer Zeitgeschichte）的贊助下，《動態史》（*Vierteljahrshefte fuer Zeitgeschichte*）季刊在慕尼黑出版了一期特刊，詳細開列了有關第三帝國的參考書目。倫敦維奈爾圖書館（Wiener Library）的目錄中也包括一些極爲出色的參考書目。

已出版的檔案

Der Hitler Prozess, Deutscher Volksverlag, Munich, 1924（這份材料是希特勒在慕尼黑受審時的法庭紀錄）

Documents and Materials relating to the Eve of the Second World War, 1937-1939, 2 vols., Moscow, Foreign Language Publishing House, 1948.

Documents concerning German-Polish Relations and the Outbreak of Hostilities between Great Britain and Germany, London, His Majesty's Stationery Office, 1939 (The British Blue Book)

Documents on British Foreign Policy, 1919-1939, London, H. M. Stationery Office, 1947-

Documents on German Foreign Policy, 1918-1945, Series D, 1937-1945, 10 vols. (as of 1957), Wahington, U.S. Deartment of State.

Dokumente der deutschen Politik, 1933-40, Berlin, 1935-43.

Fuerhrer Conferences on Naval Affairs (mimeographed), London-British Admiralty, 1947.

Hitler e Mussolini-Lettere e documenti, Milan, Rizzoli, 1946.

I Documenti diplomatica italiani, Ottavo series, 1935-1939, Rome, Libreria della Stato,1952-1953.一

Le Livre Jaune Français, Documents diplomatiques, 1938-1939, Paris, Ministére des Affaires Étreangéres. (The French Yellow Book.)

Nazi Conspiracy and Aggression, 10 vols., Washinton, U.S. Government Printing Office, 1946.

Nazi-Soviet Relations, 1939-1941, Documents from the Archives of the German Foreign Office, Washington, U.S. Department of State, 1948.

Official Documents concerning Polish-German and Polish-Soviet Relations, 1933-1939, London, 1939. (The Polish

White Book.)
Pearl Harbor Attack, Hearings before the Joint Committee on the Investigation of the Pearl Harbor Attack, 39 vols., Washington, U.S. Government Printing Office, 1946.
Soviet Documents on Foreign Policy, 3 vols., London, Royal Institue of International Affairs, 1951- 1953.
Spanish Government and the Axis, The, Washington, U.S. State Department, 1946. (From the German Foreign Office papers.)
Trial of the Major War Criminals before the International Military Tribunal, 42 vols., Published at Nuremberg.
Trials of War Criminals before the Nuremberg Military Tribunals, 15 vols., Washington, U.S. Government Printing Office, 1951-1952.

希特勒的演講集

Adolf Hitlers Reden, Munich, 1934.
Baynes, Norman H., *The Speeches of Adolf Hitler, April 1922-August 1939*, 2 vols., New York, 1942.
Prange, Gordon W., *Hitler's Words*, Washington, 1944.
Roussy de Sales, Count Raoul de, ed., *My New Order*, New York, 1941.（收錄希特勒一九二二至四一年的演講集）

一般出版品

Abshagen, K. H., *Canaris*, Stuttgart, 1949.

Ambruster, Howard Watson, *Treason's Peace*, New York, 1947.

Anders, Wladyslaw, *Hitler's Defeat in Russia*, Chicago, 1953.

Anonymous, *De Weimar au Chaos-Journal politique d'un Général de la Reichswehr*, Paris, 1934.

Armstrong, Hamilton Fish, *Hitler's Reich*, New York, 1933.

Assmann, Kurt, *Deutsche Schicksalsjahre*, Wiesbaden, 1950.

Badoglio, Marshal Pietro, *Italy in the Second World War*, London, 1948.

Barraclough, S., *The Origins of Modern Germany*, Oxford, 1946.

Bartz, Karl, *Als der Himmel brannte*, Hanover, 1955.

Baumont, Fried and Vermeil, eds., *The Third Reich*, New York, 1955.

Bayle, François, *Croix gammeé ou caducée*, Freiburg, 1950.（本書記錄了納粹的醫學試驗）

Belgian Ministry of Foreign Affairs, *Belgium: The Official Account of What Happened, 1939-1940*, New York, 1941.

Beneš, Eduard, *Memoirs of Dr. Eduard Beneš, From Munich to New War and New Victory*, London, 1954.

Bénoist-Méchin, Jacques, *Histoire de l'Armée allemande depuis l'Armistice*, Paris, 1936-38.

Bernadotte, Folke, *The Curtain Falls*, New York, 1945.

Best, Captain S. Payne, *The Venlo Incident*, London, 1950.

Bewegung, Staat und Volk in ihren Organisationen, Berlin, 1934.

Blumentritt, Guenther, *Von Rundstedt*, London, 1952.

Boldt, Gerhard, *In the Shelter with Hitler*, London, 1948.

Bonnet, Georges, *Fin d'une Europe*, Geneva, 1948.

Boothby, Robert, *I Fight to Live*, London, 1947.

Bormann, Martin, *The Bormann Letters, the Private Correspondence between Martin Bormann and his Wife, from*

Jan. 1943 to April 1945, London, 1954.

Bradley, General Omar N., *A Soldier's Story*, New York, 1951.

Brady, Robert K., *The Spirit and Structure of German Fascism*, London, 1937.

Bryans, J. Lonsdale, *Blind Victory*, London, 1951.

Bryant, Sir Arthur, *The Turn of the Tide | A History of the War Years Based on the Diaries of Field Marshal Lord Alanbrooke, Chief of the Imperial General Staff*, New York, 1957.

Bullock, Alan, *Hitler | A Study in Tyranny*, New York, 1946.

Butcher, Harry C., *My Three Years with Eisenhower*, New York, 1946.

Carr, Edward Hallett, *German-Soviet Relations between the Two World Wars*, 1919-1939, Baltimore, 1951.

——, *The Sovier Impact on the Western World*, New York, 1947.

Churchill, Sir Winston S., *The Second World War*, 6 vols., New York, 1948-1953.

Ciano, Count Galeazzo, *Ciano's Diplomatic Papers*, edited by Malcolm Muggeridge, London, 1948.

——, *Ciano's Hidden Diary*, 1937-1938, New York, 1953.

——, *The Ciano Diaries*, 1939-1943, edited by Hugh Wilson, New York, 1946.

Clausewitz, Karl von, *On War*, New York, 1943.

Coole, W. W., and Potter, M. F., *Thus Speaks Germany*, New York, 1955.

Groce, Benedetto, *Germany and Europe*, New York, 1944.

Czechoslovakia Fights Back, Washington, American Council on Public Affairs, 1943.

Dahlerus, Birger, *The Last Attempt*. London, 1947.

Dallin, Alexander, *German Rule in Russia*, 1941-1944, New York, 1957.

Daluces, Jean, *Le Troisième Reich*, Paris, 1950.

Davies, Joseph E., *Mission to Moscow*, New York, 1941.
Derry, T. K., *The Campaign in Norway*, London, 1952.
Deuel, Wallace, *People under Hitler*, New York, 1943.
Dewey, John, *German Philosophy and Politics*, New York, 1952.
Diels, Rudolf, *Lucifer ante Portas*, Stuttgart, 1950.
Dietrich, Otto, *Mit Hitler in die Macht*, Munich, 1934.
Dollman, Eugen, *Roma Nazista*, Milan, 1951.
Draper, Theodore, *The Six Week's War*, New York, 1944.
Dubois, Allen, *Germany's Underground*, New York, 1947.
Ebenstein, William, *The Nazi State*, New York, 1943.
Eisenhower, Dwight D., *Crusade in Europe*, New York, 1948.
Ellis, Major L. F., *The War in France and Flanders, 1939-1950*, London, 1953.
Eyck, E., *Bismarck and the German Empire*, London, 1950.
Feiling, Keith, *The Life of Neville Chamberlain*, London, 1946.
Feuchter, Georg W., *Geschichte des Luftkriegs*, Bonn, 1954.
Fisher, H. A. L., *A History of Europe*, London, 1936.
Fishman, Jack, *The Seven Men of Spandau*, New York, 1954.
Fitzgibbon, Constantine, *20 July*, New York, 1956.
Fleming, Peter, *Operation Sea Lion*, New York, 1957.
Flenley, Ralph, *Modern German History*, New York, 1953.
Foerster, Wolfgang, *Ein General kaempft gegen den Krieg*, Munich, 1949.（貝克將軍的書信集）

François-Poncet, André, *The Fateful Years*, New York, 1949.
Freidin Seymour, and Richardson, William, eds., *The Fatal Decisions*, New York, 1956.
Friedman, Filip, *This was Oswiecim* [Auschwitz], London, 1946.
Frischauer, Willy, *The Rise and Fall of Hermann Goering*, Boston, 1951.
Fuller, Major-General, J. F. C., *The Second World War*, New York, 1949.
Galland, Adolf, *The First and the Last. The Rise and Fall of the Luftwaffe Fighter Forces, 1938-45*, New York, 1954.
Gamelin, General Maurice Gustave, *Servir*, 3 vols., Paris, 1949.
Gay, Jean, *Carnets Secrets de Jean Gay*, Paris, 1940.
Germany: A Self-Portrait, Harland R. Crippen, ed., New York, 1944.
Gilbert, Felix, *Hitler Directs His War*, New York, 1950.（節錄希特勒每日的軍事會議）
Gilbert, G. M., *Nuremberg Diary*, New York, 1947.
Gisevuis, Bernd, *To the Bitter End*, Boston, 1947.
Glaubenskrise im Dritten Reich, Stuttgart, 1953.
Goebbels, Joseph, *Vom Kaiserhof zur Reichskanzlei*, Munich, 1936.
——, *The Goebbels Diaries, 1942-43*, edited by Louis P. Lochner, New York, 1948.
Goerlitz, Walter, *History of the German General Staff*, 1657-1945, New York, 1953.
——, *Der zweite Weltkrieg, 1939-45*, 2 vols., Stuttgart, 1951.
Goudima, Constatin, *L'Armée Rouge dans la Paix et la Guerre*, Paris, 1947.
Greiner, Helmuth, *Die Oberste Wehrmachtfuehrung, 1939-1945*, Wiesbaden, 1951.
Greiner, Josef, *Das Ende des Hitler-Mythos*, Vienna, 1947.
Guderian, General Heinz, *Panzer Leader*, New York, 1952.

Guillaume, General A., *La Guerre Germano-Soviétique*, 1941, Paris, 1949.
Habatsch, Walther, *Die deutsche Besetzung von Daenemark und Norwegen, 1940*, 2nd ed., Goettingen, 1952.
Halder, Franz, *Hitler als Feldherr*, Munich, 1949.
Halifax, Lord, *Fullness of Days*, New York, 1957.
Hallgarten, George W. F., *Hitler, Reichswehr und Industrie*, Frankfurt, 1955.
Hanfstaengl, Ernst, *Unheard Witness*, New York, 1957.
Harris, Whitney R., *Tyranny on Trial-The Evidence at Nuremberg*, Dallas, 1954.（節錄紐倫堡軍事審判檔案）
Hassell, Ulrich von, *The Von Hassell Diaries*, 1938-1944, New York, 1947.
Hegel, *Lectures on the Philosophy of History*, London, 1902.
Heiden, Konard, *A History of National Socialism*, New York, 1935.
——, *Hitler — A Bioography*, New York, 1936.
——, *Der Fuehrer*, Boston, 1944.
Henderson, Nevile, *The Failure of a Mission*, New York, 1940.
Herman, Stewart W., Jr., *It's Your Souls We Want*, New York, 1943.
Heusinger, General Adolf, *Befehl im Widerstreit — Schick-salsstunden der deutschen Armee, 1923-1925*, Stuttgart, 1950.
Hindenburg, *Field Marshal Paul von Beneckendore und von: Aus meinem Leben*, Leipzig, 1934.
Hitler, Adolf, *Mein Kampf*, Boston, 1943.（本書爲英譯完整版，由 Houghton Mifflin 出版。德文原著最初分成兩卷出版，第一卷爲一九二五年在慕尼黑出版的 *Eine Albrechnung*，第二卷爲一九二七年出版的 *Die Nationalsozialistische Bewegung*）
Hitler's Secret Conversations, 1941-44, New York, 1953.

Les Letters Sécrètes Échangées par Hitler et Mussolini, Paris, 1946.

Hoettl, Wilhelm (Walter Hagen), *The Secret Front: The Story of Nazi Political Espionage*, New York, 1954.

Hofer, Walther, *War Premeditated, 1939*, London, 1955.（德文原著爲 *Die Entfesselung des zweiten Weltkrieges*）

Hossbach, General Friedrich, *Zwischen Wehrmacht und Hitler*, Hanover, 1949.

Hull, Cordell, *The Memoirs of Cordell Hull*, 2 vols., New York, 1948.

Jacobsen, Hans-Adolf, *Dokumente zur Vorgeschichte des Westfeldzuges, 1939-40*, Goettingen, 1956.

Jarman, T. L., *The Rise and Fall of Nazi Germany*, London, 1955.

Jasper, Karl, *The Question of German Guilt*, New York, 1947.

Kelley, Douglas M., *22 Cells in Nuremberg*, New York, 1947.

Kesselring, Albert, *A Soldier's Record*, New York, 1954.

Kielmannsegg, Graf, *Der Fritsch Prozess*, Hamburg, 1949.

Klee, Captain Karl, *Das Unternehmen Seeloewe*, Goettingen, 1949.

Klein, Burton, *Germany's Economic Preparations for War*, Cambridge, 1959.

Kleist, Peter, *Zwischen Hitler und Stalin*, Bonn, 1950.

Kneller, George Frederick, *The Educational Philosophy of National Socialism*, New Haven, 1941.

Kogon, Eugen, *The Theory and Practice of Hell*, New York, 1951.（德文原著爲 Der *SS Staat und das System der duetschen Konzentrationslager*, Munich, 1946.）

Kohn, Hans, ed., *German History: Some New German Views*, Boston, 1954.

Koller, General Karl, *Der letzte Monat*, Mannhei, 1949.（德國空軍參謀長的日記）

Kordt, Erich, *Nicht aus den Akten*. (*Die Wilhelmstrasse in Frieden un Krieg, 1929-1945.*) Stuttgart, 1950.

——, *Wahn und Wirklichkeit*, Stuggart, 1947.

Krosigk, Count Lutz Schwerin von, *Es geschah in Duetschland*, Tuebingen, 1951.
Kubizek, August, *The Young Hitler I Knew*, Boston, 1955.
Langer, William L., *Our Vichy Gamble*, New York, 1947.
Langer and Gleason, *The Undeclared War, 1940-1941*, New York, 1953.
Laval Pierre, *The Diary of Pierre Laval*, New York, 1948.
Lenard, Philipp, *Deutsche Physik*, 2nd ed. Munich-Berlin, 1938.
Lichtenberger, Henri, *L'Allemagne Nouvelle*, Paris, 1936.
Liddell, Hart, B. H., *The German Generals Talk*, New York, 1948.
——(ed.), *The Rommel Papers*, New York, 1953.
Lilge, Frederic, *The Abuse of Learning: The Failure of the German Univerity*, New York, 1948.
Litvinov, Maxim, *Notes for a Journal*, New York, 1955.
Lorimer, E. O., *What Hitler Wants*, London, 1939.
Lossberg, General Bernhard von, *Im Wehrmacht Fuehrungsstab*, Hamburg, 1950.
Ludecke, Kurt, *I Knew Hitler*, London, 1938.
Ludendorff, General Eric, *Auf dem Weg zur Feldherrnhalle*, Munich, 1937.
Ludenforff, Margaritte, *Als ich Ludendorffs Frau war*, Munich, 1929.
Luedde-Neurath, Walter, *Die Letzten Tage des Dritten Reiches*, Goettingen, 1951.
Manstein, Field Marshal Eric von, *Verlorene Siege*, Bonn, 1955.（英譯本 *Lost Victories*, Chicago, 1958）
Meinecke, Friedrich, *The Germam Catastrophe*, Cambridge, 1950.
Meissner, Otto, *Staatssekretaer unter Ebert-Hindenburg-Hilter*, Heiderlberg, 1950.
Melzer, Walther, *Abert Kanal und Eben-Emael*, Heiderlberg, 1957.

Mitscherlich, Alexander, M. D. , and Mielke, Fred, *Doctors of Infamy*, New York, 1949.
Mozie, Anatole de, *Ci-Devant*, Paris, 1942.
Morison, Samuel Eliot, *History of the United States Naval Operations in World War II*, vol. I, *The Battle of the Atlantic, September 1939-May 1943*, Boston, 1948.
Mourin, Maxime, *Les Complots contre Hitler*, Paris, 1948.
Musmanno, Michael A. , *Ten Days to Die*, New York, 1950.
Mussolini, Benito, *Memoirs 1942-1943*, London, 1949.
Namier, Sir Lewis B., *In the Nazi Era*, London, 1952.
——, *Diplomatic Prelude, 1938-1939*, London, 1948.
Nathan, Otto, *The Nazi Economic System: Germany's Mobilization for War*, Durham, N. C., 1944.
Nuemann, Franz, L., *Behemoth*, New York, 1942.
O'Brien, T. H., *Civil Defence*, London, 1955.（本書爲英國官方二戰史的其中一卷，由 J. R. M. Butler 編輯）
Olden, Rudolf, *Hitler, the Pawn*, London, 1936.
Outze, Børge, ed., *Denmark during the Occupation*, Copenhagen, 1946.
Oven, Wilfred von, *Mit Goebbels bis zum Ende*, Bueons Aires, 1949.
Overstraeten, General Van, *Albert I-Leopold III*, Brussels, 1946.
Papen, Franz von, *Memoirs*, New York, 1953.
Pechel, Rudolf, *Deutscher Widerstand*, Zurich, 1947.
Pertinax, *The Grave Diggers of Frace*, New York, 1944.
Pinnow, Hermann, *History of Germany*, London, 1936.
Poliakov, Leon, and Wulf, Josef, *Das Dritte Reich und die Juden*, Berlin, 1955.

Potemkin, V. V., ed., *Histoire de la Diplomatie*, Paris, 1946-47.（本書原著爲俄文）

Rabenau, Lieutenant General Friedrich von, *Seeckt, aus seinem Leben*, Leipzig, 1940.

Rauschning, Hermann, *Time of Delirium*, New York, 1946.

——, *The Revolution of Nihilism*, New York, 1946.

——, *The Conservative Revolution*, New York, 1941.

——, *The Voice of Destruction*, New York, 1940.

Reed, Douglas, *The Burning of the Reichstag*, New York, 1934.

Reitlinger, Gerald, *The Final Solution* | *The Attempt to Exterminate the Jews of Europe, 1939-1945*, New York, 1934.

——, *The SS* | *Alibi of a Nation*, New York, 1957.

Reynaud, Paul, *In the Thick of the Fight*, New York, 1955.

Ribbentrop, Joachim von, *Zwischen London und Moskau, Erinnerungen und letzte Aufzeichnungen, Leone am Starnberger See*, 1953.

Riess, Curt, *Joseph Goebbels: The Devil's Advocate*, New York, 1948.

Ritter, Gerhard, *Carl Goerdeler und die deutsche Widerstandsbewegung*, Stuttgart, 1955.

Roepke, Wilhelm, *The Solution of the German Problem*, New York, 1946.

Rosinske, Herbert, *The German Army*, Washington, 1944.

Rothfels, Hans, *The German Opposition to Hitler*, Hinsdale, Ill., 1948.

Rousset David, *The Other Kingdom*, New York, 1947.

Russell, Bertrand, *A History of Western Philosophy*, New York, 1945.

Sammler, Rudolf, Goebbels, *The Man Next to Hitler*, London, 1947.

Schacht, Richard, *I. G. Farben*, New York, 1947.

Schacht, Hjalmar, *Account Settled*, London, 1949.
Schaumburg-Lippe, Prinz Friedrich Christian Zu, *Zwischen Krone und Kerker*, Wiesbaden, 1952.
Schellenberg, Walter, *The Labyrinth*, New York, 1956.
Schlabrendorff, Fabain von, *They Almost Killed Hilter*, New York, 1947.
Schmidt, Paul, *Hitler's Interpreter*, New York, 1951.（本書的德文原著爲 *Statist auf diplimatischer Buehne, 1923-45*, Bonn, 1949，描述的時間包括希特勒執政前的時期，但英譯版刪除了一大半內容。）
Scholl, Inge, *Die weisse Rose*, Frankfurt, 1952.
Schramm, Wilhelm von, *Der 20. Juli in Paris*, Bas Woerishorn, 1953.
Schuetz, William Wolfgang, *Pens under the Swastika, a Study in Recent German Writing*, London, 1946.
Schultz, Joachim, *Die letzten 30 Tage | aus dem Kriegstagebuch des O.K.W.*, Stuttgart, 1951.
Schultz, Sigrid, *Germany Will Try It Again*, New York, 1944.
Schumann, Frederick, L., *The Nazi Dictatorship*, New York, 1939.
——, *Europe on the Eve*, New York, 1939.
——, *Night Over Europe*, New York, 1941.
Schuschnigg, Kurt von, *Austrain Requiem*, New York, 1946.（德文原著爲*Ein Requiem in Rot-Weiss-Rot*, Zurich, 1946.）
——, *Farewell, Austria*, London, 1938.
Scolezy, Maxine S., *The Structure of the Nazi Economy*, Cambridge, 1941.
Seabury, Paul, *The Wilhelmstrasse, A Study of German Diplomats under the Nazi Regime*, Berkeley, 1954.
Sherwood, Robert, E., *Roosevelt and Hopkins*, New York, 1948.
Shirer, William L., *Berlin Diary*, New York, 1941.

——, *End of a Berlin Diary*, New York, 1947.

——, *The Challenge of Scandinavia*, Boston, 1955.

Shulman, Milton, *Defeat in the West*, New York, 1948.

Skorzeny, Otto, *Skorzeny's Secret Memoirs*, New York, 1950.

Snyder, Louis L., *The Tragedy of a People*, Harrisburg, 1952.

Speidel, General Hans, *Invasion 1944*, Chicago, 1950.

Spengler, Oswald, *Jahre der Entscheidung*, Munich, 1935.

Steed, Henry Wickham, *The Hapsburg Monarchy*, London, 1919.

Stein, Leo, *I Was in Hell with Niemoeller*, New York, 1942.

Stipp, John, L., *Devil's Diary*, Yellow Springs, Ohio, 1955.（*Nazi Conspiracy and Aggression*的節錄本）

Stroelin, Karl, *Stuttgart im Endstadium des Krieges*, Stuttgart, 1950.

Suarez, Georges, and Laborde, Guy, *Agonie de la Paix*, Paris, 1942.

Tansill, Charles C., *Back Door to War*, New York, 1952.

Taylor, A. J. P., *The Course of German History*, New York, 1946.

Tayor, Telford, *Sword and Swastika*, New York, 1952.

——, *The March of Conquest*, New York, 1958.

Thomas, General Georg, *Basic Facts for a History of German War and Armament Economy* (mimeographed), Nuremberg, 1945.

Thompson, Dorothy, *Listen, Hans*, Boston, 1942.

Thorwald, Juergen, *Das Ende an der Elbe*, Stuttgart, 1950.

——, *Flight in Winter, Russia, Jauary to May 1945*, New York, 1951.

Thyssen, Fritz, *I Paid Hitler*, New York, 1941.
Tolischus, Otto D., *They Wanted War*, New York, 1940.
Toynbee, Arnold, ed., *Hitler's Europe*, London, 1954.
Toynbee, Arnold and Veronica M., eds., *The Eve of the War*, London, 1958.
Trefousse, H. L., *Germany and American Neutrality*, 1939-1941, New York, 1951.
Trevor-Roper, H. R., *The Last Days of Hitler*, New York, 1947.
Vermeil, Edmond, *L'Allemagne Contemporaine, Sociale, Politique et Culturale, 1890-1950*, 2 vols., Paris, 1952-53.
Vossler, Karl, *Gedenkrede fuer die Opfer an der Universitaet Muenchen*, Munich, 1947.
Vowinckel, Kurt, *Die Wehrmacht im Kampf*, vols., 1, 3, 4, 7, 8, 9, 10, 11, Heidelberg, 1954.
Wagner, Friedelind, *Heritage of Fire*, New York, 1945.
Weisenborn, Guenther, *Der lautlose Aufstand*, Hamburg, 1953.
Weizsaenker, Ernst von, *The Memoirs fo Ernst von Weizsaecker*, London, 1951.
Welles, Sumner, *The Time for Decision*, New York, 1944.
Westphal, General Siegfried, *The German Army in the West*, London, 1951.
Weygand, General Maxime, *Rappelé au Service*, Paris, 1947.
Wheatley, Ronald, *Operation Sea Lion*, London, 1958.
Wheeler-Bennett, John, W., *Wooden Titan: Hindenburg*, New York, 1936.
——, Munich: *Prologue to Tragedy*, New York, 1948.
——, *The Nemesis of Power: The Germany Army in Politics, 1918-1945*, New York, 1953.
Wichert, Erwin, *Dramatische Tage in Hitlers Reich*, Stuttgart, 1952.
Wilmot, Chester, *The Struggle for Europe*, New York, 1952.

Wrench, John, Evelyn, *Geoffrey Dawson and Our Times*, London, 1955.
Yound, Desmond, *Rommel | The Desert Fox*, New York, 1950.
Zeller, Eherhard, *Geist der Freiheit*, Munich, 1954.
Ziemer, Gregor, *Education for Death*, New York, 1941.
Zoller, A., ed., *Hitler Privat*, Dueseldorf, 1949.（法文版爲*Douze And auprè d'Hitler*, Paris, 1949）
Zweig, Stefan, *The World of Yesterday*, New York, 1943.

期刊

Hale, Professor Oron James, Adolf Hitler, Taxpayer, *The Armerican Historical Review*, Lx, No. 4, July, 1955.
Huch, Ricarda, Die Aktion der Muenchner Studenten gegen Hitler, *Neue Schweizer Rundschau*, Zurich, September-Octorber, 1948.
Huch, Ricarda, Der 18. Februar: Umriss einer deutschen Widerstandsbewegung, Die Gegenwart, October 30, 1946.
Kempner, Robert, M. W., Blueprint of the Nazi Underground, *Research Studies of the State College of Washington*, June 1945.
Thomas, General Georg, Gedanken und Ereignisse, *Schweizerische Monatshefte*, December, 1945.
Witzig, Rudolf, die Einnahme von Eben-Emael, *Wehrkunde*, May, 1945.

左岸 | 歷史142

第三帝國興亡史（The Rise and Fall of the Third Reich）

卷四：末日的開始與第三帝國的覆亡

（Book 5. Beginning of the End ; Book 6. The Fall of the Third Reich）

作　　者　威廉・夏伊勒（William L. Shirer）
譯　　者　董樂山、鄭開椿、李天爵、李奈西、周家駿、沈蘇儒、陳廷佑、趙師傳、程祁昌
總 編 輯　黃秀如
責任編輯　許越智
封面設計　鄭宇斌
電腦排版　宸遠彩藝

社　　長　郭重興
發行人暨出版總監　曾大福
出　　版　左岸文化 / 遠足文化事業股份有限公司
發　　行　遠足文化事業有限公司
　　　　　231新北市新店區民權路108-4號8樓
電　　話　02-2218-1417
傳　　真　02-8667-1065
客服專線　0800-221-029
E-Mail　service@bookrep.com.tw
網　　站　http://blog.roodo.com/rivegauche
法律顧問　華洋國際專利商標事務所　蘇文生 律師
印　　刷　成陽印刷股份有限公司
初　　版　2010年08月
初版八刷　2020年08月

定　　價　350元
ISBN　978-986-6723-43-8

國家圖書館出版品預行編目資料

第三帝國興亡史,
卷四，末日的開始與第三帝國的覆亡

威廉・夏伊勒(William L. Shirer)著 ; 董樂山等譯.
-- 初版. -- 臺北縣新店市 :
左岸文化出版 : 遠足文化發行, 2010.08
面； 公分. -- (左岸歷史 ; 142)
譯自 : The rise and fall of the Third Reich
ISBN 978-986-6723-43-8(平裝)

1. 德國史　2. 希特勒時代

743.257　99011492